21세기 중국-중남미 관계: 기회와 도전

이 책은 2020년 대한민국 교육부와 한국연구재단의 지원을 받아 수행된 연구임
(NRF—2020S1A5C2A02093112)

21세기 중국-중남미 관계: 기회와 도전

라울 베르날-메사, 리 싱 편집

정호윤, 노용석, 서지현, 오인혜, 현민, 김은환, 김소현 옮김

이담북스

스틴 프리바 크리스텐슨(Steen Fryba Christensen)을 추모합니다. 지식과 가르침에 대한 그의 헌신은 이 책을 집필하는 데 큰 힘이 되었습니다. 그의 본보기가 우리에게 이 작업을 위한 인내심을 갖도록 도와주기를 바랍니다.

목차

다니엘리 하모스 베카르지(Danielly Ramos Becard)는 브라질리아대학교(University of Brasília) 국제관계연구소(Institute of International Relations) 부교수이다.

라울 베르날-메사(Raúl Bernal-Meza)는 아르헨티나 국립대학센터(National University Center, Argentina) 국제관계학 교수이며 칠레 아르투로 프랏 대학교(Arturo Prat University) 국제관계연구소(Instituto de Estudios Internacionales: INTE)의 연구원이다.

링컨 비소세로 레벨레스(Lincoln Bizzozero Revelez)는 우루과이 리퍼블릭 대학교(University of the Republic) 국제학 교수이다.

호세 브리세뇨-루이스(José Briceño-Ruiz)는 멕시코국립자치대학교(Universidad Autónoma de México) 라틴아메리카 및 카리브해 연구센터(The Latin American and Caribbean Research Center: CIALC) 연구원이자 교수이다.

토마스 레글러(Thomas Legler)는 멕시코 이베로아메리카나대학교 멕시코시티 캠퍼스(Universidad Iberoamericana Cuidad de México) 국제관계학 교수이다.

안토니우 카를로스 레사(Antônio Carlos Lessa)는 브라질리아대학교 국제관계연구소 교수이다.

노르베르트 몰리나 메디나(Norbert Molina Medina)는 베네수엘라 메리다에 위치한 안데스 대학교(University of the Andes, Mérida, Venezuela) 인문대학 및 교육대학 교수이자 아시아 · 아프리카학센터(Center of African and Asian Studies) 연구원이다.

에두아르도 다니엘 오비에도(Eduardo Daniel Oviedo)는 아르헨티나 과학기술연구위원회(National Scientific and Technical Research Council: CONICET) 연구원이자 아르헨티나 국립 로사리오 대학교(National University of Rosario) 교수이다.

안드레스 라히오(Andrés Raggio)는 우루과이 리퍼블릭 대학교 사회과학대학 국제학프로그램(International Studies Program, Faculty of Social Sciences, University of the Republic) 연구원이자 아르헨티나 살바도르 대학교(University of Salvador, Argentina) 박사과정생이다.

세사르 로스(César Ross)는 칠레 국립 산티아고 대학교(University of Santiago de Chile) 고등연구소(Institute of Advanced Studies: IDEA) 연구원이자 교수이고, 박사과정을 위한 아메리카 연구 프로그램(Doctoral Program in American Studies) 소장이다.

라우라 우헤졸라 시우베이라(Laura Urrejola Silveira)는 브라질리아대학교 국제관계연구소 박사과정생이자 동 대학의 아시아-라틴아메리카 연구센터(Center for Asia-Latin American Studies) 연구원이다.

마리아노 투르시(Mariano Turzi)는 아르헨티나 거시경제연구대학교(University of Center for Macroeconomic Studies of Argentina: University of CEMA) 국제관계학 교수이다.

에두아르도 치리-아팡고(Eduardo Tzili-Apango)는 멕시코 메트로폴리탄 자치 대학교 소치밀코 캠퍼스(Universidad Autónoma Metropolitana-Xochimilco)의 연구원이자 교수이다.

리 싱(Li Xing)은 덴마크 올보르대학교 정치사회학과 교수이자(Department of Politics and Society, Aalborg University, Denmark) 국제관계 및 개발 연구센터(Research Centre on Development and International Relations) 소장이다.

후안 마누엘 자나브리아(Juan Manuel Zanabria)는 지역통합과정에 특화된 경제학자이다. 아르헨티나 부에노스아이레스에 있는 메르코수르 문화정보시스템 내 코디네이터이자 선임연구원(Coordinator and Senior Researcher of Mercosur's Cultural Information System, Buenos Aires)이다.

—— 옮긴이 소개

정호윤은 미국 하와이대학교에서 정치학 박사를 취득하고 현재 국립부경대학교 국제지
　　　역학부 조교수로 재직 중이다.

노용석은 영남대학교에서 인류학 박사를 취득하고 현재 국립부경대학교 국제지역학부
　　　교수로 재직 중이다.

서지현은 영국 리버풀대학교에서 중남미지역학 박사를 취득하고 현재 국립부경대학교
　　　국제지역학부 조교수로 재직 중이다.

오인혜는 멕시코 메트로폴리탄 자치대학교(UAM)에서 사회경제학으로 박사학위를 취
　　　득하고 현재 전북대학교 스페인중남미연구소 전임연구원으로 재직 중이다.

현민은 서울대학교에서 사회학 박사를 취득하고 현재 국립부경대학교 BK교육연구단 계
　　　약교수로 재직 중이다.

김은환은 국립부경대학교 일반대학원 글로벌지역학과에서 박사과정을 수료하였다.

김소현은 국립부경대학교 일반대학원 글로벌지역학과 박사과정에 재학 중이다.

AIIB 아시아인프라투자은행(Asian Infrastructure Investment Bank)

ALADI 라틴아메리카통합기구(Latin American Integration Association)

AVIC2 중국의 항공회사(The Chinese aeronautical company)

BRI 일대일로(Belt and Road Initiative)

BRICS 브릭스(Brazil, Russia, India, China and South Africa)

CBERS 중국-브라질 지구 자원 탐사 위성(China-Brazil Earth Resources Satellites)

CDS 자본주의적 개발국가(Capitalist Developmental State)

CELAC 라틴아메리카 · 카리브 국가 공동체(Community of Latin American and Caribbean States)

EMBRAER 브라질의 항공회사(Brazilian Company of Aeronautics S.A.)

EOI 수출지향적 산업화(Export-oriented industrialization)

FDI 해외직접투자(Foreign Direct Investment)

GDP 국내총생산(Gross Domestic Products)

GSC 글로벌 공급망(Global Supply Chain)

GVC 글로벌 가치사슬(Global Value Chain)

ISI 수입대체산업화(Import-substitution industrialization)

LATAM 라틴아메리카의 라탐항공사(LATAM)

MERCOSUR 남미공동시장(Common Market of the South)

NIEs 신흥공업국(Newly Industrializing Economies)

OAS 미주기구(Organization of American States)

OECD 경제협력개발기구(Organization for Economic Cooperation and Development)

PT 브라질 노동자당(Workers' Party Brazil)

SOEs 중국국영회사(Chinese State-Owned Enterprises)

WTO 세계무역기구(World Trade Organization)

그림 7.1. 중간 국가의 이중 비대칭 (출처: 저자 작성)

그림 7.2. 2000-2016년 칠레의 세계 및 대아시아 총무역 집계 (출처: 칠레중앙은행에서 발행하는 월간 뉴스레터 정보와 해외 무역 지표 정보를 바탕으로 저자 재구성. (1) 2000-2003년, 홍콩을 중국에 포함; (2) 2016년 1-8월 실질 수치. 9-12월 사이는 (월/8) x 12 공식을 이용해 이전 달의 평균으로 계산한 수치)

그림 7.3. 2000-2016년 칠레의 대중국, 일본, 한국 총교역량 현황 (출처: 칠레중앙은행에서 발행하는 월간 뉴스레터 정보와 해외 무역 지표 정보를 바탕으로 저자 재구성. (1) 2000-2003년, 홍콩을 중국에 포함; (2) 2016년 1-8월 실질 수치. 9-12월 사이는 (월/8) x 12 공식을 이용해 이전 달의 평균으로 계산한 수치)

그림 7.4. 2000-2016년 칠레의 세계 및 대아시아 총수출액 (출처: 칠레중앙은행에서 발행하는 월간 뉴스레터 정보와 해외 무역 지표 정보를 바탕으로 저자 재구성. (1) 2000-2003년, 홍콩을 중국에 포함; (2) 2016년 1-8월 실질 수치. 9-12월 사이는 (월/8) x 12 공식을 이용해 이전 달의 평균으로 계산한 수치)

그림 7.5. 2000-2016년 칠레의 전 세계 및 대아시아 수입현황 (출처: 칠레중앙은행에서 발행하는 월간 뉴스레터 정보와 해외 무역 지표 정보를 바탕으로 저자 재구성. (1) 2000-2003년, 홍콩을 중국에 포함; (2) 2016년 1-8월 실질 수치. 9-12월 사이는 (월/8) x 12 공식을 이용해 이전 달의 평균으로 계산한 수치)

그림 7.6. 2000-2016년 칠레의 전 세계 및 대중국, 일본, 한국, 아시아 총 교역현황 (출처: 칠레중앙은행에서 발행하는 월간 뉴스레터 정보와 해외 무역 지표 정보를 바탕으로 저자 재구성. (1) 2000-2003년, 홍콩을 중국에 포함; (2) 2016년 1-8월 실질 수치. 9-12월 사이는 (월/8) x 12 공식을 이용해 이전 달의 평균으로 계산한 수치)

그림 7.7. 2000-2016년 칠레의 대중국, 일본, 한국 수입현황 (출처: 칠레중앙은행에서 발행하는 월간 뉴스레터 정보와 해외 무역 지표 정보를 바탕으로 저자 재구성. (1) 2000-2003년, 홍콩을 중국에 포함; (2) 2016년 1-8월 실질 수치. 9-12월 사이는 (월/8) x 12 공식을 이용해 이전 달의 평균으로 계산한 수치)

제1장

서론: 세계질서 변환의 일부로서 중국-중남미 관계 이해하기

라울 베르날-메사(Raúl Bernal-Meza)[*]

이 책은 저자의 소중한 친구 스틴 크리스텐슨(Steen F. Christensen)과 함께 구상하고 제안하며 여러 해 동안 서로 협력한 결과물이다. 그동안 우리는 여러 나라에서 개최된 국제학술회의에서 발표했던 많은 연구물을 함께 집필했다. 스틴은 우리가 팔그레이브 맥밀런(Palgrave Macmillan) 출판사에 이 책에 대한 제안서를 제출한 직후 세상을 떠났다. 스틴의 정신, 티모시 쇼(Timothy Shaw)와 팔그레이브의 편집자들의 도움과 지지가 이 프로젝트를 계속해 나갈 수 있는 동력이었다. 본 저자는 서론에서 중국-중남미 관계와 그 결과에 대해 친구와 공유했던 관점을 유지하려 노력했다.

매우 기쁘게도, 올보르 대학교(Aalborg University)에서 스틴의 가장 가까운 동료이기도 했던 나의 친구 리 싱(Li Xing)이 스틴을 대신하여 두 번째 편집자로 활동하고 있다. 본 저자는 스틴에 대한 동료들의 지적 존중에 감사하며, 스틴의 명예를 걸고 우리의 프로젝트를 계속할 수 있도록 지원해 준 동료들에게 경의를 표한다.

*   R. Bernal-Meza (*)
아르헨티나 National University Center, 국제관계학과
칠레 Arturo Prat University, 국제관계연구소

© The Author(s) 2020 1
R. Bernal-Meza, Li Xing (eds.), 21세기 중국-중남미 관계, 국제정치경제시리즈, https://doi.org/10.1007/978-3-030-35614-9_1

세계질서 변환의 일부로서 중국-중남미 관계 이해하기

이 책은 중국과 중남미 관계를 국제정치경제적 관점에서 다루고 있다. 우리가 책의 후반부에서 지적하듯, 중국은 중남미 국가들, 특히 남미 국가들에 없어서는 안 될 파트너 국가가 되었다. 이러한 사실은 부상하는 중국이 과거 전 세계에 걸쳐 미국이 자처해 왔던 '필수 불가결한 국가(indispensable country)'로서의 역할을 잠식하고 있다는 리 싱(Li Xing, 2010)의 주장을 다시금 확인시켜 준다. 오늘날 중국이 차지하는 위치는 폴 케네디(Paul Kennedy, 1987)가 연구한 세계의 주요한 특징 중 하나인 강대국의 흥망성쇠를 반영한다. 중국은 의심할 여지 없이 새로운 강대국의 부상을 상징한다.

본 편서에 참여한 저자들은 여러 국가의 사례연구를 통해 중국과 중남미 관계를 다각도로 고찰함으로써 현재의 국제정치경제에서 새로운 북반구-남반구 축(North-South axis)에 대한 이해를 제공한다. 참여 저자들의 분석을 통해 우리는 중국-중남미 관계가 이해 당사국에 미치는 영향과 중국의 글로벌 발전 전략에서 중국 및 중남미 국가들이 수행하는 역할을 이해할 수 있다. 중국-중남미 관계는 새로운 중심부와 반주변부 및 주변부 간의 관계이며, 이들 국가 간의 관계에 대한 분석은 중국의 새로운 패권이 19세기에는 영국이, 20세기에는 미국이 수행한 경제 패권국의 역할을 점차 이어받는 방식을 추적한다. 본서의 국가 사례연구는 남미 하위 지역에 초점을 맞추고 있으며, 따라서 이 하위 지역의 경험을 강조하는 동시에 중남미 지역 측면에서 보다 더 거시적·총체적으로 접근한다.

중국과 중남미의 경제관계는 세계 자본주의 경제의 틀 속에서 발전했으며, 그 축적 양식은 공산주의에 가까웠다. 그러한 역사는 칼 폴라니(Karl Polanyi, 1944/1957)가 다양한 형태의 자본주의하 시장자본주의의 등장을 위시한 "세계사의 거대한 전환"으로 묘사한 시기에 해당한다. 리와 쇼(Li and Shaw, 2013) 는 이러한 관점을 중국-아프리카 관계 분석에 적용했는데, 이는 중남미 또한 현재 중국 주변부의 일부이며 중국이 중남미에 있어 가장 중요한 국가 중 하나이기 때문에 중국-중남미의 사례에 적용시킬 수 있다.

코헤인과 나이(Keohane and Nye, 1977), 그리고 길핀(Gilpin, 1987)은 이전의 양극 질서를 특징짓는 정치적 · 전략적 경쟁의 시대는 저물고 경제적 경쟁의 시대가 도래할 것을 예견했다. 두 연구에서는 자본주의 열강의 동맹은 자본주의 승리의 열쇠로 간주되었고, 이들 사이의 협력은 자본주의의 생존을 위한 필수적인 도구가 되었다. 그 이후로 다른 학자(Fukuyama, 1992; Rosecrance, 1986)들은 자본주의 축적 양식의 틀 안에서 국제적 경쟁이 발생할 것이라는 데 동의하며 자본주의의 진화에 대해 주장했다. 중국은 냉전 종식 전 마오쩌둥의 죽음으로 덩샤오핑에 의한 자본주의적 축적 모델 기반의 발전 과정이 시작되었음에도, 그리고 양극질서 분쟁과 갈등에 참전하지 않았음에도 불구하고, 탈냉전 시대의 새로운 질서 아래 '무역 국가'로서의 권력을 획득했다. 이러한 방식으로, 20세기 후반의 세계 정치경제의 두 가지 과정이 함께 이루어졌으며, 이는 폴라니에 대한 초기 해석과 일치한다.

코헤인과 나이(1977), 길핀(1987)은 세계 체제의 구조적 요소인 '세계화'로 알려진 자본주의의 현대적 단계와 냉전 질서의 종말을 분석했다. 이러한 구조적 변화는 1945년부터 1991년까지 현실주의적인 시각이 우위였던 국제관계의 주요 관심사를 경제 영역으로 전환시키는 데 일조했다. 주지하다시피 1945년부터 1991년까지 경제가 아닌 안보가 국제 체제 내에서 가장 중요한 의제였으나, 이제 국제관계의 정치와 안보에 대한 초점은 경제 영역으로 옮겨졌다. 베인과 울콕(Bayne & Woolcok, 2003, 2007)이 지적한 바와 같이, 냉전의 종식은 안보 의제보다 경제 분야가 국제적 확장과 협상에 있어 보다 우위를 점할 수 있게

끔 만든 중요한 사건이었다.

탈냉전 시대 초기 세계 정세와 국제 경제는 초강대국 미국을 중심으로 미국, 유럽, 일본을 위시한 선진국이자 경제강국, 이른바 삼극(Triad)(Hirst & Thompson, 1996)에 크게 치우친 방식으로 전개되었다. 그러나 경제 세계화의 과정은 점차적으로 세계경제의 재구조화를 추동했고, 이는 신흥시장 또는 더 넓게는 글로벌 남반구(Global South)의 부상에 의해 특징지어졌다. 국제 관계 학자들은 이제 세계 체제에서 세력의 확산이 세계질서의 전환을 이끌고 있는지에 대해 논쟁하고 있다. 리마와 카스텔란(Lima and Castelan, 2011)에 따르면, 이러한 발전은 세계 체제 내 국제질서와 힘의 균형 사이에 흥미로운 불균형을 만들었다. 크리스텐슨과 베르날-메사(Christensen and Bernal-Meza, 2014)의 주장처럼 중국은 자본주의 질서에 도전할 준비가 되어 있지 않지만 미국의 패권에는 도전할 수 있을 것이다. 이러한 발전은 냉전의 동-서 분열 종식에 따른 미국 패권 아래 자유주의적 세계질서와 남반구-북반구 구분을 중심으로 구성된 세계 체제를 둘러싼 지배적인 해석에 도전해 왔다. 중국의 부상은 의심의 여지 없이 이러한 광범위한 과정에서 가장 주목할 만한 측면이다. 지난 30년간 지속된 경제성장은 냉전 종식 이후 세계질서에 대한 가장 큰 도전이지만(Li, 2010: 149), 이는 특히 중남미 사회의 근대화 과정에도 마찬가지이다. 중국 경제는 중심부, 반주변부 및 주변부를 아우르는 모든 세계 지역과 경제에서 중요한 위치를 차지하고 있다. 학계에서는 일반적으로 중국과 라틴아메리카(및 아프리카)의 관계를 남-남(South-South) 또는 동-남(East-South) 관계, 또는 반주변부-반주변부 관계뿐만 아니라 반주변부-주변부 관계로 언급하고 있으며(Li & Christensen, 2012; Pieterse, 2018), 이러한 관계에 초점을 맞춘 연구가 증가하고 있다.

19세기 영국의 패권 시대의 국제경제는 데이비드 리카도(David Ricardo)가

이론화한 노동 분업이라는 것으로 특징지어졌다. 이러한 노동 분업에 따른 전문화는 15세기 말부터 유럽의 팽창을 위시한 식민주의에 의해 지리적으로 주도되었고, 약 3세기 동안 중남미 지역에 강요되었다. 산업혁명은 전문화된 전문화(specialized specialization)를 가속화했다. 이러한 두 단계는 알도 페러(Aldo Ferrer, 1996)가 "세계화의 역사"라고 부르는 것을 형성했는데, 세계경제 질서의 기원과 산업혁명에 따른 단계에서부터 2000년 제2차 세계경제 질서(2000년)에 이르기까지, 그는 이러한 두 단계가 세계의 주변부, 특히 중남미에 미치는 영향을 분석했다.

1929년의 붕괴와 함께 시작된 1930년대의 정치적 · 경제적 위기는 중남미 국가들에 심각한 영향을 끼쳤고, 이는 그들 중 몇몇 국가의 산업화 과정의 시작을 촉진시켰다. 그러나 자본주의 위기는 전통적인 고전경제학과 신고전경제학의 주류적 입장에 도전했는데, 이는 그러한 결과가 주요 수출국들이 가격과 수출량을 통제하지 못한 채 상품에 대한 세계적인 수요에 좌우된다는 것을 보여주었기 때문이다. 이러한 배경에서 라울 프레비시(Raúl Prebisch, 1949, 1951)는 교환조건 악화(deterioration of the terms of exchange)에 대한 그의 이론을 공식화했다. 프레비시의 연구는 체계적 · 구조적 사고를 낳았고, 그의 모델링은 이후 월러스틴(Wallerstein, 1975, 1984)과 아리기(Arrighi, 1985, 1998)가 고안한 세계체제론에 적용되었다. 반주변부의 등장은 근대화와 산업화에 의해 야기되었으며, 1930년대부터 중남미, 특히 브라질, 아르헨티나, 멕시코, 칠레 등이 반주변부에 편입되었다.

프레비시의 연구는 주변부 국가와 중심부 국가 사이의 교역에서 후자가 기술진보의 성과를 대부분 전유했다는 관찰에서 출발했는데, 이러한 이유로 일차 상품과 공산품 사이의 생산성 증가율 격차로 인해 일차 상품과 공산품 사이의 교역조건의 악화로 이어졌다. 이러한 생산성 증가는 공산품 가격에 이전되어야 하며, 따라서 생산되는 각 단위에 대한 부가가치가 낮으므로 공산품 가격이 하락해야 정상일 것이다. 그러나 공산품 가격의 하락은 발생하지 않았는데, 이는 선진국의 생산 주체, 노동자, 기업가가 정치적·조직적 힘을 뒤에 업은 채 시장의 운영을 차단하고 국제적 수준의 기술진보 확산을 막았으며 교역조건의 끊임없는 악화를 지속시켰기 때문이다. 요컨대 공산품 가격은 생산성의 증가에 비례하여 하락하지 않았으며, 같은 공산품 가격의 비중으로 원자재 구입에 지불되는 가격은 감소하는 경향을 보였다. 요약하자면, 프레비시는 주변부 국가와 중심부 국가(혹은 선진국) 간의 무역 관계에서 후자가 기술 진보에 따른 경제적 이익의 가장 큰 부분을 어떻게 전용하는지 보여주었다.

앞서 언급한 바와 같이 중국에서 세계경제의 역사를 독해하는 것이 산업화와 과학기술 발전에 있어 자본주의적 경로를 찾는 데 영향을 미쳤을 가능성이 있다. 따라서 1970년대 후반 덩샤오핑은 공산주의·권위주의로 특징지어지는 고전적 자본주의의 대안 모델(Becker, 2014)에 따라 글로벌 강대국으로서 중국의 발전을 기능한 중국의 근대화와 국제관계의 하부체계의 건설을 가능케 했던 4대 근대화를 추진하였다. 중국은 중심부, 반주변부, 주변국부의 경제관계가 서로 다른 역할을 하는 세계 각지와의 경제 관계를 주요 골자로 하는 수출지향적 산업화 모델을 따라 세계경제에서 제2의 리더로서의 현 위치에 도달했다. 최근 중남미는 중국의 정치경제 전략과 발전모델의 일부였다. 그러나 역사적으로 중국과 중남미의 관계는 산업화와 개발 수준이 낮은 주변부 간의 관계였기 때문에 상호 작용이 극히 제한적이었다. 그러나 이러한 상황은 중국의 근대화로 인해 급격히 변화하였고, 중남미는 중국 발전의 기능으로서 작동했다.

세계경제에서 우월적 위치를 추구하는 중국은 중남미로 하여금 중국의 국제 전략에서 중요한 역할을 수행하도록 만들었다.[1] 세자린(Cesarin, 2016: 53)이 지적하듯이, "중남미 지역에서 중국의 목표는 미국의 주변부를 향해 힘을 투사하는 것, 그리고 중국의 경제성장을 지속하기 위해 필수적인 천연자원에의 접근성 등과 같은 떠오르는 강대국으로서의 중국의 열망에 수렴한다." 중국은 역사적으로 미국이 지배하던 정치적 공간에 진입했고, 중국이 필수적이라고 여기는 공간, 즉 동남아시아(일본에서 인도네시아, 한국에서 베트남, 필리핀)에서도 입지를 강화했다. 미국은 이러한 중국의 도전에 대응하기 시작하고 있으며, 중국의 투자가 중남미 국가들에 주는 위험성에 대해 경고하고 있다.[2]

중남미는 중국의 산업을 위한 원자재(광물 및 석유)뿐만 아니라 국내 소비를 위한 식품과 다른 상품들을 제공한다. 반대로, 중남미는 자본재, 장비, 제조 그리고 금융자본을 중국으로부터 수입한다. 이전에 중남미-특히 19세기 영국, 20세기 미국 및 유럽과 일본과 같은 선진 자본주의 국가와의 관계-에서 발생했던 종속적 상호 보완성과 유사한 모델을 재현하는 이러한 유형의 관계는 프레비시의 교역조건 악화 이론에 따라 해석되어야 한다. 마굴리스(Magulis, 2017)가 주장하는 바와 같이, 국제정치경제(IPE) 또는 글로벌 정치경제 분야에서 라울 프레비시의 이론적 기여는 국제정치경제 이론 내에서 매우 중요하다. 이 책은 국제정치경제 이론에 대한 프레비시의 기여에서 영감을 받은 분석에 기반하는데, 이는 중국-중남미 관계에 대한 기존 문헌에서 종종 무시되는 측면이다.

새로운 중심부-주변부 관계

제2차 세계대전 이후 세계 정치경제의 두 가지 대립적이지만 상호 보완적인 부분, 즉 개발과 저개발을 식별하기 위해, 경제사학자들과 정치사학자들은 이 관계를 UN의 발전에 관한 논의의 틀 아래 "북반구-남반구(North-South)"라고 명명했다. 하지만 이 두 축은 20세기 마지막 10년에 걸쳐 수정되었다. 피에터스(Jan Nederven Pieterse, 2011)는 경제력이 점점 아시아와 글로벌 남반구로 이동함에 따라 글로벌 체계의 동남 전환(East-South turn)에 주의를 환기시킨다. 중국은 이러한 변화의 중심이다. 일본, 한국, 대만에 비해 동아시아 경제권에서 반주변부 국가에 불과했던 중국은 1990년과 1997년 사이에 10%가 넘는 높은 GDP 성장률과 같은 내부적인 변화뿐만 아니라 아프리카, 특히 중남미 및 기타 개발도상국과의 경제 관계 발전으로 인해 자국 경제 발전과 소비 시장 및 세계경제에 큰 영향을 미치고 있다. 춘라이(Chunlai, 2009: 4)가 지적하듯, "경제 성장의 또 다른 원천은 외부 수요이다. 중국의 급성장하는 수출은 중국의 주요 대외 수요에 기인하였으며, 경제 성장에 기여했다. 세계무역기구(WTO) 가입 이후 국내총생산(GDP) 대비 순수출 비중은 2002년 2.6%에서 2007년 7.7%로 급증했다. 결과적으로, 중국의 GDP 성장에 대한 순수출의 기여도 상당히 증가했다(…). 수출이 중국 경제성장에 직접 기여하는 것 외에도 수출 부문이 창출하는 간접적인 경제활동도 많다."

1990년, 중국은 중남미의 국제경제 활동과 거의 관련이 없었다. 미국, 유럽연합, 심지어 일본에 뒤진 중국은 한국이나 대만보다 중남미 경제에서 (무역과 투자 측면에서) 그 중요성이 상대적으로 낮았다. 그러나 이후 20년 동안 중국은 중남미와의 새로운 중심부-주변부 관계의 핵심으로 이동하면서 중남미의 무역 측면에서 새로운 악화의 시기를 초래했고 중남미의 발전 기회에 커다란 도전을 야기했다. 이러한 부정적인 상황은 교역조건 악화의 영향과 중남미 경제의 1차 산품 집중화(primarization)[3] 및 재집중화(re-primarization)[4]의 영향이라는 두 가지 상호 보완적인 요소에서 비롯되었는데, 이는 전문화(specialization)라는 것이 생산적 근대화를 방해하기 때문이다.

피에터스(Pieterse, 2011)가 지적한 바와 같이, 세계경제의 변화를 이해하기 위해 고려해야 하는 것 중 하나는 "오늘날 관련 연구가 활발히 진행되고 있는 주제 중 하나인 중국과 아프리카 혹은 중남미 관계와 같은 반주변부와 주변부, 동-남 혹은 남-남 관계"이다. 이 책의 저자들은 중국이 1차 제품을 수출하고 공산품과 자본(대출과 직접투자)을 수입하는 주변부적 중남미와의 관계에 있어 핵심적 위치를 향유하고 있다는 피에터스의 주장을 확인시켜 준다. 2005년 이후 중국 은행들은 역내 국가 및 국영기업에 1,410억 달러 이상의 융자를 승인했는데, 이는 세계은행과 미주개발은행의 융자를 합친 것보다 많은 수치다(Liss, 2018: 11).

이러한 중심부-주변부 관계를 유지하는 데 있어서는 크게 세 가지 요소가 존재한다: (1) 1차 산품에 기반한 중남미 수출과 자본재 및 제조업 분야의 수입 간 이익의 조화(호환성), (2) 비대칭적인 경제적·상업적 상호 의존성으로부터 파생된 상호 보완성, 그리고 (3) 중국의 정치·경제적 발전에 기능하는 중남미의 전환이다. (1)과 (2) 두 개는 상호 보완성과 비대칭적 상호 의존성으로 설명된다. (3)은 중남미가 인권침해를 문제 삼지 않고, 대만을 중국의 일부로 여기는 '하나의 중국' 정책을 지지하고, 티베트의 합병을 문제 삼지 않으며, 중국의 WTO 가입을 지지하는 등 중국의 정치적 이익과 관련된 아젠다를 채택한 것으로 설명된다. 경제적 관점에서, 이러한 흐름은 중남미 국가들이 중국을 시장경제체제로 인식하면서 시작되었다. 그러나 중남미가 중국의 WTO 가입을 지지한 것이 오히려 중남미에는 악재로 작용한 것으로 나타났다. 페란도(Ferrando, 2016)에 따르면 중국이 국제금융위기 이전(2008년) WTO에 가입한 이후 중국의 역내 수출은 34% 증가했다. 이러한 성장은 세계 수출에서 중국의 비중이 증가한 것과 일치한다(Chunlai, 2009).

개발도상국과의 이익공동체를 기반으로 남남협력을 촉진하는 담론을 지지했던 정치적 이익망은 윈-윈(Win-Win) 원칙에 입각한 공공외교를 통해 전파되었으며, 경제적 영역에서 중국을 대변하는 이미지와 밀접하게 얽혀 있었다. 이러한 중국의 이미지는 오늘날 중남미의 발전 기회뿐만 아니라 현대 중남미 지역의 발전 가능한 경제 모델을 상징한다(Bernal-Meza, 2012a, 2016, 2017; Corkin, 2014; Oviedo, 2012a, 2012b; Yang, 2013; Yun, 2013).

중국이 남미 국가(브라질·칠레·페루·베네수엘라·우루과이의 제1의 무역 상대국, 파라과이의 제1의 수입 상대국, 아르헨티나·콜롬비아의 제2의 무역 상대국)의 주요 파트너로 자리 잡은 효과는 다양했다. 중국은 애초에 1930년대 산업화 과정을 시작하여 역내 주요국으로 자리매김한 브라질과 아르헨티나를 대체했기 때문에 지역 경제통합 과정에 부정적인 영향을 야기했다. 둘째, 경제관계의 과정 내에서 중국은 역내 국가들을 대체하면서 가장 중요한 국제 파트너가 되었다. 중국과의 무역으로 인한 남미 내 무역의 악화는 중국을 남미 무역 통합의 확고한 파괴자로 변화시켰다(Oviedo, 2016). 그것은 또한 역내 생산적인 산업 및 정치 하부 시스템의 중심이 되려는 브라질의 목표에도 영향을 미쳤다. 중국은 중남미, 특히 남미 지역의 핵심적인 행위자가 되어 브라질이 남미에서 수행하는 역할에 심각한 불균형을 초래했다(Bernal-Meza, 2012a, 2012b, 2016; Medeiros & Cintra, 2015). 중국이 남미의 정치경제에 커다란 영향을 끼치기 시작함에 따라 브라질은 지역적 맥락뿐만 아니라 블록 내에서 지배적인 위치를 상실했다. 히라투카(Hiratuka, 2016)는 "중국은 2009년 기준 역내 주요 무역 파트너로서의 입지를 공고화했지만, 이러한 상황은 중남미로 하여금 일부 상품에 대한 매우 높은 집중도를 넘어 공산품의 수출을 현저히 감소시켰다"고 지적한다. 이에 비해 수입은 보다 기술적으로 정교한 제품이 주를 이루고 있으며, 집중도는 그리 높지 않다. 동시에, 중국은 남미의 지리적 통합을 촉진하여 남미 도시횡단철도, 가공 및 수출 구역, 철길 및 터널과 항구 건설과 같은 인프라 부문에 자금을 조달한다(Cesarin, 2016: 71). 가까운 미래에 중남미 국가들의 인프라가 개선되겠지만, 이는 중국의 자국 상업 네트워크의 이익을 위한 것이다.

이미 언급했듯이, 중국 경제는 이 지역에서 점점 더 큰 역할을 하고 있다. 이는 지역의 근대화 목표에 큰 영향을 미치고, 중남미 국가들의 전문화 양식을 심화시키며, 역동적인 역내외 비교우위 확장과 생산적 전환을 위한 플랫폼으로서의 메르코수르(Mercosur)가 가진 미래의 역할을 제한하고 있다(Beckerman & Moncaut, 2016).

중국-중남미 관계에서 두드러지는 것은 주로 중남미 국가들의 경제 성과에 영향을 미치는 상업적 측면이지만, 양자 관계의 경로는 무역에 의해 시작된 것이 아니며 선형적인 방향으로 발전하지 않았다. 페란도(Ferrando, 2016)에 따르면, 중국-중남미 관계는 정치적 · 경제적이었으며, 이는 서로 다른 단계를 명확히 특징짓는 세 가지 측면을 포함한다: 외교, 교역, 그리고 무역 협정이 각각 그것이다. 실제로 중국과 칠레는 지난 2005년 체결한 양국 간 자유무역협정(FTA)을 강화하는 의정서에 2019년 서명했다.[5] 칠레는 중국과 양자 간 무역협정의 심화를 협상한 세계 최초의 국가이다.

이러한 외교, 교역 및 무역 협정 간 연결고리는 1971년 중국이 UN에 다시금 안전보장이사회의 상임이사국으로 편입되며 시작된 경제와 정치의 관계를 보여주고 있으며, 이는 파라과이와 일부 중미 국가를 제외한 중남미 국가들로부터 외교적 인정을 받는 계기가 되었다. 칠레와 페루는 1970년과 1971년에 각각 미국보다 먼저 중화인민공화국을 합법적 정부라고 인정했다. 페란도(Ferrando, 2016)에 따르면, 이 첫 번째 단계는 냉전의 맥락에서 강력한 정치적 요소를 가지고 있으며, 중국인들은 단일 중국을 대표하는 것으로 인식되어야만 했다. 두 번째 단계는 1990년대에 시작되어 2001년 중국의 WTO 가입으로 강화된다. 세 번째 단계는 2006년 칠레에서 시작하여 중국이 페루 및 코스타리카와 체결한 자유무역협정이다.

첫 번째 단계에서는 중남미의 양자 및 다자간 의제를 규정함에 있어 중국의 글로벌 정치적 이해관계가 지배적이었으며, 이러한 경향은 상업적 요소가 강하게 발현되는 두 번째 단계에서도 지속되었다(Ferrando, 2016). WTO에 관한 중국의 목표는 첫 번째 단계와 두 번째 단계를 연결하는 것이었다.

브라질을 제외한 중남미 국가들은 국제관계나 대외정책 측면에 있어 국제적인 이익 혹은 이해관계를 가지고 있지 않다. 권력을 소유한 국제적 행위자가 되는 것은 지역 내 국가들의 능력 밖일뿐더러 목표가 아니다. 지역 전체 혹은 역내 개별 국가(예를 들면 브라질) 모두 현재 중국이 세계 체제에 미치는 영향과 동일한 경제적·정치적 영향을 미치지 않는다. 따라서, 국제정치 영역에서 중국과 중남미의 이해관계는 매우 다르며 가까운 미래에도 그렇게 유지될 가능성이 높다. 이러한 사실은 개발도상국이자 남반구의 구성원(members of the world of the South)이라는 관점에서 중남미와 공통의 비전을 공유하는 중국의 이미지에 대해 의문을 제기한다.

중남미와 카리브해 국가들의 대중국 수출은 1992년부터 2013년까지 12,000% 이상 확대되어 1992년 10억 6,700만 달러에서 2013년 1,331억 4,000만 달러로 증가하였으며, 이와 동시에 중남미 지역의 수출 전문화 또한 심화되었다(Ferrando, 2016). 중남미 내 중국의 외교적 존재는 미주개발은행(Inter-American Development Bank), 미주기구(Organization of American States, OAS)뿐만 아니라 라틴아메리카통합기구(Asociación Latinoamericana de Integración, ALADI)에서의 옵서버 활동, 그리고 라틴아메리카·카리브 국가공동체(Community of Latin American and Caribbean States, CELAC), 남미공동시장(Mercosur), 안데스 공동체(Andean Community) 및 태평양동맹(Pacific Alliance)과의 대화 협력국 등 역내 다양한 지역 기구에 편입되며 강화되었다.

그러나 중남미는 수출과 수입이 중국 전체 대외무역의 7%를 넘지 않기 때문에 중국의 주요 무역 상대국은 아니다. 이 비율 중 브라질, 칠레, 아르헨티나,

멕시코 4개국이 중국의 대중남미 수출의 약 75%를 차지한다. 베커만과 몬컷 (Beckerman and Moncaut, 2016)에 따르면, 이들 4개국과의 중국 관계는 세계 의 다른 나라들보다 더 역동적이었다. 중남미는 중국의 1인당 소득을 높여 중 국 정치체제의 안정성을 향상시키는 생산-수출 모델에서의 효과적인 파트너 이기 때문에 중남미와의 관계는 중국 내부적으로 매우 중요하다. 중국은 경제 적 수익과 함께 중남미와의 경제-상업 및 금융 관계의 지속적인 성장으로 인 해 정치적 확실성과 견고성을 확보할 수 있는 반면, 중남미 입장에서는 중국으 로부터의 자체적인 수입과 1차 산품 수출로 중국에 대한 부채를 지불한다. 그 러나 이는 높은 1차 산품 전문화로 인해 중남미 생산체계의 자율성과 발전을 위협하는 함정이다.

오비에도(Oviedo, 2016)는 아르헨티나와 중국의 관계를 "식량의 역설(the paradox of food)"로 기술했지만, 이는 대중국 1차 산품 수출이 지배적이며 중 국에 대한 무역 적자를 기록하고 있는 모든 중남미 국가에 적용될 수 있다. 오 비에도(Oviedo, 2016: 273)에 따르면,

> 아르헨티나는 농산품 수출국이며 중국은 주요 식품의 수입국임에도 불구하고, 아르헨 티나는 무역 적자를 통해 막대한 외화를 중국에 이전하여 외화보유고의 감소와 통화 불안정의 원인을 초래했다. 동시에, 중국은 통화 교환 협정 체결과 대출 승인 등을 통 해 단기적으로 아르헨티나의 심각한 재정 상황을 안정시킨 문제의 해결사로 등장했다. 이러한 방식으로, 교역 및 상업 영역에서 이미 공고화된 중심부-주변부 모델은 중국 자본에 대한 아르헨티나의 종속에 더해져 양자 간 비대칭성을 심화시키고 아르헨티나 의 초기 근대화 과정에 영향을 미쳤다.

중국은 양자 관계 구조에서 중남미 파트너들을 전략적 동반자(브라질, 멕시 코), 포괄적 전략적 동반자(베네수엘라, 아르헨티나), 통합적 협력 동반자(페루,

칠레) 및 나머지 등 4개 범주로 구분하였는데, 이러한 구분에 대한 구체적인 정의는 부재하다. 이러한 분류는 중국과 다른 중남미 국가들과의 관계가 동질적이지 않다는 것을 시사한다.

두 가지 분류의 해석

중남미에 대한 중국의 관심과 관련해서, 중국이 이미 이 지역을 1차 산품 및 원자재의 수입 대상지 및 중국 제조업 수출 대상 시장으로 보고 있을 뿐 아니라 중국 경제발전에 기여하기 위한 중국의 직접투자 및 차관의 목적지로 보고 있다는 상대적 공감대가 형성돼 있다. 그러나 프레비시(Prebisch)의 주장에 기반한 에르네스토 비바레스(Ernesto Vivares, 2018)의 견해에 따르면, 농업, 광업 및 에너지 부문에 있어 1차 산품의 집중적 전문화로 인해 세계경제에서 특별한 위치를 차지하고 있는 남미 지역의 다양한 국가 사례에 대한 중국의 경제적 영향과 관련된 해석에는 긍정적이고 비판적인 평가가 모두 포함되어 있다. 몇몇 문헌은 중국의 영향을 긍정적으로 바라보며, 중남미의 경제 및 사회적 발전에 기여하고 있다고 평가한다. 이러한 해석은 주로 두 파트너들이 "윈-윈"할 수 있는 조화로운 관계로서의 경제적 연결성을 강조하는 중국의 공식적 담론을 따르는 것이다. 비록 이러한 경제관계의 양식이 무역과 금융 부문에서 비대칭적이라고 할지라도, 이러한 관점에서 그 결과는 조화롭다고 바라본다.

이러한 관점을 취하는 문헌들은 종종 중국과 중남미의 관계를 불간섭과 주권 존중을 원칙으로 하는 남-남 관계의 예로 간주하며, 북-남 관계 패턴을 보여주고 있는 중남미와 선진국 및 미국과의 전통적인 관계와 다른 형태의 협력이라 바라본다. 또 다른 문헌에서는 구조적 측면에서 중국-중남미 관계가 전통적인 북-남 양식과 비대칭성을 반영한다는 점을 강조하고 있다. 이러한 학자들은 중국-중남미 간 경제 관계의 양식이 중남미, 특히 남미 지역에서 재상품화와 탈산업화의 과정을 촉발하는 경향이 있으며, 중남미의 세계경제에 대한 전통적인 역할을 오히려 강화한다고 주장한다. 이러한 관점에서 볼 때, 중국의 부상과 중남미의 발전에 대한 중국의 중요성이 커짐에 따라 중남미 종속의 제3단계에 접어들게 되었다. 오비에도(Oviedo, 2012a), 베르날-메사(Bernal-Meza, 2016), 뒤셀 피터스(Dussel Peters, 2016)와 같은 일부 학자들은 우리가 이 지역에서 중국 경제 헤게모니의 성장 과정을 목도하고 있음을 밝히고 있다.

중국-중남미 관계의 정치적 차원에 초점을 맞춘 연구들은 중국이 중남미 지역통합에 미치는 영향과 같은 지정학적 문제를 다루며, 중국이 주로 이 지역의 통합을 강화하는 데 기여하는지 또는 그 영향이 예를 들어 중국의 영향으로 인해 오히려 지역 분열을 유발할 수 있는지에 대해 탐구한다. 본고의 다수의 장에서 다루어진 주제는 중국의 부상이 중남미 국가들에 더 "기동할 수 있는" 더 큰 여지와 더 넓은 자율성을 제공하는 새로운 지정학적 상황에 대한 맥락을 제공했다는 것이다. 보다 비판적인 시각에 입각한 학자들은 이 지역에서 중국의 부정적인 경제적 영향이 중남미로 하여금 오히려 더 자율적인 역할을 할 수 있는 조건을 약화시킨다는 것을 시사한다. 이 책의 기고문 중 일부에서 다루어진 또 다른 정치적 주제는 중남미 측의 정당뿐만 아니라 다양한 사회 집단과 생산 부문의 역할에 초점을 맞추고 있다. 이러한 기고문들은 우리가 중국에 대한 중남미의 반응과 정책을 이해하고, 더 일반적으로 중남미 국가들의 발전과 외교 정책 및 전략을 이해하려면 국내 정치가 매우 중요하다고 지적한다. 이 주제는 중남미의 발전에 대한 중국의 영향에 대한 논쟁과 관련하여 매우 중요하며, 무엇이 중남미의 발전 과정을 추동하였는지에 대한 논의와 관련해서도 중요하다. 이러한 주제에 대한 연구는 여전히 불충분하며, 중국-중남미 관계에 대한 문헌에서 더욱 고려해야 할 가치가 있다. 그런 의미에서 이 책의 기고자들은 우리가 현재 당면한 상황을 좀 더 명확하게 살펴볼 수 있게 도와준다.

중국과 중남미의 관계는 세기가 바뀐 이후로도 각각 다른 단계를 거쳤다. 이러한 단계는 개별 중남미 국가의 발전뿐만 아니라 국제적 발전 맥락에 상응한다. 중국이 중남미의 발전에 미치는 영향뿐만 아니라 중국-중남미 관계에서 특히 중요한 주제 중 하나는 중국의 발전이 창출함과 동시에 종식시킨 2003-2013년 사이의 원자재 슈퍼 사이클(commodity super-cycle)과 관련된 것이다(몇몇 전문가들은 원자재 슈퍼 사이클의 종식 시점을 2011년 혹은 2012년으로 보고 있다). 2000년에서 2018년 사이 중남미 국가들의 교역조건의 변화는 의심할 여지 없이 국내 정치뿐만 아니라 중남미의 경제 및 사회 발전 과정에도 중요한 역할을 했다. 따라서 중국-중남미 관계 연구자들은 교역조건 문제와 천연자원을 전문화하는 국가의 교역조건 악화 경향에 대한 프레비시의 이론적 자원을 분석 및 이론적 틀로 활용하는 것이 바람직해 보인다.

이 책의 목적과 방법론적 접근

40여 년 전 개혁개방 이후 중국의 경제 변화는 "신자유주의"와 "워싱턴 컨센서스의 계율을 따르지 않았으며, 여전히 중국의 발전모델은 국가 주도 양상을 보인다. 중국 경제는 거대한 기술 진보와 제조 부문의 혁명을 경험하여 중국을 "세계의 공장"이자 세계 최대의 수출국, 그리고 주목할 만한 금융 강국으로 변모시켰다. 중국은 또한 경제성장과 함께 국제 정치 무대에서 그 역할이 점차 증대되었다. 이 기간 동안 중국은 브릭스(BRICS), 일대일로(OBOR), 아시아인프라투자은행(AIIB), 상하이협력기구(SCO) 및 다양한 아시아 내 지역기구뿐만 아니라 아프리카와 중남미와의 관계에서 더 큰 영향력을 행사하고 있다. 2008

년 국제 금융위기와 2016년 도널드 트럼프의 미국 대통령 당선 이후 중국은 개방적이고 규칙기반의 자유주의적 경제의 가장 중요한 옹호자가 되고 있다. 이로써 미국의 패권주의와 워싱턴 컨센서스 시대는 막을 내렸고, 국제정치경제와 세계경제의 새로운 상황을 목도하고 있다.

이 책은 국제정치경제(IPE)적 접근을 주요 방법론적 근간으로 삼고 있다. 이 책에서는 특히 2000년대 이후 시기를 중심으로 중국과 중남미 각각의 관점에서 경제적·정치적 차원과 그들의 상호 작용에 초점을 맞춘다. 이 책의 주요 기여는 경제 관계의 영역이며, 특히 중남미에 미치는 중국의 경제적 영향에 대한 특성 규명과 그에 대한 이해라 할 수 있다. 이러한 주제는 중국-중남미 관계에 대한 문헌과 논의에서 매우 중요하다. 이 문제에 대한 합의는 없지만, 여러 다른 해석들이 존재한다.

각 장에 대한 소개

21세기 들어 중국이 세계경제의 중심적 위치를 차지함에 따라 중국과 중남미의 관계는 점점 더 중요해지고 있다. 따라서 중국-중남미 관계에 대한 학술적 연구는 더욱 확대되었고, 이와 동시에 중남미와 중국 정부의 관점에서 양자 간의 관계는 점점 더 중요해졌다. 예를 들어, 중국 정부는 중남미와의 관계에 대한 공식적인 정책 견해를 제시하는 두 개의 "백서"(2008년과 2016년)를 제작했다. 이처럼 중국-중남미 관계에 대한 학문적 관심은 경제적·정치적 주제 둘 모두를 중심으로 집중되고 있다.

각 장은 자유주의, 마르크스주의, 민족주의적 관점 등 다양한 이론적 국제정치경제 시각에 기초하고 있다. 대부분의 장은 경험적 분석에 초점을 맞추고 있으며, 그중 몇 장은 정책적 견해와 제언도 포함하고 있다. 중국-중남미 관계는 크게 세 가지 상이한 수준에서 분석되며, 국가/양자 수준, 지역 수준, 그리고 글로벌/다자 수준이 각각 그것이다. 경제관계를 주제로 한 장들은 중남미가 중국 경제의 위대한 부상 과정에 있어 중국의 경제적 주변부의 일부로서의 역할을 충족한다는 점에서 이 지역이 중국의 발전에 기능하고 있다는 것을 보여주고 있다.

이 책은 중국이 중남미에서 수행하는 역할에 초점을 맞춘 정치경제적 주제로 시작하며, 특히 지역 거버넌스, 지역주의와 자율성과 관련되어 있다. 이 주제는 북미 패권이 장악하고 있는 반구에서 중국의 영향력을 분석하면서 이 지역의 국제적 편입 과정을 살펴본다.

다음 두 장은 브라질과 중국의 관계를 분석하며, 첫 번째는 베카르지, 레사, 시우베이라(Becard, Lessa & Silveira), 그리고 두 번째는 비소세로와 라히오(Bizzozero & Raggio)가 각 장의 저자들이다. 이 두 개의 장에서는 브라질이 지역 내에서 중국의 가장 중요한 파트너라는 점을 기반으로 관련 주제가 논의되고 있다. 브라질은 남미에서 정치적으로나 경제적으로 가장 중요한 나라이다. 베르날-메사(Bernal-Meza)와 자나브리아(Zanabria)의 장은 모든 국가 사례 중 가장 큰 도전을 제기하는 아르헨티나와 중국의 관계를 분석한다. 다음으로 브리체뇨-루이즈(Briceño-Ruiz)와 몰리나 메디나(Molina Medina)가 중국-베네수엘라 관계에 대해 쓴 장이 이어진다. 세사르 로스(César Ross)의 장에서는 칠레와 중국의 관계를, 에두아르도 오비에도(Eduardo Oviedo)의 장에서는 중국과 아르헨티나, 파라과이, 우루과이의 관계를 비교 분석했다. 다음 장에서 카를로스 후안 모네타(Carlos Juan Moneta)는 중국의 경제발전과 그에 따른 수십 년 동안의 세계적 영향에 대한 전향적 분석을 시도한다. 이 책은 제9장에서 리싱(Li Xing)이 중국과 중남미의 국제 경제에 대한 편입 전략을 비교 분석하며 마무리된다. 두 개의 발전 전략을 비교 분석함으로써, 우리는 3-8장에서 제시하듯 세계체제의 두 부문과 중국에 대한 주변부적 중남미 국가들의 조건 사이의 심각한 불평등을 이해할 수 있다.

각 장의 요약

토마스 레글러, 마리아노 투르시 및 에두아르도 치리-아팡고(Thomas Legler, Mariano Turzi & Eduardo Tzili-Apango)가 저자로 참여한 제2장에서는 중남미에서 증대되는 중국의 역할이 자율적인 지역 거버넌스 구축에 영향을 미쳤는지를 분석한다. 저자들은 중국의 영향력이 모순성을 발현한다고 주장하고 있다. 역내에서 중국의 경제적 존재감의 확대와 이에 따른 미국에 대한 의존도 감소는 역내 국가들에 유리한 환경이 조성된 것처럼 보인다. 그러나 저자들은 중국이 중남미의 파트너들에 관한 한 이념적 또는 정치적 선호를 가지고 있지 않은 듯하다고 밝히고 있다. 저자들은 중남미에서 최근 지역주의에 대한 경험이 이 지역에서 중국의 존재감이 증가하는 것과 일치한다고 언급하고 있다. 그러나 이러한 사실은 일관된 선택이라기보다는 우연의 일치로 보인다. 중국의 영향력은 일반적으로 중남미 탈패권적 경향 혹은 운동과 관련이 있지만, 탈자유주의적 혹은 반자유주의적인 것은 아니다. 오히려, 중국의 경제적 영향은 본질적으로 자유주의적이었으며, 이에 따라 소위 "원자재 컨센서스(commodity consensus)"를 강화했다. 저자들에 따르면, 중국이 경제 관련 지역 다자 기구와의 관계 발전에 집중하고 있으며, 따라서 지역 내 정치적인 자율성 강화를 위한 노력을 지지한다는 증거는 거의 없어 보인다고 밝히고 있다. 이러한 자율성은 중남미에서 특정 목적을 달성하기 위한 목적과 수단이 되었다. 탈패권주의적 지역주의 실험의 옹호자들은 중국-중남미 사이의 정치적·경제적 유대의 심화가 미국에 대한 의존을 줄이고 중남미의 독립과 해방을 증가시킬 수 있는 역사적 또는 전례 없는 기회를 대표한다고 주장했다. 저자들에 따르면, 중국인들은 가치사슬에서 그들의 산업 수준을 격하시키고 있는 많은 중남미 국가들에 "네덜란드병(Dutch Disease)"을 확산시켰다는 비난을 받고 있다. 저자들은 중국이 역내 정치적 자율주의 노력을 적극 지지한다는 증거가 거의 없다고 주장한다.

다니엘리 하모스 베카르지(Danielly Ramos Becard), 안토니우 카를로스 레사(Antonio Carlos Lessa), 라우라 우헤졸라 시우베이라(Laura Urrejola Silveira)가 공동 저술한 제3장에서는 중국의 주요 중남미 파트너와의 관계를 살펴본다. 저자들은 브라질에서 중국의 성장하는 정치적 영향력은 브라질 경제 내 중국 자본의 증가에서 기인함을 밝히고 있다. 그들은 특히 브라질 전기 분야에서 중국 자본의 확장을 추적하면서 FDI의 결정 요인을 분석한다. 인프라 프로젝트, 특히 에너지 부문에서 브라질에 대한 중국의 증대되는 존재감은 브라질 경제에 대한 영향력 및 브라질 정부 내에서의 위신과 지배력 증가와 같은 직접적인 정치적 결과를 초래한다. 브라질의 에너지에 대한 중국의 관심은 최근 몇 년 동안 꾸준히 증가해 왔으며, 브라질에 대한 중국 외교정책의 중요한 도구가 되었다.

브라질 경제에 대한 중국의 영향력 증가는 2000년대 초부터 두드러졌으며, 2009년 중국은 미국을 제치고 브라질 제1의 무역 상대국으로 부상했다. 저자들은 중국이 식량, 에너지원, 전략적 천연자원 등 자국 내 수요의 실행 가능성과 충족도를 높이기 위해 인프라 구현을 통해 글로벌 연계성의 지정학을 촉진한다고 보고 있다. 저자들은 중남미 주요 파트너의 경제와 정치에 대한 중국의 영향력이 커지는 과정에서 브라질 전력시장에 대한 중국의 투자가 핵심 요소라고 결론을 내린다.

제4장은 링컨 비소세로(Lincoln Bizzozero)와 안드레스 라히오(Andrés Raggio)가 공동 집필했다. 그들은 구체적으로 브라질과 중국 간의 협력 관계의 진

화를 분석한다. 이 장은 양국의 관계에 초점을 맞추고 있지만, 주요 초점은 브라질의 시각이다. 저자들은 과학기술 분야 협력이 전략적 동반자협정 체결의 기초였고, 남남 협력의 선례를 만들었다고 주장한다. 양국의 관계는 과학기술 협력에서 통상 협력관계로 전환한 뒤 국제정치 협력으로 보다 진화했다. 저자들은 상업적 수준에서 양자관계는 상호 보완성 및 비대칭성의 틀에서 발생하지만, 이러한 유형의 관계는 다른 수준에서 동일한 방식으로 반영되지 않는 것으로 보인다고 주장한다. 무역 적자가 발생한 2007년과 2008년을 제외하고도 브라질에 유리했던 흑자와 마찬가지로 양국 간 무역은 이 기간 증가했다. 정치-전략 분야에서는 국제경제 기구의 개혁과 관련된 일부 문제에 대한 이해의 수렴이 있다. 다만 특히 브라질과 관련된 문제인 안보리 이사국 증원을 통한 개혁과 관련해 중국은 지지 입장을 내놓지 않고 있다. 저자들은 중국과의 협력에 관한 브라질의 외교정책의 범위는 경제적·정치적 수준에서 국내 이익에 의해 좌우된다고 결론짓는다.

라울 베르날-메사(Raúl Bernal-Meza)와 후안 마누엘 자나브리아(Juan Manuel Zanabria)가 집필한 제5장에서는 중국과 이 책에 등장하는 국가들 간 관계의 가장 복잡한 예를 논하고 있다. 중국-아르헨티나 관계는 중심부-주변부와 북-남 경제 관계의 세 가지 핵심 요소인 무역, 투자, 차관을 포괄한다. 양국 간의 관계는 겉보기에는 상호 보완적 교환이라는 조화로운 관계로 묘사되지만, 적자가 시작된 2008년 이후 오늘날에 걸쳐 아르헨티나 측의 막대한 부채로 귀결됐다는 점을 명심할 필요가 있다. 아르헨티나는 이 지역에서 중국이 유일하게 통화스와프를 시행한 국가인데, 이는 중국 기업이 수행하는 인프라 사업의 자금 조달과 아르헨티나 기업 인수를 위한 투자를 주요 목적으로 하는 것으로 사실상 부채를 가중시키는 과정이다. 저자들은 중국이 북-남 관계 모델을 재현하기 시작하면서 네스토르(Néstor)와 크리스티나 키르치네르(Cristina Kirchner) 정부가 추진하려던 재산업화 목표가 차질을 빚게 되었음을 지적한다. 중국은 아르헨티나에서 두 번째로 큰 수입국이 되었고, 미국을 그 자리에서 밀어냈다. 키르치네르 정부가 끝날 무렵, "대두 1차 산품화" 수출 구조에 직면했다. 아르헨티나 경제의 실패와 중국과의 경제관계 구조는 "식량의 역설"을 야기했는데, 이는 아르헨티나와 중국의 근대화 사이의 구조적 갈등의 핵심 문제 중 하나를 대표한다. 한마디로 중국은 아르헨티나가 대표 사례 중 하나인 중남미와 국제 경제관계 구조를 만들어 남미 국가들이 베이징에 종속되도록 만들었다. 간단히 말해서, 아르헨티나는 중국을 없어서는 안 될 존재로 만들었다.

　제6장에서는 호세 브리세뇨-루이스(José Briceño-Ruiz)와 노르베르트 몰리나 메디나(Norbert Molina Medina)가 중국-베네수엘라 관계를 검토한다. 1974년부터 1999년까지 중국과 베네수엘라의 관계는 눈에 띄지 않았다. 그러나 우고 차베스(Hugo Chávez) 시대의 도래와 함께 상황은 바뀌었다. 브리체뇨와 몰리나에 따르면, 차베스의 글로벌 및 지역 리더십에 대한 열망과 글로벌 남반구, 특히 중남미에서 중국의 존재감이 증가하는 것은 최근 중국-베네수엘라 관계를 이해하는 데 중요한 요소이다. 베네수엘라의 중국과의 무역 관계는 지난 25년 동안 변화했다. 베네수엘라 시장에서 중국의 주요 존재감을 보여주는 상당한 수준의 성장과 양국 간의 금융 협력은 양국 관계를 대변하는 지표이다. 베네수엘라의 중국에 대한 부채 과정에 대한 저자들의 분석은 특별히 언급할 가치가 있다. 중국에 대한 베네수엘라의 부채는 62조 2,000억 달러로 중남미 전체의 150조 달러의 40%를 상회한다. 저자들은 베네수엘라 부채 상환이 이루어지지 않자 중국 정부가 베네수엘라 정부의 채무 상환 능력을 둘러싼 불확실성으로 인해 베네수엘라의 국가신용등급을 하향하기로 결정했다고 지적한다. 중국과의 관계 증대로 인한 베네수엘라의 정치적 결과는 새로운 종속에 대한 공포로 이어졌다. 투자 대가로 석유를 공급하겠다는 엄청난 약속이 이루어졌다.

대출의 양이 어마어마하다. 그러나 현재 중국의 진정한 걱정거리는 베네수엘라의 정치적·경제적 불안이다.

제7장에서는 세계무대에서 칠레의 외교정책을 전반적으로 다루고 있으며, 특히 대(對)아시아 및 중국 정책을 다루고 있다. 칠레의 외교정책은 주로 경제외교에 집중하고 있으며 신자유주의(neoliberal)와 신현실주의(neorealist) 사이의 어딘가로 보일 수 있는 접근 방식이 특징이다. 지난 40년간 동아시아와 동남아시아에 대한 칠레의 국제화는 1973-1989년 칠레 군사독재에 대한 세계의 거부에서 비롯된 국제정치적 고립에 대한 반응으로 시작되었지만, 국제관계의 특정한 모델의 이익에 대한 진정한 믿음의 결과로 지속되었다. 중국은 칠레의 가장 중요한 아시아 국가였다. 로스(Ross)는 칠레와 중국의 관계가 역사적으로 실용적이고, 더 나아가 피상적인 관점을 취했다고 주장한다.

저자는 칠레와 중국의 관계를 칠레가 겪은 성공적인 경험에 상응하는 상향 비대칭의 사례로 분석한다. 이를 위해 저자는 칠레가 중국에 의해 긍정적으로 추적되고 있는 "이중적 비대칭(double asymmetry)"이라고 부르는 자신의 모델을 사용한다. 원자재 슈퍼 사이클(2001-2013)은 더욱 복잡한 우호관계로 귀결되었는데, 저자는 이 장의 부제에 드러난 은유를 통해 이를 설명하려 한다. 칠레는 주요 강대국이 아니더라도 글로벌 가치사슬의 일부이며, 천연자원은 구리, 철강, 몰리브데넘, 은, 금, 목재 및 기타 국가 생산 요소를 포함하는 많은 공산품이 존재한다. 로스에 따르면 양국 자유무역협정은 2007-2008년 위기의 영향을 받았음에도 불구하고 무역에 매우 긍정적인 영향을 미쳤다. 로스는 중국이 아시아에서 칠레의 주요 경제 파트너가 되었고, 오늘날은 적어도 양적으로는 일본과 한국보다 훨씬 더 중요하다고 결론짓는다. 또한 칠레의 경우, 양국 관계에 있어 다른 국가들과는 달리 정치적 측면이 없다는 특징이 있다.

제8장에서 에두아르도 다니엘 오비에도(Eduardo Daniel Oviedo)는 중국과

아르헨티나, 파라과이 및 우루과이를 포함하는 남미 3개국 간의 관계에서 유사점과 차이점을 분석하며, 특히 문화적 전통, 정치체제, 경제구조의 차이에 기초하여 정치, 외교, 무역, 투자, 이주 문제에 초점을 맞추고 있다. 중국은 이 세 나라의 경제적 근대화에 중요한 역할을 하고 있다. 제8장은 크게 두 부분으로 나뉜다. 첫 번째 부분은 중국과 남미 3개국 간 문화, 정치체제, 경제구조의 본질적인 차이와 이것이 근대화 과정에 미치는 영향을 소개한다. 두 번째 부분에서는 중국과 남미 3개국 간의 외교, 정치, 무역, 투자, 이주 정책의 유사점과 차이점을 분석한다. 여기에는 중국의 외국인 직접투자, 조세 피난처를 통한 투자, 통화스와프, 아르헨티나 내 중국인 이민자 수, 파라과이 대만 이민자의 역할, 중국 시민에 대한 우루과이의 제한적 정책 등이 포함된다. 저자에 따르면 같은 기간 중국과 브라질 및 칠레의 경제관계 비교 및 아르헨티나, 파라과이, 우루과이, 중국 관련 공식 통계자료를 통해 중국과 남미 3개국 간 무역관계의 특성을 확인할 수 있으며 특히 아르헨티나가 "잃어버린 10년(lost decade)"을 겪었다는 사실을 확인할 수 있다. 이 장은 중국과 남미 3개국 간 관계의 5개 분야에서의 유사점과 차이점에 대한 일반적이고 비교적인 시각을 제시하는 것으로 마무리된다. 이 장에 담긴 분석은 남미 3개국에서 중국의 존재감이 커졌다는 사실뿐만 아니라 중국의 근대화에 따라 모든 분야에서 힘의 비대칭성이 증가했다는 사실을 재확인시켜 준다.

마지막으로, 리 싱(Li Xing)이 집필한 제9장은 중국-중남미 경제 관계에 대한 현재의 논의를 설명하고 이해하기 위한 틀을 제공한다. 이 분석은 중국과 중남미가 채택한 두 가지 다른 산업화 전략, 즉 수출지향산업화(EOI)와 수입대체산업화(ISI)에 대한 역사적 검토에 기초한다. 저자는 내부 요인(국가-시장-사회관계)과 외부 요인(지정학적ㆍ지경학적 관계)의 시너지가 그들로 하여금 서로 다른 방향으로 발전전략을 구체화하는 데 영향을 미쳤으며, 더 나아가 그들의 경제를 세계시장(경쟁, 생산사슬, 가치사슬)과 연결시키는 데 영향을 미쳤다고 주장한다. 이 장에서는 현재 중국-중남미 경제 관계의 문제 중 일부는 역사적으로 다른 산업화 전략의 의도하지 않은 결과와 직간접적으로 연관되어 있다고 주장한다. 중국의 부상과 경제적 성공은 아이러니하게도 중국과 중남미의 경제 관계를 가속화시키는 촉진제이자 탈산업화와 1차 산품 집중화와 같은 이 지역이 직면한 경제적 어려움을 야기하는 요인으로 간주된다. 이 장은 중남미가 중국의 글로벌 전략과의 전략적 융합을 모색하여 "기동의 여지"과 "상향 이동성"을 높이는 것이 중남미의 정치·경제적 이익에 부합한다고 결론짓는다.

라울 베르날-메사(Raúl Bernal-Meza)는 마지막 장에서 중국이 1990년대 초반부터 중남미에 대한 상업적·재정적 기회를 모색했지만, 중남미를 국제 정치의 파트너로 간주하지는 않았다고 단언한다(Bernal-Meza, 2012a; Cervo, 2014; Li, 2012; Moneta & Cesarin, 2016; Pastrana & Gehring, 2017). 따라서 중남미의 관점에서 본 양자 관계는 브라질을 제외하고(Bernal-Meza, 2017; Christensen, 2014; Oliveira, 2012; Oviedo, 2014; Pimentel, 2013) 이 책의 장에서 알 수 있듯이 경제적 의제에 초점을 맞추고 있다.

이 책의 저자들은 세계체제 내의 중남미 국가들의 위치에 대한 리 싱(Li Xing, 2010)의 주장을 재확인시켜 준다. 이는 중남미 지역에 필수 불가결한 경제적 행위자로 부상하고 있는 중국과 중남미 간의 관계를 분석함에 있어 이 책의 편집자들이 강조한 사실이기도 하다.

주

1   이러한 관계가 중국 자본주의 발전 내에서 어떤 역할을 수행하는지에 대한 의미에서.

2   "미국 국무장관은 중남미 지역 국가들에 아시아 거대국의 투자에 대해 '눈을 크게 뜨고 지켜볼 것'을

요청했다." 출처: Emol.com - http://www.emol.com/noticias/Economia/2018/10/22/924726/Medios-chinos-critican-a-Pompeo-por-sus-comentarios-ignorantes-y-maliciosos.html.

3 1차 산품 집중화(Primarization)란 현대화나 산업화 과정에 참여하지 않은 국가들을 나타낸다. 1차 산품 재집중화(Reprimarization)는 이미 산업화 과정에 들어간 국가들, 예를 들어 브라질, 아르헨티나, 멕시코와 같은 반주변부 국가들을 의미하며, 이 국가들이 경제적 후퇴 단계로 되돌아가기 시작한 것을 나타낸다.

4 1차 산품 중심 경제체제나 원자재 수출국.

5 새롭게 심화된 프로토콜은 시장 접근, 원산지 규칙, 관세 절차 및 무역 용이성, 경쟁 정책, 경제 및 기술 협력, 서비스 무역 등 6개 장의 재협상을 포함했다. 전자상거래, 환경 및 무역에 대한 두 개의 새로운 영역이 추가되었다. 또한 무역 용이성 조항이 새로운 제도적 아래로 통합되었다. 출처: https://www.emol.com/noticias/Economia/2018/10/25/925280/Congreso-aprueba-protocolo-que-profundiza-Tratado-de-Libre-Comercio-con-China.html.

참고문헌

Arrighi, G. (1985). *Semiperipheral development: The politics of southern Europe in the twentieth century*. Beverly Hills: Sage Publications.

Arrigui, G. (1998). *A ilusão do desenvolvimento* (4th ed.). Rio de Janeiro: Editora Vozes.

Bayne, N., & Woolcook, S. (2003). *The new economic diplomacy*. Aldershot: Ashgate Publishing Limited.

Bayne, N., & Woolcook, S. (dir.). (2007). *The new economic diplomacy. Decision-making and negotiation in international economic relations* (2nd ed.). Aldershot: Ashgate.

Becker, U. (Ed.). (2014). *The BRICs and emerging economies in comparative perspective*. London; New York: Routledge.

Beckerman, M., & Moncaut, N. (2016). Las relaciones entre China y América Latina. ¿hacia la desestructuración de los sistemas productivos de la región? In C. Moneta & S. Cesarín (Eds.), *La tentación pragmática. China-Argentina/América Latina: Lo actual, lo próximo y lo distante*. Sáenz Peña: Universidad Nacional de Tres de Febrero.

Bernal-Meza, R. (2012a). China-MERCORSUR and Chile relations. In X. Li & S. F. Christensen (Eds.), *The rise of China. The impact on semi-periphery and periphery countries*. Aalborg: Aalborg University Press.

Bernal-Meza, R. (2012b). China y la configuración del nuevo orden internacional: las relaciones China-MERCOSUR y Chile. In R. Bernal-Meza & S. Quintanar (Eds.), *Regionalismo y Orden*

Mundial: Suramérica, Europa, China. Buenos Aires: Nuevohacer and Universidad Nacional del Centro de la Provincia de Buenos Aires.

Bernal-Meza, R. (2016). China and Latin America relations: The win-win rhetoric. *Journal of China and International Relations,* 2016(special issue), 27 – 43.

Bernal-Meza, R. (2017). China en América Latina. Política exterior, discurso y fundamentos: diplomacia pública y percepciones en la región. In E. P. Buelvas & H. Gehring (Eds.), *La proyección de China en América Latina y el Caribe.* Bogotá: Editorial Pontificia Universidad Javeriana and Konrad Adenauer Stiftung.

Cervo, A. L. (2014). *Relações Internacionais da América Latina* (3ra. edição.). São Paulo: Editora Saraiva.

Cesarin, S. (2016). China, miradas desde el Sur. In C. Moneta & S. Cesarin (Eds.), *La tentación pragmática. China-Argentina/América Latina: Lo actual, lo próximo y lo distante.* Sáenz Peña: Universidad Nacional de Tres de Febrero.

Christensen, S. (2014). La estrategia brasileña de política exterior a partir de 2003. In R. Bernal-Meza & L. Bizzozero (Eds.), *La política internacional de Brasil: de la región al mundo.* Montevideo: Ediciones Cruz del Sur and Universidad de la República.

Christensen, S., & Bernal-Meza, R. (2014). Theorizing the rise of the second world and the changing international system. In X. Li (Ed.), *The BRICS and beyond: The International political economy of the emergence of a new world order.* Surrey, UK; Burlington, VT: Ashgate.

Chunlai, C. (2009). *China's Integration with the Global Economy.* Cheltenham: Edward Elgar Publishing Limited.

Corkin, L. (2014). China's rising Soft Power: The role of rhetoric in constructing China-Africa relations. *Revista Brasileira de Política Internacional,* 57(special edition), 49 – 72.

Dussel Peters, E. (Coord.). (2016). *La nueva relación comercial de América Latina y el Caribe con China. ¿Integración o desintegración regional?* Mexico City: Red Académica de América Latina y el Caribe sobre China, Universidad Nacional Autónoma de México, Unión de Universidades de América Latina y Caribe y Centro de Estudios China-México.

Ferrando, A. (2016). China y sus Tratados de Libre Comercio con América Latina y el Caribe. In C. Moneta & S. Cesarin (Eds.), *La tentación pragmática. China-Argentina/América Latina: Lo actual, lo próximo y lo distante.* Sáenz Peña: Universidad Nacional de Tres de Febrero.

Ferrer, A. (1996). *Historia de la Globalización. Orígenes del orden económico mundial.* Mexico City: Fondo de Cultura Económica.

Fukuyama, F. (1992). *The end of history and the last man.* New York: Macmillan.

Gilpin, R. (1987). *The political economy of international relations.* Princeton: Princeton University Press.

Hiratuka, C. (2016). Impactos de China sobre el proceso de integración regional de Mercosur. In

Enrique Dussel Peters (Coord.), *La nueva relación comercial de América Latina y el Caribe con China. ¿Integración o desintegración?* Mexico City: Red Académica de América Latina y el Caribe sobre China, Universidad Nacional Autónoma de México, Unión de Universidades de América Latina y Caribe y Centro de Estudios China-México.

Hirst, P., & Thompson, G. (1996). *Globalization in question.* Cambridge: Polity Press.

Kennedy, P. (1987). *The rise and fall of the great powers: Economic change and military conflict from 1500 to 2000.* New York: Vintage Books.

Keohane, R., & Nye, J. (1977). *Power and interdependence. World politics in transition.* Boston: Little, Brown.

Li, X. (2010). The transformation of China: The next between internalities and externalities. In X. Li (Ed.), *The rise of China and the capitalist world order.* Surrey: Ashgate.

Li, X. (2012). Introduction: The unanticipated fall and rise of China and the capitalist world system. In X. Li & S. F. Christensen (Eds.), *The rise of China. The impact on semi-periphery and periphery countries.* Aalborg: Aalborg University Press.

Li, X., & Christensen, S. (Eds.). (2012). *The rise of China. The impact on semiperiphery and periphery countries.* Aalborg: Aalborg University Press.

Li, X., & Shaw, T. (2013). From 'polities in command' to 'economics in command': China-Africa relations in an era of great transformations. In X. Li & A. O. Farah (Eds.), *China-Africa relations in a era of great transformations.* Surrey: Ashgate.

Lima, M., & Castelan, R. (2011). O Brasil, os BRICS e a institucionalização do Conflito Internacional. *Observatório Política Sulamericano, Observador On-line,* 6(1). http:www.opsa.com.br

Liss, J. (2018). *Tratados de inversión entre China y América Latina y la salida de inversión extranjera directa de China en la región: un análisis interdisciplinario.* Mexico City: Centro de Estudios México-China, Universidad Nacional Autónoma de México.

Margulis, M. (2017). *The global political economy of Raúl Prebisch.* Abingdon; New York: Routledge.

Medeiros, C., & Cintra, M. (2015). Impacto da ascensão chinesa sobre os países latino-americanos. *Revista de Economia Política,* 35(1), 28 – 42. https://doi.org/10.1590/0101-31572015v35n01a02

Moneta, C., & Cesarin, S. (Eds.). (2016). *La tentación pragmática. China Argentina/América Latina: Lo actual, lo próximo y lo distante.* Sáenz Peña: Universidad Nacional de Tres de Febrero.

Oliveira, H. (2012). *Brasil e China. Cooperação Sul-Sul e parceria estratégica.* Belo Horizonte: Fino Traço.

Oviedo, E. (2012a). Puja de modernizaciones y relaciones económicas chino-latinoamericanas en un mundo en crisis. In R. Bernal-Meza & S. Quintanar (Eds.), *Regionalismo y Orden Mundial: Suramérica, Europa, China.* Buenos Aires: Nuevohacer and Universidad Nacional del Centro de la Provincia de Buenos Aires.

Oviedo, E. (2012b). The struggle for modernization and Sino-Latin American economic relations. In X. Li & S. F. Christensen (Eds.), *The rise of China. The impact on semi-periphery and periphery countries*. Aalborg: Aalborg University Press.

Oviedo, E. (2014). Principales variables para el estudio de las relaciones entre Brasil y China. In R. Bernal-Meza & L. Bizzozero (Eds.), *La política internacional de Brasil: de la región al mundo*. Montevideo: Ediciones Cruz del Sur and Universidad de la República.

Oviedo, E. (2016). Défict comercial, desequilibrio financiero e inicio de la dependencia argentina del capital chino. In C. Moneta & S. Cesarín (Eds.), *La tentación pragmática. China-Argentina/América Latina: Lo actual, lo próximo y lo distante*. Sáenz Peña: Universidad Nacional de Tres de Febrero.

Pastrana, E. B., & Gehring, H. (Eds.). (2017). *La proyección de China en América Latina y el Caribe*. Bogotá: Editorial Javeriana.

Pieterse, J. (2011). Global rebalancing: Crisis and the East-South turn. *Development and Change*, 42(1), 22-48.

Pieterse, J. (2018). *Multipolar globalization: Emerging economies and development*. New York: Routledge.

Pimentel, J. (Org.). (2013). *O Brasil, os BRICS e a agenda internacional*. Brasília: Fundação Alexandre de Gusmão.

Polanyi, K. (1944/1957). *The great transformation: The political and economic origins of our time*. Boston: Beacon Press.

Prebisch, R. (1949). *El desarrollo de América Latina y algunos de sus principales problemas*. Santiago: Economic Commission for Latin America.

Prebisch, R. (1951). *Problemas teóricos y prácticos del crecimiento económico*. Mexico City: Economic Commission for Latin America.

Rosecrance, R. (1986). *The rise of the trading state: Commerce and conquest in the modern world*. New York: Basic Books, Inc.

Vivares, E. (2018). The IPE puzzle of regional inequality, instability and the global insertion of South America. In E. Vivares (Ed.), *Regionalism, development and the post-commodities boom in South America*. Cham: Palgrave Macmillan.

Wallerstein, I. (1975). Semiperipheral countries in the contemporary world crisis. In *The Capitalist World-Economy*. Cambridge; Paris: Cambridge University Press/Éditions de la Maison des Sciences de l'Homme.

Wallerstein, I. (1984). *The politics of world-economy: The states, the movements and the civilizations*. Cambridge; Paris: Cambridge University Press/Éditions de la Maison des Sciences de l'Homme.

Yang, S. (2013). Las nuevas tendencias en la relación China-América Latina y la importancia de la diplomacia pública. In I. Rodríguez & S. Yang (Eds.), *La diplomacia pública de China en América Latina*. Santiago de Chile: RIL Editores.

Yun, T. L. (2013). La diplomacia pública y el soft power de China en América Latina. In I. Rodríguez & Y. Shougou (Eds.), *La diplomacia pública de China en América Latina*. Santiago: RIL Editores.

제2장

자율성의 향상? 중남미 지역 거버넌스에 대한 중국의 영향

토마스 레글러(Thomas Legler),
마리아노 투르시(Mariano Turzi),
에두아르도 치리-아팡고(Eduardo Tzili-Apango)[*]

서론[1]

자율성의 추구라는 것은 미주대륙을 위한 볼리바르 동맹(ALBA), 라틴아메리카 · 카리브 국가 공동체(CELAC), 메르코수르(MERCOSUR) 및 남미국가연합(UNASUR)과 같은 지역 및 하위 지역 기구들을 통해 추진된, 21세기 중남미에서 나타난 지역주의의 주요 특징 중 하나였다. 탈자유주의적 · 탈신자유주의적 · 탈패권주의적 지역주의(Riggirozi & Tussie, 2012; Sanahja, 2012)의 흐름이 중남미와 중국 간의 교류가 전례 없이 극적으로 증가했던 현상과 맞물린 사실은 주목할 만하다. 많은 연구자들은 특히 중남미와 중국 사이의 증가하

*   T. Legler (*)
멕시코 Universidad Iberoamericana Ciudad de México
e-mail: thomas.legler@ibero.mx

M. Turzi
아르헨티나 CEMA University
e-mail: mturzi@ucema.edu.ar

E. Tzili-Apango
멕시코 Universidad Autónoma Metropolitana-Xochimilco

© The Author(s) 2020
R. Bernal-Meza, Li Xing (eds.), 21세기 중국-중남미 관계, 국제정치경제시리즈
https://doi.org/10.1007/978-3-030-35614-9_2

는 긴밀성이 미국에 대한 이 지역의 자율성 확보에 긍정적인 영향을 미치고 있음을 주장해 왔다(Bonilla Soria & Milet García, 2015; Chávez, 2015; Dosch & Goodman, 2012; Escudé, 2014; Farnsworth, 2011; Hogenboom, 2009; Jenkins, 2010: 831; Lo Brutto & González Gutiérrez, 2015: 7; Nolte, 2013; Tokatlian, 2007). 그럼에도 불구하고 중국이 중남미의 자율적 지역 거버넌스 구축에 끼치는 영향에 대한 체계적인 연구는 매우 제한적인 실정이다. 이 장에서는 중국이 역내 자율성 강화에 기여하고 있는지 여부에 초점을 맞춰 논의를 진행할 것이다.

우리는 중남미 지역 거버넌스에 미친 중국의 영향이 모순적이었다는 것을 발견했다. 한편, 미국의 역내 패권 쇠퇴는 중국이 중남미에 대한 개입을 확대할 수 있는 기회를 마련해 주었으며, 따라서 남미 지역에서 자율적 형태의 지역 거버넌스를 추구하는 이들에게 있어 대미 의존도를 낮출 수 있는 긍정적인 측면을 창출할 것으로 보인다.

다른 한편에서 중국과 중남미의 기회주의 정치는 자율적 지역 거버넌스에 모순적이고 부정적인 영향을 미칠 수 있다. 중국의 영향력은 일반적으로 중남미의 탈패권주의적 경향 혹은 흐름과 관련이 있지만, 탈자유주의 혹은 반자유주의적인 것은 아니다. 오히려 중국의 경제적 영향은 개방적 지역주의(open regionalism)뿐만 아니라 소위 상품 컨센서스(Svampa, 2013)를 강화하면서 본질적으로 자유주의적이었다. 따라서 중국의 영향력은 잠재적으로 탈자유주의적인 방향보다 지역 및 하위 지역 거버넌스에서 탈패권주의적이고 자유주의적인 방향을 강화할 것이다. 중요한 것은 이러한 원자재 컨센서스와 관련된 무역 및 투자 패턴이 제1차 산품 집중화(reprimarización) 추세를 가속화함으로써 장기적으로 자율적 지역 거버넌스를 위한 매우 약한 물질적 기반을 제공한다는 점이다. 중국은 지역의 주요 경제 행위자들뿐만 아니라 본질적으로 경제적인 역내 다자기구와의 유대관계를 발전시키는 데 집중하고 있으며, 따라서 중국이 역내 정치적 자율성 제고를 위한 노력을 지지한다는 증거는 거의 없는 듯하다.

우리의 연구는 네 절로 나뉜다. 첫 번째 절에서는 중남미의 지역 거버넌스의 자율성과 관련된 역사적 전통을 검토한다. 두 번째 절에서는 중남미 지역 거버넌스에서 중국의 역할에 대한 관련 선행연구를 고찰한다. 세 번째 절에서는 중국이 중남미 지역 거버넌스에 미친 모순적 영향에 대한 우리의 주장을 전개한다. 즉, 자율적 · 탈패권주의적 의제를 발전시킨 여러 중남미 정부는 중국으로 눈을 돌릴 수 있었지만, 동시에 중국은 분명히 이 지역에 대해 자유주의적 경제 의제를 제고하는 것을 선호했다. 따라서 지역 거버넌스에 대한 중국의 영향력은 자유주의적 편향과 탈패권주의적 특성을 모두 가지고 있다. 결론에서, 우리는 중남미의 자율적인 지역 거버넌스의 전망에 대한 본 연구의 함의를 탐구한다. 이와 관련하여 후속연구에서는 미국뿐 아니라 중국에 대한 지역의 자율성에 초점을 맞춰야 한다고 강조한다.

중남미 지역 거버넌스의 자율성 추구[2]

중국-중남미 관계를 더 자세히 설명하기 전에, 먼저 오늘날 많은 중남미 정부에 의한 자율적인 지역 거버넌스 추구를 보다 맥락화할 필요가 있다. 실무자와 학자들이 자율성을 언급할 때 이것이 무엇을 의미하는지 이해하는 것은 매우 중요하다.

많은 저자들은 자율성 추구가 중남미 지역 프로젝트 수립에 있어 오랫동안 핵심적인 내러티브 요소 중 하나였음을 주장했다(Briceno-Ruiz & Simonoff, 2017; Mijares & Nolte, 2018; Rivarola Puntigliano & Briceno-Ruiz, 2013; Tickner, 2015). 중남미지역 국가의 정부는 스페인과 포르투갈로부터의 독립투쟁에서 영국, 프랑스, 미국 제국주의에 대항한 노력까지 국가의 운명을 개별적, 집단적으로 계획하기 위한 노력을 반복적으로 추구해왔다. 중남미 법학자들이 칼보(Calvo), 드라고(Drago), 에스트라다(Estrada) 교리를 통해 국제주권규범의 역사적 발전에 기여한 바 있는 것처럼 지역외교에서 자율성 담론은 역사적으로도 명백하다. 아마도 국제관계 사상에 대한 중남미의 주요 기여는 CEPAL 학파,[3] 종속이론, 주변부 자치 이론 및 국민국가와 발전을 공고화하면서 지역 및 국가의 자율성 제고에 대한 논의를 활발히 생산하고 있는 중남미 학파(Latin American School of Autonomy)일 것이다(Briceno-Ruiz, 2014; Briceno-Ruiz & Simonoff, 2017; Tickner, 2015).

중남미 지역의 자율성을 연구한 학자들은 일반적으로 이러한 개념의 의미에 대해 명시적이라기보다는 암묵적이었다. 그럼에도 불구하고 중복되는 일련의 주제들이 있는데, 이 주제들을 통합적으로 고찰하면 개념의 정의가 수렴될 수 있다. 첫째, 자율성은 강대국 혹은 세계 자본주의체제에 비해 상대적으로 약한 주변부 국가의 관점에서 주로 인식된다. 티크너(Tickner, 2015)는 상대적으로 약소국으로 구성된 중남미 국가들 사이에서의 자율성 추구라는 방어적 성격을 국제체제 내에서 더 강력한 국가들이 추구하는 권력 축적과 대비시키고 있다. 자율성은 외세의 영향이나 자본주의 세계화의 힘에 의해 방해받지 않으며, 중남미 전역에서 발현한 민족국가 건설에 대한 열망과 연결되어 있다. 자율성은 또한 중남미 지역의 역사적 발전을 위한 투쟁과 연결되어 있으며, 외부에 의해서가 아닌 역내 패권 아래 지역의 필요에 따라 형성되었다. 브리세뇨-루이스(Briceno-Ruiz, 2014)도 주장하듯이, 자율성과 지역주의는 중남미 지역의 역사와 궤를 같이 해 왔다.

따라서 중남미지역에 있어 자율성은 특정한 목적과 그 목적을 위한 수단이 되었다. 자율성은 외국의 개입과 지배의 고통스러운 지역 역사를 떠올리게 하며, 특히 자결, 불개입, 영토 불가침과 같은 주권 규범 추구에 대한 지역의 역사적 경향에 잘 포착된다. 자율성은 외부의 간섭 없이 자기결정권을 행사할 수 있는 권리로서 그 자체로 하나의 목적으로서 가치를 지니게 되었다. 수단으로서 이해되는 자율성은 미국과 다국적 기업과 같은 강력한 역외 지역 행위자들의 정치적·경제적 이익에 반하는 국가 및 개발과 관련된 이념적 프로젝트와 정책의 추진과 관련되어 있다.

21세기로의 전환기에서 중남미에서 새로운 탈패권주의 및 탈자유주의적 지역주의 부상과 관련하여 자율성 담론이 부활했다. 미국의 영향력 감소, 권력의 지역적 분배의 다극화, 브라질과 베네수엘라의 부상, 그리고 전례 없는 것처럼 보이는 외교정책 독립의 맥락에서, 중남미 정부는 미국과 캐나다를 의도적으로 배제하거나 제한하는 자율적인 지역적·제도적 공간을 만들려고 했으며, 범미권, 또는 미주 지역주의를 약화시키고자 했다. 중남미와 남미의 지역주의는 새로운 지역 기구인 미주대륙을 위한 볼리바르 동맹(ALBA), 라틴아메리카·카리브 국가 공동체(CELAC) 및 남미국가연합(UNASUR)과 강하게 연결되기 시작했다.

이러한 지역 프로젝트에서 자율성 추구는 ALBA, CELAC, UNASUR의 출범과 밀접한 관련이 있었다. 결과적으로, 이러한 조직들은 국가 권위의 강화, 신개발주의의 촉진, 빈곤과 불평등에 대한 투쟁, 경제적 통합의 형태에 대한 정치적 성향, 그리고 신자유주의에 대한 뚜렷한 편향과 같은 특정한 통치 우선순위와 선호와 연결되어 왔다(Riggirozi & Tussie, 2012; Sanahuja, 2012). 이러한 지역주의는 지역 거버넌스 프로젝트를 보호하기 위해 이중 공간적 자율성을 구축하려고 시도하였다. 이는, 즉 미국이나 글로벌 자본주의의 간섭으로부터 보호되는 자율적이지만 상호 연결된 지역 및 국내 정치 공간의 구축을 의미한다(Legler, 2013).

중남미 지역 거버넌스: 중국 요인

중국-중남미 관계에 대한 여러 문헌은 중남미의 지역 거버넌스 그 자체나 중남미의 역내 자율성에 대한 중국의 기여를 명시적으로 분석하지 않는다. 오히려, 우리는 그 주제에 대한 논의를 위해 여러 출처에서 단서를 수집해야 했다. 그럼에도 불구하고, 탈패권적 지역주의 실험의 옹호자들은 중국과 중남미의 정치적·경제적 유대의 심화는 미국에 대한 의존을 줄이고 중남미의 진정한 독립과 해방을 달성시킬 역사적 또는 전례 없는 기회를 나타낸다고 주장했다(Bonilla Soria & Milet Garcia, 2015; Chávez, 2015; Dosch & Goodman, 2012; Escude, 2014; Farnsworth, 2011; Hogenboom, 2009; Jenkins, 2010: 831; Lo Brutto & Gonzales Gutiéres, 2015: 7; Niu, 2017; Nolte, 2013; Tokatlian, 2007). 실제로 카를로스 에스쿠데(Carlos Escudé, 2014)는 중국이 경제 파트너로서 중남미에 위험을 거의 제공하지 않으며, 미국은 중국보다 중남미에 더 큰 안보 위협이라고 주장했다.

중국과의 심화되는 관계양상이 중남미 지역의 자율성에 어떤 영향을 미쳤는지에 대한 연구는 양적으로 부족할 뿐만 아니라 중국발 요인이 중남미 지역 거버넌스에 어떤 영향을 미쳤는지에 대한 주제는 학계의 이목을 끌지 못했다. 따라서, 우리는 중남미 지역 거버넌스에 대한 중국의 영향과 관련하여 일반적으로 받아들여지는 네 가지 견해를 식별하기 위해 오늘날 중국-중남미 관계에 대한 방대한 문헌들에서 추론해야만 했으며, 이는 다음과 같다: (1) 중국의 영향력은 본질적으로 경제적(정치적이 아닌)이었다. (2) 중국은 반구(hemisphere) 내 미국의 패권을 위협한다. (3) 중국은 이 지역에서 부정적인 경제적·환경적 영향을 미칠 수 있으며, 지역 거버넌스 문제를 악화시킬 수 있다. 그리고 (4) 중국 효과는 미국의 영향력을 위협하거나 지역 거버넌스에 부정적 영향을 끼치지 않을 것이다.

첫째, 여러 연구에서는 중남미에 대한 중국의 이해관계가 일차적이고, 이기적이며, 경제적이기 때문에 중국이 지역 거버넌스에 거의 영향을 미치지 않는다고 주장한다(Castaneda, 2017; Chávez, 2015; Escude, 2014; Hogenboom, 2009; Jenkins, 2010; Leon-Manríquez & Alvarez, 2014; Lopez Villafane, 2018; Myers, 2015; Myers & Wise, 2016; Nolte, 2013; Xiang, 2016). 실제로 마이어스(Myers, 2015: 214)는 이 지역에 대한 중국의 경제적 접근을 사실상 정치적인 것과는 무관한 것으로 묘사했다. 이 분석에 따르면, 이 지역에 대한 중국의 관심은 주로 무역과 투자를 통해 안정적인 원자재 공급을 보장하기 위한 것으로, 자국 산업을 부양하기 위한 1차 산품에 대한 국내 수요에 의해 주도된다(Cornejo & Navarro Garcia, 2010; Dosch & Goodman, 2012; Leon-Manríquez & Alvarez, 2014; Song, 2015). 중국-중남미 관계는 수출시장을 다변화하고자 하는 욕구에 의해 다소나마 추진되었다(Song, 2015). 또한 중국과 중남미 간의 높은 수준의 경제적 상호 보완성을 감안할 때(Escude, 2014; Song, 2015), 비록 이러한 상황이 원자재 수출과 공산품 수입에 기초하여 새로운 종속을 창출할 수 있지만, 중국과 중남미 간 경제적 유대의 증가는 자연스러운 것으로 보인다(Jenkins, 2012).

이는 중국이 지역 경제 거버넌스에 진출할 잠재력이 없다는 뜻은 아니며, 오히려 중남미 파트너들과 무역 및 투자를 위한 게임의 규칙을 공동으로 수립한다는 의미에서 지역 경제 거버넌스에 영향을 미치고 있음은 의심할 여지가 없다. 송(Song, 2015: 55)은 중남미 지역 기구들이 중국-중남미 경제협력을 위한 제도적 틀의 일부가 되었다고 제시했다. 중국은 또한 칠레, 코스타리카, 페루와의 양자 자유무역협정(FTA), 그리고 콜롬비아와의 잠재적 협정 등 자유무역에 대한 양자 간 제도적 틀 구축에 노력을 기울여 왔다(Song, 2015: 60). 2016년 말, 우루과이는 중국과의 FTA를 추진하고 있다고 발표했다. 비록 아르헨티나와 브라질의 동조가 있었지만, 이는 적어도 남미 남부지역(Southern Cone)의 주요 하위 지역 경제 거버넌스 협정인 메르코수르(Mercosur)로부터의 회피를 의미한다. 중국은 예를 들어 중국-CELAC 포럼(Goulart Doria & Jaen Celada, 2016)과 그로부터 나오는 모든 하위 포럼을 통해,[4] 또는 2008년과 2016년에 발표된 정책 문서, 2012년에 양 지역 간 무역과 투자를 활성화하기 위한 조치 초안, 2014년에 "1+3+6" 경제 협력을 위한 틀, 2015년에 "중국과 중남미에 관한 발전계획" 그리고 더 최근에는 "중국-CELAC 2019-2022 공통 우선 지역들에 관한 행동과 협력 계획"과 같은 하향식 제도적 틀을 통해 중국의 활동에 대한 장기적이고 안정적이며 예측 가능한 프레임워크를 보장하기 위한 경제 관계의 제도화를 촉진하고자 하고 있다(Ministry of ForeIgn Affairs, 2018; Yang, 2015: 291－293).

지역 경제 거버넌스에 대한 중국의 영향이 부정적일 수 있다는 논란이 존재한다. 미국이나 다른 서방 국가들과 달리, 중국인들이 기업의 사회적 책임 증진의 부족 혹은 노동자와 환경을 보호하기 위한 안전장치가 부재한 경제 거버넌스 제도를 추진하고 있다는 주장이 증가하고 있다. 예를 들어, 안데스 국가들에서는 중국의 재정 지원이 세계은행의 차관처럼 국제적으로 인정된 규범을 따르지 않기 때문에 환경을 훼손하는 것으로 의심되는 추출 활동에 대한 중국의 대규모 투자에 반대하는 목소리가 나오고 있다(Chimienti & Creutzfeldt, 2017). 이와 관련하여 중국인들은 대중국 수출상품의 경쟁력을 높이기 위해 가치사슬에서 산업 수준을 하향 조정하고 있는 많은 중남미 국가들에 '네덜란드병'을 확산시켜 다양한 환경 및 노동문제를 야기하고 있다는 비난을 받고 있다(Dussel Peters, 2011). 칠레와 아르헨티나가 아마도 가장 대표적인 사례일 것이다(Gachuz, 2012; Malena, 2011). 니카라과 운하의 경우, 환경 및 경제적 위험에 대해 강한 우려의 목소리가 표명되고 있다(Chen, Zen, & Deng, 2016;

Romaniuk, 2015; Turzi, 2015).

둘째, 다수의 학자가 연구를 통해 주장하는 것은 중남미 지역 통치에 대한 중국의 영향은 중국, 중남미 및 미국 간의 삼각관계의 관점에서 분석되어야 한다는 것이다(Arnson & Davidow, 2011; Chávez, 2015; Dussel Peters, Hearn, & Shaiken, 2013; Ellis, 2012; Gallagher, 2016; Leon-Manríquez & Alvarez, 2014; Li, 2016; Rosales, 2017; Tokatlian, 2007). 이러한 삼각관계를 탐구하는 연구자들은 두 그룹으로 나눌 수 있다. 즉, 중국이 미국의 이익과 지배에 위협이 된다고 주장하는 그룹과 이 지역에서 중국의 존재를 긍정적으로 보는 그룹이 각각 그것이다.

중남미에서 중국의 존재에 대한 부정적 인식의 상당 부분은 언론에서 나온다. 뉴스 헤드라인은 "중국은 라틴 아메리카를 정복한다"(RT, 2015a), "중국은 중남미의 경제지형도를 재구성하고 있다"(Zibechi, 2015), "중국은 중남미에 힘을 투영하고 있다"(Openheimer, 2014), "중국은 미국으로부터 중남미의 공간을 차지하려고 한다"(RT, 2015b), "중남미는 '베이징' 컨센서스를 환영한다"(Castillo, 2010)와 같은 뉴스 헤드라인은 흔히 볼 수 있다. 기본적으로 이러한 미디어의 보도 행태는 중남미 내 미국과 중국의 관계를 제로섬 게임으로 바라보며, 이러한 담론을 촉진시키고 있다.

학계에서는 판스워스(Farnsworth, 2011, 2012)가 중국의 중남미 진출 확대에 따른 전략적 함의에 대해 미국 정부가 안주해 왔다고 우려한다. 엘리스(Ellis, 2012, 2014)와 판스워스(Farnsworth, 2011, 2012)는 또한 중국이 지역 거버넌스의 규범적 차원에 미치는 잠재적인 영향, 즉 자유주의 규범을 반자유주의 규범으로 대체할 가능성을 제기하고 있다. 엘리스(Ellis, 2012: 6)는 "중국의 대중남미 구매, 대출, 투자는 민주주의, 인권, 자유무역의 특정 관행을 고수할 것을 요구하는 미국의 영향력을 약화시켰다"고 바라본다. 최근 엘리스(Ellis, 2014,

2017)는 2009년 이후 중남미에서 중국, 특히 중국 기업의 존재감이 커짐에 따라 다수의 중남미 국가 및 비국가 행위자들이 중국을 보다 "친밀한 방식"으로 다루고 적응해야 한다고 지적했다. 이것은 결국 미국과 같은 제3자에게 영향을 미치고 세 행위자들 사이에 불신을 야기한다.

길론-앨버커키(Guilhon-Albuquerque, 2014)는 중국의 부상이 상업, 군사 및 정치 영역에서 미국의 글로벌 리더십에 시사하는 도전을 강조한다. 이는 미국이 중국의 이익과 정치적 우선순위를 고려하지 않고 전 세계의 중요한 과제를 해결하기 더욱 어렵게 만든다(Basu Das, 2012; Guilhon-Albuquerque, 2014). 이와 관련하여, 중국은 미국과 캐나다를 제외한 역내 모든 국가가 초청되는 중국-CELAC 포럼의 틀에서 "라티노 아메리카니즘(latinoamericanismo)"이라는 사상을 활용함으로써 주요 "세계 경쟁국"을 우회하고 있다. 이 포럼은 잠재적으로 중국과 미국의 중남미를 둘러싼 경쟁에 영향을 미칠 수 있다(Oviedo, 2015).

중남미에서 중국과 미국 사이의 규범(사회적·환경적·정치적)의 비호환성을 강조하는 기존 연구는 대개 친미적인 관점을 채택한 경향이 있다. 그 결과 가치관과 이해관계의 대립에 무심코 치우치게 된다. 이는 중국 쪽에서도 마찬가지이며, 윈-윈 접근 방식을 선호하는 가치관을 과소평가하고 있다. 게다가, 미국 내 문헌들은 미국 측의 소위 자유주의적 가치의 실제 준수를 외면하는 경향이 있다. 1960년대와 1970년대 민주주의에 대한 지지의 부족에서부터 1990년대 신자유주의에 의해 파괴된 대혼란에 이르기까지 2000년대 첫 10년 동안 중남미 좌파 정부들은 이 지역에서 이러한 가치들의 실제 적용에 대한 신뢰성에 대해 논쟁을 벌여왔다.

중국이 미국을 의도적으로 배제하는 지역 거버넌스 제도의 강화라는 또 다른 방식으로 미국의 이익에 악영향을 미칠 수 있다고 생각할 수 있다. 그렇게 함으로써, 중국의 영향력은 ALBA, CELAC, MERCOSUR, UNASUR 등 이러한 자율적 기구에 호의적인 미주기구, 미주개발은행 또는 미주정상회의와 같이 오랫동안 미국의 영향력과 지배력을 대변해 왔던 거버넌스 기구의 권위를 잠재적으로 약화시킬 수 있다. 우리는 다음 절에서 이 주제를 다시 다룰 것이다.

그럼에도 불구하고 중국-중남미-미국 삼각관계를 분석하는 다른 전문가들은 중국이 서반구 지배에 대한 미국의 이익에 미치는 잠재적 영향은 여전히 그리 크지 않다고 지적하고 있다. 중국은 중남미를 미국의 영향력 내에 있는 지역으로 인식하고 있으며, 따라서 이 지역에서 미국 당국을 분노하게 할 수 있는 행위들을 의도적으로 피하고 있다(Bonilla Soria & Milet Garcia, 2015; Cornejo & Navaro Garcia, 2010; Domínguez, 2006; Escudé, 2014; Farnsworth, 2012; Hearn and Leon-Manriquez, 2011a; Jenkins, 2010; Lopez Villafane, 2018; Nolte, 2013; Paz, 2012; Ray, Gallagher, Lopez, & Sanborn, 2015; Tokatlian, 2007). 지정학적 측면에서 중국은 중남미를 미국의 뒷마당으로 받아들인다(Armony & Strauss, 2012; Jiang, 2006; Paz, 2012). 파스(Paz, 2012: 23-24)의 연구에서 제시된 주요 정보원과의 인터뷰에 따르면 부시 행정부 시절인 2006년에 마련되어 오바마 정권하에서 지속된 미국과 중국 간 중남미 관련 대화는 중국 정부가 그들의 역내 활동이 미국의 이익을 해치지 않는다는 점을 미국 정부에 안심시키는 중요한 메커니즘을 제공했음을 확인했다.

레온-만리케스와 알바레스(Leon-Manriquez & Alvarez, 2014)는 중남미가 미국과 중국의 글로벌 우선순위에서 모두 가장자리의 위치를 차지하고 있다고 지적한다. 에스쿠데(Escudé, 2014)는 중국이 군사적으로 이 지역에서 미국에 위협을 가하지 않는다고 주장한다. 마지막으로, 지난 30년 동안 이 지역과의 관계를 통해, 중국은 중남미에서 "반(反)현상유지(anti-status quo)" 기조를 줄여 나가고 있으며, 국제문제에서 이념의 투영을 최소화하고자 노력해 왔다(Connelly & Cornejo Bustamante, 1992: 48-91; Hogenboom, 2009: 142).

중남미 내 중국의 행위: 자율적 지역 거버넌스의 향상?

이전의 절에서는 중남미 지역 거버넌스에 대한 중국의 영향과 관련한 주요 특징을 살펴봤다면, 본 절에서는 이 글의 주요 목적으로 초점을 돌린다. 바로 중국과 중남미의 유대의 심화가 최근 이 지역의 탈패권적 지역주의를 통한 자율적 지역 거버넌스를 구축하는 데 어떠한 영향을 주었는지를 살펴볼 것이다. 중국의 영향력이 긍정적이려면 무엇보다 중국이 자율적 지역 거버넌스를 지속하기 위한 확고한 물질적 기반으로서 우호적인 경제관계를 제공할 필요가 있을 것이다. 또한 중국은 탈패권적 지역주의와 관련된 이념 및 정책 선호에 대한 노골적인 전략적 지원은 아니더라도 최소한 상징적 또는 수사적 지원을 제공하는 것이 바람직할 것이다. 그럼에도 불구하고, 우리가 아래에서 자세히 설명하듯이, 앞서 언급한 중남미의 탈패권적 지역 거버넌스 실험에 대한 많은 옹호자들의 희망적인 생각과 달리, 중국의 행동이 반드시 지역의 자율적 거버넌스를 강화한 것은 아니다. 첫째, 우리는 이 지역에서 중국의 외교정책을 검토하고, 다음으로 중남미 자율적 지역 거버넌스에 대한 적극적 또는 수사적 지지가 있었는지 살펴볼 것이다.

최근 중국의 대중남미 외교정책에 대한 연구물이 증가하고 있다. 이 대목에서는 크리스텐센과 실바 라모스 베카드(Christensen and Silva Ramos Becard, 2016), 베르날-메사와 킨타나(Bernal-Meza and Quintanar, 2012), 엘리스(Ellis, 2009), 헌과 레온-만리케스(Hearn and León-Manríquez, 2011b), 리와 크리스텐센(Li and Christensen, 2012), 오비에도(Oviedo, 2005, 2014)의 연구를 언급할 필요가 있다. 또한 중국의 대중남미 공식 정부문서, 정책 연구 보고서, 대중남미 정책과 관련한 논문 등 많은 연구에서 공통점을 찾을 수 있다. 중국은 미국의 "자연적" 영향권, 중남미의 경제적, 자원 잠재력, 기존 지역 포럼과의 협력 등을 위협하는 것을 꺼리고 있다(Cheng, 2006; Hearn, 2014; Lanteigne, 2009; Rios, 2015; Villafüne Lopes, 2011; Xue, 2015; Zhao, 2014).

마오쩌둥의 사상이 오늘날에도 어떻게 중국 정치문화에 스며들었는지 흥미롭다. 여기서 우리는 마오쩌둥의 "모순론(On Contraction Theory, 1973)"을 언급하는데, 이 이론은 무엇보다도 세계의 현상은 보편적인 측면과 특정한 차원을 모두 가지고 있다는 "변증법적 세계관"을 확립했다. 이 이론에서는 또한 그 변증법에서 발생하는 모순을 해결하기 위한 방법들을 제시했다.

이러한 의미에서 쉬에(Xue, 2015)에 따르면, 국제관계에서 발생하는 모순에 대응하기 위해 중국은 현재 "새로운 형태의 국제관계"로 알려진 외교적 전환 과정에 있다. 이 과정은 "새로운 형태의 강대국 간 관계"와 같은 외교정책과 "실크로드 경제벨트" 및 "21세기 해양실크로드" 이니셔티브와 같은 정치경제적 계획을 특징으로 한다. 국제 역학의 보편적 측면을 이해하는 "새로운 유형의 국제 관계"에서 중남미는 특정 측면을 대표한다. 쉬에에 따르면 중남미는 중국이 중국-CELAC 포럼을 통해 개발도상국 간 글로벌 협력 네트워크를 구축한 마지막 지역이었다. 하지만 이것은 중남미가 아프리카나 아시아로 취급될 것이라는 것을 의미하지 않는다. 저자는 중국이 저발전, 부채, 문화적 차이, 미국의 정치·경제적 영향력, 마약 밀매 근절을 위한 노력 등 이 지역의 특수성을 인식하고 있다고 말한다. 이러한 이유로 쉬에는 중국-중남미 관계가 거대한 경제적 잠재력을 가지고 있지만, 정치적 또는 문화적 협력 측면에서 동일한 유망한 미래를 가지고 있지는 않다고 주장한다. 이는 중국의 제2차 중남미 정책문서(2016)에서 수립된 협력 노선에 따라 중기적으로 달라질 수 있다.

중국 정부는 2008년 글로벌 금융위기에도 불구하고 정치적 안정과 지속적인 경제성장을 가능케 한 자국 여건에 맞는 발전경로를 모색해 왔기 때문에 중남미의 정치·경제적 역할이 증대되고 있다고 보고 있다(China's Policy Paper on

Latin America and the Caribbean, 2008, 2016). 여기에 더해 중국 정부는 중남미가 풍부한 천연자원으로 인해 이미 세계 체제의 필수적인 부분을 구성하고 있으며, 이는 이 지역에 큰 발전 잠재력을 제공한다고 지적하고 있다(Research Report of China's Policy toward Latin America, 2015). 이를 종합하면, 중남미는 정치적 안정과 경제성장을 가능하게 한 발전 경로, 유망한 발전 가능성, 방대한 천연자원으로 인해 중국에 있어 매우 중요한 지역이라는 것을 단언할 수 있다. 이념적 프로젝트로서 중남미의 자율성 지지는 이미 언급한 외교전환 과정이나 앞서 언급한 정부 정책 논문에서도 나타나지 않는다는 점에서 주목할 만하다. 그러나 중국도 자주 개발 경로와 외교정책을 추구해 왔다는 점에서 중남미의 자율성 인정은 이 지역의 고유한 조건으로 존재한다(Wang, 2008: 9).[5]

관련 연구에서 반복되는 주제는 중국이 국제관계에서 반패권주의적 또는 반미 세력의 일부로 중남미를 활용하는 것으로 추정된다는 것이다.[6] 리오스(Ríos, 2015: 293)는 "[중남미] 지역에 대한 전통적인 미국의 지배가 누그러졌다는 것은 사실이며 중국과 중남미 국가 모두에게 의심을 받고 있다"고 단언한다. 중국의 중남미 정책 연구 보고서(2015)는 중남미 국가들이 오랜 반패권주의적 전통을 가지고 있으며, 이는 다극화를 촉진할 뿐만 아니라 대외관계에서 중남미의 다원화를 촉진시켰다고 밝히고 있다. 송(Song, 2015: 55-56)에 따르면, 이는 다극 세계에 대한 중국의 옹호와 일치한다. 구체적으로 말하면, 두 행위자는 저자가 "공동의 전략적 이익"이라고 불릴 만한 국제체제 개혁의 추구에 수렴할 수 있다. 다만 의미론처럼 보일지 몰라도 국제체제 개혁과 반패권적 추구를 위해 "동반"하는 것과 "우연의 일치"는 전혀 다른 문제이다. 물론 전자는 후자로 이어질 수 있지만, 중국 정부가 국제 문제에 매우 신중한 관계로 "우연의 일치"라는 표현이 다른 더 극단적인 개념을 배제하는 여러 가지 행동을 프레임화 하기 때문에 보다 정확하다고 할 수 있다.

이것은 또한 "자율성"의 증진에도 적용될 수 있다. 우리는 마오쩌둥의 "모순론"(1973)을 다시 활용하여 설명할 것이다. 이 이론에는 기본적으로 행위자의 행동의 주요 대상인 "주요 모순"이 있고, "부차적 모순"이 있다. 중국에 있어서는 미국과의 관계가 세계 문제에서 우선순위이며, 중남미는 부차적인 우선순위이다. 쳉(Cheng, 2006: 524)은 "중국과 중남미 국가 모두 미국과의 좋은 관계를 중시하며, 이러한 관계의 급격한 악화를 피하고자 한다"고 강조한다.

서반구의 다자주의와 관련하여, 중국은 중남미의 자율성을 촉진하는 그룹을 상대하는 데 있어 명확한 선호도를 가지고 있지 않다. 중국은 1993년 이후 미국이 회원국으로 있는 미주기구와 미국을 제외한 중남미 다자주의 관련 기구(Oropeza Garcia, 2008; Shambaugh, 2011)와의 연계를 발전시켜 왔다. 이것은 중국이 중남미 국가, 그리고 미국과의 좋은 관계를 관리할 수 있게 해 준다.

중국도 중남미의 통합주의 사상과 현실 사이의 간극을 잘 인지하고 있다. 따라서 중국 입장에서는 중남미 지역주의의 "교차적 분산"과 "개방적 지역주의" 특성을 모두 다루어야 한다. 자오(Zhao, 2014)에 따르면, 교차적 분산 개념은 중남미 지역 기구의 운영 원칙과 선언된 목표의 부재를 의미한다. 중국 입장에선 중남미 자율적인 다자주의 노력이 방향감각이나 목적의식이 부족할 수 있다는 의미다. "분산"은 5대 중남미 경제 대국(브라질, 멕시코, 아르헨티나, 콜롬비아, 베네수엘라)이 5개 이상의 지역 협력 메커니즘에 참여한다는 사실에서 대표된다. 이 국가들은 메르코수르, 태평양동맹 또는 안데스 공동체와 같은 매우 다른 하위 지역 조직에 속해 있으며 리더십을 보유하고 있다. 개방적 지역주의 개념은 이 지역의 상당한 무역 개방과 관련이 있으며, 중국은 이를 긍정적인 요인으로 보고 있다. 그러나 무역 개방성은 역내 조직마다 다르기 때문에 중국 정부는 매우 구체적이고 다양한 현실을 다루어야 한다. 따라서 중남미 국가 및 지역 조직에 대한 중국의 대외정책은 유연하며 가변적일 수밖에 없다.

중남미는 중국의 일반적인 글로벌 전략의 일부이지만 가장 중요한 부분은 아니다. 중남미는 방대한 천연자원, 시장의 잠재력, 그리고 앞서 언급했듯이 강대국들로부터의 "자율성"이라는 가치를 중국과 공유하기 때문에 중국에 중요하다 할 수 있다. 그럼에도 불구하고, 중남미와 미국 가운데 후자는 분명히 중국의 글로벌 전략에서 더 큰 우선순위이다. 중국은 중남미 국가들과의 관계에서 다면적인 접근법을 개발했는데, 이는 중남미 내 여러 지역 조직과 다양한 경제 모델과 같이 많은 특수성을 가진 다양성의 지역이라 인식하기 때문이다. 중국과 중남미와의 관계는 무엇보다도 경제적·상업적이며, 다른 분야로 확장될 수 있는 상당한 잠재력을 가지고 있다.

중국과 중남미 사이의 경제적 유대는 최근 몇 년 동안 극적으로 증가했다. 유엔중남미경제위원회(ECLAC, 2018: 39)에 따르면 2017년 중국과 중남미 간 무역은 16% 증가해 총 2,660억 달러에 달했다. 그러나 2013-2016년 이 지역의 대중국 수출액은 25% 감소해 이 지역의 대중국 수입액 감소율 11%의 2배 이상이었다. 2016년 중남미는 전 세계 중국 전체 투자액의 13.8%를 차지하며 2015년에 비해 115.9% 증가하여 아시아에 이어 두 번째로 중국 투자의 주요 목적지가 되었다(National Bureau of Statistics of China, 2016). 2005년부터 2016년까지 중국의 역내 투자는 900억 달러에 달했고 2017년에는 250억 달러 이상으로 추정된다(ECLAC, 2018: 56). 금융 부문에서 중국의 대출은 천연자원(석유 및 파생상품, 광업)에 초점을 맞추고 있지만, 2010년 이후 인프라에 대한 차관이 증가하고 있다(Gallagher & Myers, 2014; Kaplan, 2016; Ray & Gallagher, 2013: 19-20). 세계은행, 중남미개발은행, 미주개발은행에 의해 제공된 총합계 1,560억 달러와 비교해 2014년 중국의 공적개발금융의 누적 가치가 1,190억 달러에 이르고 있음은 이와 궤를 같이한다(Esteban & Pérez, 2017: 208).

중국의 경제적 존재는 남아메리카와 카리브해에 집중되어 왔다. 예를 들어,

브라질은 중국의 대중남미 수출의 42.6%를 차지한다. 버진아일랜드와 케이맨 제도는 데이터의 신뢰성을 추적하기 어렵지만 중국 투자의 거의 92%를 차지하고 있다. 요약하면, 이 지역에 대한 전체 중국 무역의 71.9%가 브라질과 페루(ECLAC, 2013: 7, 2015: 36, 62; Rosales, 2015)에 집중되어 있으며,[7] 베네수엘라와 브라질이 이 지역에 대한 중국 금융 대출의 절반 이상을 차지하고 있다(Gallagher & Myers, 2014). 지역적 관점에서 보면 멕시코는 2016년 650만 달러에 육박하는 역내 무역 적자의 대부분을 차지하고 있다는 점에서 중국과의 양자 경제관계에 중요한 요소이다(ECLAC, 2018: 41).

중국은 2009년부터 중남미에서 경제적 입지를 강화하기 위해 각국 중앙은행과 통화스와프 협정을 활용해 왔다. 중국 정부는 아르헨티나, 브라질, 칠레, 수리남의 중앙은행들과 거의 490억 달러에 달하는 이러한 협정을 체결했다(ECLAC, 2018: 24). 트린쿠나스(Trinkunas, 2016)에 따르면, 이 지역이 외국인 직접투자의 대체 원천이 부족하고 국제 자본시장에 대한 접근이 제한됨에 따라 일부 중남미 국가들의 중국 정부 경제정책의 영향에 대한 취약성이 증가되었다. 이는 2016년 10월부터 위안화가 국제통화기금(IMF)의 특별인출권(Special Drawing Rights)에 편입되면서 더욱 강화되었다(Xinhua, 2016).

중국은 정치적으로 주요 경제 지역 주체들을 우선시하며, 이는 "전략적 동반자 관계"와 "포괄적 전략적 동반자 관계"를 통해 반영된다. 이것은 베네수엘라와 같은 탈패권주의를 추구하는 국가들과 칠레와 페루와 같은 자유주의 국가들을 포함한다. 안보, 그리고 공세의 논리는 중국 외교정책의 "전략적 동반자 관계"와 관련이 있지만(Feng & Huang, 2014: 12–14), 중남미의 "전략적 동반자 관계"는 보다 "특정한" 접근법에 기반하는데, 그것은 바로 경제적인 접근이다. 1993년, 브라질은 중국과 전략적 동반자 관계를 체결한 최초의 중남미 국가가 되었고, 베네수엘라(2001년), 멕시코(2003년), 아르헨티나(2004년), 페루

(2008년), 칠레(2012년), 에콰도르(2015년), 볼리비아(2018년)가 그 뒤를 이었다. 펭과 황(Feng and Huang, 2014: 18)의 연구에서 알 수 있듯이, 이러한 전략적 동반자 관계는 앞서 언급한 국가들이 중국에 대한 경제적 중요성이 증가함에 따라 그 중요성이 점점 확대되었다(표 2.1.).

표 2.1. 중남미 지역 내 중국의 주요 파트너

국가	전략적 동반자 관계 지위	무역 중요도에서 중국의 순위
아르헨티나	전략적 동반자 관계	3
브라질	전략적 동반자 관계	2
볼리비아	전략적 동반자 관계	2
칠레	전략적 동반자 관계	1
콜롬비아	-	3
에콰도르	포괄적 전략 동반자 관계	2
멕시코	포괄적 전략 동반자 관계	2
페루	포괄적 전략 동반자 관계	1
베네수엘라	포괄적 전략 동반자 관계	2*

출처: WTO(2016), Feng and Huang(2014: 18), Zhao(2014)를 기반으로 저자 재구성
※ WTO 통계 데이터베이스에는 베네수엘라의 주요 수출 대상지가 나타나지 않고, 주요 수입 원산지만 표시됨

위의 표는 중국에 대한 중남미 국가들의 정치적 지위와 경제적 중요성의 관계를 보여준다. 이 분석과 앞서 언급한 자오(Zhao, 2014)의 분석의 유일한 차이점은 페루와 콜롬비아의 상황이다. 전자는 경제적으로 중요한 역내 국가로 인식되지 않음에도 불구하고 중남미에서 중국과 포괄적 전략 동반자 관계를 체결하고 있지만, 후자는 중국의 중요한 지역 내 경제적 행위자이지만 중국과의 정치적 지위를 보유하고 있지 않다. 이는 페루가 1990년대부터 아시아태평양경제협력체(APEC) 메커니즘(멕시코와 함께)을 통해 아시아태평양 지역에 개

방된 것과, 중국과 자유무역협정(FTA)을 체결하면서 양국 교역이 활발해졌지만 광물과 어분 등과 같은 저집합상품을 기반으로 했다는 사실에서 기인한다(Berríos, 2015). 수치상 6개국 중 4개국은 주로 1차 산품을 수출하고 멕시코와 콜롬비아는 제조업을 수출한다. 멕시코가 갖고 있는 정치적 지위는 미국 시장과의 밀접성과 관련이 있으며, 이는 중국 실용주의의 상징이다. 이에 따라 중국은 ALBA, CELAC, UNASUR 등의 기구를 통해 지역 내 자율성 확보를 추진해 온 아르헨티나, 브라질, 에콰도르, 베네수엘라 등 중남미 국가와 미국과 강한 유대를 유지하고 있으며 태평양동맹(Pacific Alliance)을 통해 개방적인 지역주의를 계속 옹호해 오고 있는 칠레, 멕시코, 페루 등의 국가에 모두 강력한 경제적 유대관계를 유지하고 전략적 동반자 지위를 부여하고 있음을 시사한다.

미주 지역에서 중국의 가장 가까운 다자간 연계는 중국과 강한 경제적 유대를 맺고 있는 회원국의 조직이며 반드시 가장 자주적인 지역 거버넌스를 옹호하는 조직은 아니다. 중국이 중남미에서 다극성과 지역 자율성을 가장 적극적으로 추진한 지역 기구인 ALBA와의 관계가 없다는 점은 주목할 만하다. 다음 표에서 볼 수 있듯이 중국은 ALADI, 카리브개발은행 및 태평양동맹과 같은 지역 포럼뿐만 아니라 미주 체제의 일부인 OAS 및 IDB에서 입지를 유지해 왔다. 주목할 점은 중국-CELAC 포럼이 중국-아프리카 협력 포럼(FOCAC)과 같은 세계 다른 지역에 비해 중국이 설계하고 채택한 포럼 외교를 재현하고 있다는 점이다(표 2.2.).

표 2.2. 중남미 지역기구 내 중국의 지위

가입연도	중남미 다자 메커니즘	지위
1990	리우 그룹(Rio Group)	대화 파트너(Dialogue partner)
1993	라틴아메리카통합기구(ALADI)	옵서버
1997	메르코수르(MERCOSUR)	대화 파트너(Dialogue partner)

가입연도	중남미 다자 메커니즘	지위
1998	카리브개발은행(Caribbean Development Bank)	회원국
1998	라틴아메리카경제기구 (Latin America Economic System)	중국국제무역촉진위원회와의 협력 파트너
2000	안데스공동체(Andean Community)	정치 및 협력 파트너
2004	미주기구(Organization of American States)	정식 옵서버
2004	중남미의회(Latin American Parliament)	정식 옵서버
2005	중국-카리브 경제무역협력포럼(China-Caribbean Economic & Trade Cooperation Forum)	회원국
2008	미주개발은행(IDB)	회원국
2013	태평양동맹(Pacific Alliance)	정식 옵서버
2015	중국-CELAC 포럼	회원국

출처: Oropeza García(2008), Shambaugh(2011)를 기반으로 저자 재구성

이 표는 또한 중국이 서반구에서 가장 진보적인 성향의 지역기구들 중 일부와 긴밀한 관계를 맺고 있다는 것을 강조한다. 중국의 OAS 및 IDB와의 관계는 아메리카 대륙에서 정치적·경제적 자유주의를 추진해 온 역사가 있는 제도적 구조와 연계한다. 중국은 또한 개방적 지역주의의 옹호자인 태평양동맹의 정식 옵서버로서 참여하고 있다. 중국 정부는 칠레, 페루, 코스타리카 등 3개국과 자유무역협정(FTA)을 체결했다. 중국과 콜롬비아는 태평양 동맹의 나머지 회원국으로서 양국 간 자유무역협정의 가능성을 모색해 왔다. 중국은 멕시코와 FTA 협상 의사를 밝혔지만 멕시코 정부는 이를 거부하고 있다. 코스타리카를 제외한 다른 국가들은 "전략적 동반자 관계" 지위를 부여받았다. 중국은 또한 메르코수르와의 FTA의 실행 가능성을 분석하기 위한 연구 그룹을 만들 것을 제안했는데, 만약 성사된다면, 이 지역의 중국의 주요 중남미 파트너들을 모두 포함

하게 될 것이다. 앞서 언급한 모든 무역 협정은 중남미와의 관계에서 중국의 뚜렷한 자유주의 경제 성향을 강조하고 있다.

중국은 정치적 성향이나 이념에 상관없이 모든 중남미 정부와 교류한다. 이것은 또한 베이징이 대부분의 경우 선거 민주주의를 통해 중남미 정부가 정치적 권력을 획득한 방식을 인정한다는 것을 의미한다. 게다가, 중국은 미주기구와 다른 더 자율적인 중남미 지역기구 모두에 참여하고 있으며, 어느 한쪽에 대한 더 큰 지원이나 뚜렷한 반미 성향을 가진 지역 기구들에 대한 실질적인 지지는 거의 없다.

결론

이 장의 주요 목적은 중국의 존재감이 증가함에 따라 중남미, 특히 탈패권 지역주의에서 자율적 지역 거버넌스를 구축하기 위한 노력이 강화되었는지 여부를 평가하는 것이다. 중국은 공식적으로 중남미가 정치적 · 경제적 세계 문제에서 점점 더 많은 역할을 수행하는 것을 환영했는데, 이는 중남미가 원자재의 공급자이거나 중국 제품과 투자의 시장이었기 때문이 아니라, 중남미 국가들이 그들의 국가 상황에 맞는 발전 경로를 모색해 왔기 때문이다.

우리의 연구 결과는 중국의 중남미와의 관계 심화가 반드시 자율적 지역 거버넌스를 강화한 것은 아니라는 것을 보여준다. 워싱턴 D.C.를 상대로 자율성을 높이려는 국가들 사이에서 원자재 컨센서스와 1차 산품화를 강화하는 무역과 투자 패턴 외에도, 스틴 크리스텐센(Steen Christensen, 2018)이 지적하는 바와 같이 중국은 일반적으로 남미의 거래 상대국이나 조직에 대해 이념이나 정치적 노선에 따라 차별을 두지 않는다. 중국은 보다 자유주의적이고 탈자유주의적인 것뿐만 아니라 미주와 중남미 모두 지역 전반에 걸쳐 다양한 다자 간 계획을 존중하고 교류해 왔다. 기존 다자간 네트워크에 연결하고 새로운 다 자간 네트워크를 만드는 것 외에도 양자 간 옵션을 다원적 방식으로 발전시켰 다. 간단히 말해 남미, 남미 남부 지역(Southern Cone), 혹은 ALBA를 구성하 는 국가들이 중국과의 관계 강화 덕분에 미국에 대한 자율성을 강화했다는 증 거는 거의 없다.

우리의 연구 결과는 흥미로운 연구와 정책 의제를 열어준다. 학문적 측면에 서 중국을 중남미 지역 거버넌스 구조 분석에 통합될 변수로 분석하는 것은 글 로벌 지역, 하위 지역 차원에서 국제관계의 복잡성이 커지고 있음을 보여준다. 그것은 또한 전통적으로 국제 관계와 글로벌 정치의 주류 연구에서 무시되었지 만 세계 패권의 가장 즉각적인 지정학적 영향력 영역인 지역에서 얼마나 큰 권 력 경쟁이 나타나는지 암시한다.

이 장을 통해 우리는 미국에 비해 중국과 중남미의 관계가 어떻게 자율적 지 역 거버넌스를 강화했는지, 혹은 그러지 못했는지를 평가하는 데 초점을 맞췄 다. 그러나 새로운 연구 의제의 일환으로 미국뿐만 아니라 중국과의 관계에서 도 중남미 지역 자율성의 전망에 대한 분석을 수정할 필요가 있을 것이다. 중국 은 자국의 정치적 모델을 역내에 수출하려는 뚜렷한 관심이나 의도가 없으며 (Grabendorff, 2018), 경제외교를 강조하는 것이 온당해 보이지만, 양자 및 지역 간 제도적 배열(institutional arrangement)과 같은 중남미 국가들과의 성장하는 관계(Wise, 2018)를 관리하기 위해 자국이 선호하는 형태의 거버넌스를 추진 하고 있다. 게다가, 중국 정부가 중남미와 카리브에서의 지배를 위한 미국과의 전략적 경쟁에 관심이 없더라도, 확대되는 경제적 비중은 지역 정부 간의 정책 결정에 대한 영향력을 증가시킨다. 아벤다노, 멜기조, 그리고 미네르(Avendano, Melguizo and Miner, 2017: 1-2)가 언급했듯, "투자국들은 그들만의 전략적 이익이 있으며, 외국인 직접투자의 소프트파워 효과는 상당할 수 있다. 이러한 효과는 자국의 이미지 개선, 국제기구에서의 지지, 투자대상국 내 자국에 대한 우호적인 정책을 형성하는 것 등을 포함한다." 중국이 일대일로 구상을 중남미까지 확장할 의사를 공식적으로 밝힌 것(Meyers, 2018), 중국과 미국의 무역전쟁 가능성, 두 나라를 중심으로 한 새로운 양극화 세계질서의 출현(Actis and Creus, 2018) 등은 지역 자율성 문제를 새로운 방향으로 안내할 수 있다. 정책적 측면에서 중남미 지도자들과 의사결정자들이 지역주의 구축과 관련해 '중국 요인'을 이해하고 그들의 이익 계산과 가치 판단에 통합하는 것이 시급하다.

주

1 이 장은 도널드 트럼프가 미국 대통령으로 당선되기 전에 작성되었다. 새로운 트럼프 행정부가 어떻게 중국과 상호 작용하고 이로 인해 중국과 중남미의 상호 작용에 어떤 영향을 미칠지는 아직 알 수 없다. 한편, 우리는 중국이 중남미의 자율적 지역 통치에 미치는 영향에 관한 주장이 대체로 트럼프 대통령 시기에 그대로 부합할 것이라 믿는다.

2 지역 거버넌스란 특정 이슈 영역과 관련된 지역 권한 영역의 사회적 구성을 의미하며, 여기에는 다양한 주체의 집합이 해당 지역의 제도적 구조를 구성한다.

3 유엔중남미·카리브경제위원회. 이 기구는 일반적으로 스페인어로 CEPAL이라 언급된다.

4 중국-CELAC 농업 장관급 포럼, 중국-CELAC 과학기술 혁신 포럼, 중국-CELAC 비즈니스 정상회의, 중국-CELAC 싱크탱크 교류 포럼, 중국-CELAC 청년 정치인 포럼, 중국-CELAC 인프라 협력 포럼, 중국-CELAC 정당 포럼, 중국-CELAC 시민사회 친선 포럼.

5 중국어에서 "zizhu"(自主)는 "자주"를 의미하며, 이는 "독립"과 "스스로 행동하다"라는 뜻을 포함한다. 그러나 중남미 국가들과 비교하여 이에 대한 이론적 발전이 부족하며, 맥락에 따라 위에서 언급한 세 가지 의미에 따라 번역될 수 있다.

6 중국과 대만 간의 "외교전(diplomatic battle)"은 중남미와의 관계에 대한 기존 연구에서 반복적으로 다루어지는 주제 중 하나이다. 중국-대만 외교 분쟁은 일부로 인해 발생했는데, 세계에서 대만을 외교적으로 인정하는 20개 국가 중 11개 국가가 중앙아메리카와 카리브해 지역에 속한다. "대만 요인"은 중국의 중남미와의 관계를 개선하기 위한 우선순위가 아니며, 중국의 정책문서에서 언급되지 않는 것으로, 양자 간 정치적 협의 기구의 더딘 진화, 그리고 중국이 지역 내 모든 33개 국가를 포함하는 CELAC

에 접근하는 의사와 같은 이유로 입증되었다. 이것은 아직 대만을 인정하는 [중남미]지역 내 국가들 역시 회원국으로 활동하는 CELAC에 대한 중국의 접근 의사를 보여준다. 하지만 대만의 총통 측이 국가주석에 취임하면서, 그리고 파나마가 중화인민공화국을 외교적으로 인정함으로써 상황이 변할 수 있다.

7 중국의 자료에 따르면, 2015년 중남미 지역 전체와 중국 간 무역 대비 중남미의 주요 무역 파트너들의 대중국 무역이 65.83%를 차지했다(중국 통계국, 2016). 이 주장은 이미 언급된 몇몇 연구와 대조적이며, 무역데이터를 추적하는 데 어려움을 반영한다.

참고문헌

Actis, E., & Creus, N. (2018). China y Estados Unidos: Repercusiones mundiales de una nueva bipolaridad. *Foreign Affairs Latinoamérica*, 8 – 14.

Armony, A. C., & Strauss, J. C. (2012). From going out (zou chuqu) to arriving in (desembarco): Constructing a new field of inquiry in China – Latin America interactions. *The China Quarterly*, 209, 1 – 17.

Arnson, C. J., & Davidow, J. (2011). *China, Latin America, and the United States: The new triangle*. Washington, DC: Woodrow Wilson Center for Scholars.

Avendano, R., Melguizo, A., & Miner, S. (2017). *Chinese FDI in Latin America: New trends with global implications*. Washington, DC: Paris: Atlantic Council y OECD Development Centre.

Bernal-Meza, R., & Quintanar, S. (Eds.). (2012). *Regionalismo y Orden Mundial: Suramérica, Europa, China*. Buenos Aires: Nuevo Hacer, Universidad Nacional del Centro de la Provincia de Buenos Aires.

Berríos, R. (2015). Dumping y subsidios en las exportaciones chinas: el caso textil peruano. In E. Dussel Peters (Coord.), *América Latina y el Caribe y China Economía, comercio e inversión 2015*. Mexico City: Unión de Universidades de América Latina y el Caribe.

Bonilla Soria, A., & Milet García, P. (Eds.). (2015). *China en América Latina y el Caribe: Escenarios estratégicos subregionales*. San José: Banco de Desarrollo de América Latina, FLACSO.

Briceño-Ruiz, J. (2014). Autonomía: genealogía y desarrollo de un concepto. Su relación con el regionalismo en América Latina. *Cuadernos sobre Relaciones Internacionales, Regionalismo y Desarrollo*, 9(18), 9 – 41.

Briceño-Ruiz, J., & Simonoff, A. (2017). La Escuela de la Autonomía, América Latina y la teoría de las relaciones internacionales. *Estudios Internacionales*, 186, 39 – 89.

Castañeda, N. (2017). New dependency?: Economic links between China and Latin America. *Issues & Studies*, 53(01).

Castillo, A. (2010). Latin America welcomes "Beijing Consensus." *China Daily (US Edition)*. Retrieved from http://usa.chinadaily.com.cn/2010-03/19/content_11016999.htm

Chávez, N. (2015). América Latina, República Popular China y Estados Unidos: Relaciones continentales estratégicas. In A. Bonilla Soria & P. Milet García (Eds.), (2015) *China en América Latina y el Caribe: Escenarios estratégicos sub-regionales*. San José: Banco de Desarrollo de América Latina, FLACSO.

Chen, J., Zeng, X., & Deng, Y. (2016). Environmental pollution and shipping feasibility of the Nicaragua Canal. *Marine Pollution Bulletin*, 113(1 – 2), 87 – 93.

Cheng, J. Y. S. (2006). Latin America in China's contemporary foreign policy. *Journal of Contemporary Asia*, 36(4), 500 – 528.

Chimienti, A., & Creutzfeldt, B. (2017). Who wants what for Latin America? Voices for and against the China-backed extractivist development model. In M. Myers & C. Wise (Eds.), *The political economy of China–Latin America relations in the new millennium. Brave new world*. New York; Oxon: Routledge.

China's Policy Paper on Latin America and the Caribbean (Full Text). (2008). *The Central People's Government of the People's Republic of China*. Retrieved from http://www.gov.cn/english/official/2008-11/05/content_1140347.htm

China's Policy Paper on Latin America and the Caribbean (Full Text). (2016). *Global Times*. Retrieved from http://www.globaltimes.cn/content/1019954.shtml

Christensen, S. (2018). The impact of China on South American political and economic development. In E. Vivares (Ed.), *Regionalism, development and the post-commodities boom in South America*. New York: Palgrave Macmillan.

Christensen, S. F., & Silva Ramos Becard, D. (Eds.) (2016). *China-Latin America relations in an era of changing world order*, Journal of China and International Relations (Special ed.). Aalborg: Aalborg University Press.

Connelly, M., & Cornejo Bustamante, R. (1992). *China-América Latina. Génesis y desarrollo de sus relaciones*. Mexico City: Centro de Estudios de Asia y África-El Colegio de México.

Cornejo, R., & Navarro García, A. (2010). China y América Latina: recursos, mercados y poder global. *Nueva Sociedad*, 228, 79 – 99.

Domínguez, J. I. (2006). *China's relations with Latin America: Shared gains, asymmetric hopes*. Washington, DC: Inter-American Dialogue Working Paper, June.

Dosch, J., & Goodman, D. S. G. (2012). China and Latin America: Complementarity, competition, and globalisation. *Journal of Current Chinese Affairs*, 41(1), 3 – 19.

Dussel Peters, E. (2011). China's challenge to Latin American development. In A. H. Hearn & J. L.

León-Manríquez (Eds.), *China engages Latin America: Tracing the trajectory*. Boulder: Lynne Rienner Publishers.

Dussel Peters, E., Hearn, A. H., & Shaiken, H. (2013). *China and the new triangular relationships in the Americas: China and the future of US-Mexico relations*. Mexico City: University of Miami-Center for Latin American Studies Publications.

ECLAC. (2013). *Chinese foreign direct investment in Latin America and the Caribbean*. Working Paper of the Summit reunion on the Global Agenda of the World Economic Forum. Santiago de Chile: China-Latin America Cross Council Task Force, United Nations.

ECLAC. (2015). *América Latina y el Caribe y China: Hacia una nueva era de cooperación económica*. Santiago de Chile: Naciones Unidas.

ECLAC. (2018). *Exploring new forms of cooperation between China and Latin America and the Caribbean*. Santiago de Chile: United Nations.

Ellis, R. E. (2009). *China in Latin America: The whats and wherefores*. Boulder, CO: Lynne Rienner Publishers.

Ellis, R. E. (2012). *The United States, Latin America and China: A "triangular relationship"?* Washington, DC: Inter-American Dialogue Working Paper, May.

Ellis, R. E. (2014). *China on the ground in Latin America: Challenges for the Chinese and impacts on the region*. New York: Palgrave Macmillan.

Ellis, R. E. (2017). Cooperation and mistrust between China and the US in Latin America. In M. Myers & C. Wise (Eds.), *The political economy of China–Latin America relations in the new millennium. Brave new world*. New York; Oxon: Routledge.

Escudé, C. (2014). China y Estados Unidos frente a América Latina. *Horizontes Latinoamericanos*, 2(1), 65–78.

Esteban, M., & Pérez, I. (2017). Chinese financing of Latin America development: Competition or complementarity of traditional donors? In E. Woertz (Ed.), *Reconfiguration of the Global South. Africa, Latin America and the 'Asian Century'*. New York: CIDOB Barcelona Centre for International Affairs, OCP Policy Center.

Farnsworth, E. (2011). The new mercantilism: China's emerging role in the Americas. *Current History*, 110(733), 56–61.

Farnsworth, E. (2012). Memo to Washington: China's growing presence in Latin America. *Americas Quarterly*. Retrieved from http://www.americasquarterly.org/Farnsworth

Feng, Z., & Huang, J. (2014). *China's strategic partnership diplomacy: Engaging with a changing world* (Working Paper 8). Madrid: FRIDE.

Gachúz, J. C. (2012). Chile's economic and political relationship with China. *Journal of Current Chi-*

nese Affairs, 41(1), 133–154.

Gallagher, K. P. (2016). *The China triangle. Latin America's China boom and the fate of the Washington consensus*. New York: Oxford University Press.

Gallagher, K. P., & Myers, M. (2014). *China-Latin America finance database*. Washington, DC: Inter-American Dialogue.

Goulart Doria, G. M., & Jaen Celada, N. J. (2016). CELAC and China in perspective: Regional integration and engagement redefinition. In S. Cui & M. Pérez García (Eds.), *China and Latin America in transition. Policy dynamics, economic commitments, and social impacts*. Springer.

Grabendorff, W. (2018). América Latina en la era Trump: ¿Una región en disputa entre Estados Unidos y China? *Nueva Sociedad*, 275(May–June), 47–61.

Guilhon-Albuquerque, J. A. (2014). Brazil, China, US: A triangular relation? *Revista Brasileira de Política Internacional*, 57(Special edition), 108–120.

Hearn, A. H. (2014). China's social engagement programs in Latin America. *Journal of Iberian and Latin American Research*, 19(2), 239–250.

Hearn, A. H., & León-Manríquez, J. L. (2011a). China and Latin America: A new era of an old exchange. In A. H. Hearn & J. L. León-Manríquez (Eds.), *China engages Latin America: Tracing the trajectory*. Boulder: Lynne Rienner Publishers.

Hearn, A. H., & León-Manríquez, J. L. (Eds.). (2011b). *China engages Latin America: Tracing the trajectory*. Boulder: Lynne Rienner Publishers.

Hogenboom, B. (2009). Latin America and the rise of China: Possibilities and obstacles for development. In E. Paus & P. B. Prime (Eds.), *Global giant: Is China changing the rules of the game?* New York: Palgrave Macmillan.

Jenkins, R. (2010). China's global expansion and Latin America. *Journal of Latin American Studies*, 42(4), 809–837.

Jenkins, R. (2012). Latin America and China–A new dependency? *Third World Quarterly*, 33(7), 1337–1358.

Jiang, S. (2006). Una Mirada china a las relaciones con América Latina. *Nueva Sociedad*, 203, 62–78.

Kaplan, S. B. (2016). Banking unconditionally: The political economy of Chinese finance in Latin America. *Review of International Political Economy*, 23(4), 643–676.

Lanteigne, M. (2009). *Chinese foreign policy: An introduction*. New York: Routledge.

Legler, T. F. (2013). Post-hegemonic regionalism and sovereignty in Latin America: Optimists, skeptics, and an emerging research agenda. *Contexto Internacional*, 35(2), 325–352.

León-Manríquez, J. L., & Álvarez, L. F. (2014). Mao's steps in Monroe's backyard: Towards a United States-China hegemonic struggle in Latin America? *Revista Brasileira de Política Internacional*,

57(Special edition), 9 – 27.

Li, X. (2016). The expansion of China's global hegemonic strategy: Implications for Latin America. *Journal of China and International Relations*, (Special Issue), 1 – 26.

Li, X., & Christensen, S. F. (Eds.). (2012). *The rise of China: The impact on semi-periphery and periphery countries*. Aalborg: Aalborg University Press.

Lo Brutto, G., & González Gutiérrez, C. H. (2015). *La influencia China en la Cooperación Sur-Sur Latinoamericana, durante la segunda década del Siglo XXI* (pp. 1 – 15). Santander: Cátedra de Cooperación Internacional y con Iberoamérica-Universidad de Cantabria, July, Working Paper.

López Villafañe, V. (2018). Las relaciones económicas de China con Latinoamérica. *Foreign Affairs Latinoamérica*, 18(3), 2 – 7.

Malena, J. E. (2011). China and Argentina: Beyond the quest for natural resources. In A. H. Hearn & J. L. León-Manríquez (Eds.), *China engages Latin America: Tracing the trajectory*. Boulder: Lynne Rienner Publishers.

Mao, Z. (1973). On contradiction. *Selected works of Mao Tse-tung*. Retrieved from https://www.marxists.org/reference/archive/mao/selected-works/volume-1/mswv1_17.htm

Mijares, V. M., & Nolte, D. (2018). Regionalismo posthegemónico en crisis: ¿Por qué la UNASUR se desintegra? *Foreign Affairs Latinoamérica*, 18(3), 105-112.

Ministry of Foreign Affairs. (2018). Action and cooperation plan on common priorities areas China-CELAC 2019 – 2022 (中国与拉共体成员国优先领域合作共同行动计划 (2019 – 2021), China-CELAC Forum. Retrieved from http://www.chinacelacforum.org/chn/zywj/t1531608.htm

Myers, M. (2015). Shaping Chinese engagement in Latin America. In J. I. Domínguez & A. Covarrubias (Eds.), *Routledge handbook of Latin America and the World*. New York; Oxon: Routledge.

Myers, M. (2018). China's belt and road initiative: What role for Latin America? *Journal of Latin American Geography*, 17(2), 239 – 243.

Myers, M., & Wise, C. (Eds.). (2016). *The political economy of China–Latin America relations in the new millennium: Brave new world*. London: Routledge.

National Bureau of Statistics of China. (2016). *China statistical yearbook 2016*. Retrieved from http://www.stats.gov.cn/tjsj/ndsj/2016/indexeh.htm

Niu, H. (2017). Strategic aspects of the China-Latin America interaction. In D. B. H. Denoon (Ed.), *China, the United States, and the future of Latin America. U. S.-China relations* (Vol. III). New York: New York University Press.

Nolte, D. (2013). The dragon in the backyard: US visions of China's relations toward Latin America. *GIGA Focus*, 5. Retrieved from https://giga.hamburg/en/publication/the-dragon-in-thebackyard-us-visions-of-chinas-relations-toward-latin-america

Oppenheimer, A. (2014). Andres Oppenheimer: China is flexing its muscle in Latin America. *Miami Herald*. Retrieved from http://www.miamiherald.com/news/local/news-columns-blogs/andres-oppenheimer/article1976079.html

Oropeza García, A. (2008). *China-Latinoamérica: Una visión sobre el nuevo papel de China en la región*. Mexico City: UNAM.

Oviedo, D. E. (2005). *China en Expansión*. Córdoba: Universidad Católica de Córdoba.

Oviedo, D. E. (2014). Principales variables para el estudio de las relaciones entre Brasil y China. In R. Bernal-Meza & R. L. Bizzozero (Eds.), *La política Internacional de Brasil: de la región al mundo*. Uruguay: Ediciones Cruz del Sur.

Oviedo, D. E. (2015). China-Celac: ¿hacia una verdadera cooperación? *China Hoy*. Retrieved from http://www.chinatoday.mx/pol/content/2015-01/21/content_664735.htm

Paz, G. S. (2012). China, United States and hegemonic challenge in Latin America: An overview and some lessons from previous instance of hegemonic challenge in the region. *The China Quarterly*, 209, 18-34.

Ray, R., & Gallagher, K. P. (2013). *China-Latin America economic bulletin*. Boston University: Global Economic Governance Initiative.

Ray, R., Gallagher, K. P., Lopez, A., & Sanborn, C. (2015). *China in Latin America: Lessons for South-South cooperation and sustainable development*. Boston: Boston University-Global Economic Governance Initiative [online]). Retrieved from http://www.bu.edu/pardeeschool/files/2014/12/Working Group-Final-Report.pdf

Research Report of China's Policy towards Latin America (中国对拉丁美洲政策研究报告). (2015). *Study Network of Chinese Cadres* (中国干部学习网). Retrieved from http://study.ccln.gov.cn/fenke/zhengzhixue/zzzgwj/168719.shtml

Riggirozzi, P., & Tussie, D. (Eds.). (2012). *The rise of post-hegemonic regionalism. The case of Latin America*. New York: Springer.

Ríos, X. (2015). La relación China-América Latina y sus implicaciones para los Estados Unidos. In R. I. León de la Rosa & J. C. Gachúz Maya (Coords.), *Política Exterior China: relaciones regionales y cooperación*. Puebla: Benemérita, Universidad Autónoma de Puebla.

Rivarola Puntigliano, A., & Briceño-Ruiz, J. (2013). *Resilience of regionalism in Latin America and the Caribbean. Development and autonomy*. New York: Palgrave Macmillan.

Romaniuk, N. S. (2015). Nicaragua Canal: China's strategic presence in Central America. *The Diplomat*. Retrieved from http://thediplomat.com/2015/06/nicaragua-canal-chinas-strategic-presence-in-central-america/

Rosales, O. (2017). Is there a LatAm‒US‒China economic triangle? In D. B. H. Denoon (Ed.), *China, the United States, and the future of Latin America. U.S.-China relations* (Vol. III). New York: New York University Press.

Rosales, R. A. (2015). Brasil y Perú acaparan la IED china en América Latina. *El Economista*. Retrieved from http://eleconomista.com.mx/economiaglobal/2015/02/15/brasil‒peru‒acaparan‒ied‒china‒america‒latina

RT. (2015a). China a la conquista de Latinoamérica. *RT*. Retrieved from https://actualidad.rt.com/actualidad/192245‒china‒inversiones‒proyectos‒america‒latina

RT. (2015b). Pekín pretende arrebatar espacio a EE.UU. en Latinoamérica y el Caribe. *RT*. Retrieved from https://actualidad.rt.com/actualidad/162797‒pek%C3%ADn‒arrebatar‒espacio‒eeuu‒latinoamerica

Sanahuja, J. A. (2012). *Post-liberal regionalism in South America: The case of UNASUR*. EUI Working Paper RSCAS 2012/05. Florence: European University Institute.

Shambaugh, D. (2011). Foreword. In A. H. Hearn & J. L. León‒Manríquez (Eds.), *China engages Latin America. Tracing the trajectory*. Boulder: Lynne Rienner Publishers.

Song, X. (2015). China y América Latina en un mundo de transformación: Una visión desde China. In A. Bonilla Soria & P. Milet García (Eds.), *China en América Latina y el Caribe: Escenarios estratégicos subregionales*. San José: Banco de Desarrollo de América Latina, FLACSO.

Svampa, M. (2013). 'Consenso de los Commodities' y lenguajes de valoración en América Latina. *Nueva Sociedad*, 244, 30‒46.

Tickner, A. B. (2013). Core, periphery and (neo)imperialist international relations. *European Journal of International Relations*, 19(3), 627‒646.

Tickner, A. B. (2015). Autonomy in Latin American international relations thinking. In J. I. Domínguez & A. Covarrubias (Eds.), *Routledge handbook of Latin America and the world*. New York; Oxon: Routledge.

Tokatlian, J. G. (2007). Las relaciones entre Latinoamérica y China: un enfoque para su aproximación. *Análisis político*, 59, 46‒56.

Trinkunas, H. (2016). Renminbi diplomacy? The limits of China's influence on Latin America's domestic politics. *Geoeconomics and Global Issues*, 3, 1‒24.

Turzi, M. (2015). El canal chino en Nicaragua. *Foreign Affairs Latinoamérica*, 15, 3.

Villafañe López, V. (2011). Chinese policy toward Latin America: Implications for Japan and the US. *Korean Review of International Studies*, 14(1), 19‒32.

Wang, Y. 王逸舟. (2008). Ten characteristics of China's diplomacy ('中国外交十特色'). *World Economics and Politics* (世界经济与政治), 5, 6‒18.

Wise, C. (2018). China's spin on governing its relationship with South America. In P. Riggirozzi & C. Wylde (Eds.), *Handbook of South American governance*. London; New York: Routledge.

WTO. (2016). Statistics database. *World Trade Organization*. Retrieved from http://stat.wto.org/Home/WSDBHome.aspx?Language

Xiang, L. (2016). China goes geopolitical in its strategic partnership with Latin America. In R. Roett & G. Paz (Eds.), *Latin America and the Asian giants: Evolving ties with China and India*. Washington, DC: Brookings Institution Press.

Xinhua. (2016). RMB becomes more frequently used in Latin America. *China Daily USA*. Retrieved from http://usa.chinadaily.com.cn/business/2016-12/31/content_27831025.htm

Xue, L. 薛力. (2015). China should not overestimate the strategic significance of Latin America ('中国不应高估拉美的战略意义'). *Institute of World Economy and Politics Chinese Academy of Social Sciences* (中国社会科学院世界经济与政治研究所). Retrieved from http://www.iwep.org.cn/news/749002.htm

Yang, Z. (2015). The roles played by three categories of actors in China's engagement in Latin America to develop economic ties with the region. *Journal of Chinese Political Science*, 20(3), 289–300.

Zhao H. 赵晖. (2014). Latin America regional cooperation and the strategic choice of China-Latin American cooperation ('拉美区域合作与中拉合作的战略选择'). *International Studies* (國際問題研究). Retrieved from http://www.ciis.org.cn/gyzz/2014-07/22/content_7084440.htm

Zibechi, R. (2015). China reorganiza el mapa económico latinoamericano. *Programa de las Américas*. Retrieved from http://www.cipamericas.org/es/archives/15193

제3장

중국의 대브라질 전략의 정치경제: 전력 부문을 중심으로

다니엘리 하모스 베카르지(Danielly Ramos Becard),
안토니우 카를로스 레사(Antônio Carlos Lessa),
라우라 우헤졸라 시우베이라(Laura Urrejola Silveira)*

서론

중국 정부는 2010년부터 브라질 아마존 지역을 포함하여 브라질에서 여러 유형의 인프라 프로젝트를 계획하고 실행해 왔다. 중국의 대브라질 프로젝트는 일대일로(Belt and Road Initiative, BRI)와 마찬가지로 지역적 · 세계적 통합을 지표로 삼고 있으며, 특히 항만과 철도 등을 통해 대서양과 태평양을 연결하려는 다양한 방식의 프로젝트를 추진하고 있다. 브라질에 대한 중국의 프로젝트는 또한 세계의 다른 지역에서 이미 시작된 것처럼 전력 부문에 대한 중국 국영기업의 투자 육성을 주요 목표로 한다. 또한 브라질에서 인프라 프로젝트 전반, 특히 에너지 분야에서 중국의 존재감이 커지는 것은 브라질 경제에 대한 중국의 영향력 강화와 브라질 정부 내 위상 및 우위 확보와 관련된 직접적인 정치적 결과임이 분명하다.

이 장에서는 이러한 맥락에서 출발하여 최근 몇 년 동안 브라질의 에너지 생

---

*   D. R. Becard (*) · A. C. Lessa · L. U. Silveira
     브라질리아대학교(University of Brasília, Brasilia) 국제관계연구소

© The Author(s) 2020
R. Bernal-Meza, Li Xing (eds.), 21세기 중국-중남미 관계, 국제정치경제시리즈
https://doi.org/10.1007/978-3-030-35614-9_3

산, 송전 및 분배에 대한 중국의 관심이 어떻게 지속적으로 증가하여 중국의 대브라질 외교정책의 중요한 도구로 변모했는지 살펴본다. 또한, 우리는 지난 몇 년간 시행된 중국의 경제 발전 전략에 대한 이러한 과정의 결과와 이것들이 미친 브라질의 외교정책에 대한 잠재적 영향을 추측하면서 브라질 전력 부문에서 중국의 존재가 미치는 영향을 보다 광범위하게 살펴보고자 한다. 2수준 분석(two-level analysis)을 통해 중국이 브라질 전력 부문에 등장하고 존재하게 된 동기와 영향, 브라질 외교정책에 미치는 영향을 설명하고자 한다. 이를 통해 우리는 국제적 차원에서 중국의 '저우추취(走出去, Going global)' 프로젝트가 중국 국영기업들이 브라질의 전력 부문을 주요 플랫폼으로 선택한 이유를 설명하는 데 도움이 된다고 주장한다. 우리는 인프라 기업들이[1] 중국 내수 시장의 역량이 포화 상태에 도달하면 해외 시장, 특히 브라질과 같은 개발도상 국과 같이 더 큰 수요가 있는 시장에 투자하게 될 것이라고 주장한다. 또한 아마존 지역은 브라질에서 중국의 경제적 입지 확대에 있어 최종적인 개척지이며, 여기서 인프라는 중국 시장의 관심사인 전략적 천연자원의 집중적인 개발을 위한 요소이다.

위에서 제시된 질문을 해결하고 주장을 검증하기 위해, 우리는 국제정치경제(IPE) 관점에서 중국이 인프라 프로젝트를 확장할 수 있게 한 새로운 맥락과 잠재력을 분석하는 것으로 시작할 것이다. 다음으로 브라질에 대한 중국의 외국인 직접투자(FDI)의 결정요인에 대해 설명한 후 브라질 전력 부문에서 중국의 FDI 결정요인을 설명한다. 본 장의 마지막 부분에서는 브라질 전력공사(Agência Nacional de Energia Elétrica, ANEEL)가 추진하는 발전, 송전, 유통사업에 대한 양허 경매 결과와 중국 기업의 매입 결과에 대한 실증적 관찰을 진행할 것이다. 2010년 이후 브라질 전력시장에 대한 중국 투자의 상대적 성공률과 이것이 왜 중남미 주요 파트너의 경제와 정치에 대한 중국의 영향력이 커지는 과정의 핵심 요소인지에 대한 고찰로 결론을 맺을 것이다.

중국의 글로벌 인프라 투자 이면의 논리: 맥락과 잠재력

파라그 칸나(Parag Khanna, 2016)에 따르면, 미래에는 "연계성이 곧 목적지이다(connectivity is the destination)." 통신, 에너지 및 교통의 글로벌 인프라(고속도로, 철도, 공항, 파이프라인, 전력망, 인터넷 케이블 등) 간 연결이 그의 주장의 중심에 있다. 칸나는 연계성이 국가를 넘어선 세계, 즉 부분의 합보다 더 큰 글로벌 사회를 만든다고 주장한다. 그러므로 연계성은 매우 지정학적이며 국경의 역할을 변화시키고 있다. 칸나는 우리가 교통 경로, 전력망, 금융 네트워크 및 인터넷 서버와 같은 기능적 지리를 매핑할 때 에너지가 투영되고 전력이 소비되는 경로 또한 매핑하고 있다고 주장한다.

베타 베커(Berta Becker, 1995: 286)는 그녀가 "물류(logistics)"라고 부르는 세계 권력의 구성을 설명한다. 이 브라질 지리학자의 경우, 세계 권력의 변화는 (직접적인 무력행사가 없는) 규율 권력에 의해 다양한 영토의 파편에 퍼져 있는 개선된 영토적 행위와 계산된 행동을 통해 일어난다. 이러한 권력의 측면은 개인의 신체에 직접적으로 영향을 미치며, 그들로 하여금 공간 선택성이 지배적인 합리화된 자본주의의 틀 아래 구축된 사회 질서의 이익에 따라 생산하게끔 한다(Becker, 1995: 287). 베커(Becker, 1995: 286)는 또한 지정학의 기초에 과학 기술 혁명에 의해 야기된 변화와 관련된 물류적 합리성이 있다고 말한다. 베커에 따르면, 이러한 세계 권력의 구성은 몇 개의 영토 조각이 규율 권력을 분산시키는 개선된 영토 행위를 수반한다(Becker, 1995). 우리는 이런 의미에서 중국이 국내 수요(식량, 에너지원, 전략적 천연자원)의 실행 가능성과 충족을 높이기 위해 인프라 구현을 통한 글로벌 연결성의 지정학을 촉진한다고 바라보고 있다.

자케스(Jacques, 2009: 155)에 따르면, 1970년대 후반 이후 인프라 프로젝트는 중국 개혁 계획에서 매우 중요해졌다. 덩샤오핑이 1979년 제안한 배타적 경제수역(EEZ) 조성 프로젝트는 경제혁명일 뿐 아니라 외교정책에 대한 중국의 '개방'이 진화한 것이다. 그것은 중국의 전통적 이데올로기 모델에서 동아시아 국가들, 특히 아시아의 네 마리 호랑이가 추구했던 것과 유사한 발전 모델로 이행하는 국가의 전면적인 개편을 수반했다.

중국 정부는 농촌 인구의 일부가 삶의 질을 향상시키기 위해 앞으로 계속해서 도시 지역으로 이주할 것으로 기대하고 있다. 예를 들어, 더 나은 생활 수준에 대한 이러한 요구를 유지하기 위해, 중국 정부는 (우선적으로 재생 가능한) 에너지원에 대한 안정적인 접근, 국경 내 및 외곽 지역의 전략적 천연자원에 대한 접근, 그리고 중국산 제품의 식품 및 소비자 시장에 대한 접근의 보장이 필요할 것이다. 중국 정부는 글로벌 차원에서 정책을 지속하기 위해 여러 프로젝트를 발표했다(Sutter, 2016; Wang, 2014). 한편, 중국은 국가 통합을 가능하게 한 국내 차원의 인프라 정책 전략을 개발하여 중국 서부의 농촌 인구가 해안 지역으로 접근할 수 있도록 함과 동시에 그들로 하여금 도시 노동 시장에 쉽게 편입될 수 있도록 했다(Arrighi, 2008: 362). 한편, 이러한 작업은 광물 및 에너지 상품과 같은 전략적 천연자원에 대한 접근을 가능하게 하여 배타적 경제수역의 생성을 강화했다.

지역적 차원에서 중국은 소비시장과 자원의 통합을 위한 일대일로(一帶一路, One Belt and Road)라는 프로그램을 2013년부터 시행하고 있는 등 이러한 방식으로 주변국, 특히 남아시아에 접근하고 있다(Small, 2018). 시진핑 국가주석은 2017년 5월 13일부터 14일까지 베이징에서 보다 포괄적인 관점에서 "일대일로 구상"을 제시했다. 이 계획의 주요 목표는 "항만, 파이프라인, 도로, 철도와 같은 핵심 영역에 투자하여 세계 GDP를 80% 높이고 30억 인구를 중산층으로 끌어올리는 것"과 아시아에서 유럽으로 상업, 투자 및 인프라 연결을 확대하는 것이다(Belt and Road, 2018).

전 세계적으로 이 프로젝트의 영향권은 세계 GDP의 30% 이상을 차지하는 68개국으로, 이들 국가에는 약 44억 명의 인구를 보유하고 있다. 이러한 영향권에 브라질, 아르헨티나, 칠레가 포함된다(Belt and Road, 2018).

중국은 중남미에서 교통(항만 및 철도)과 에너지(발전 및 송전) 기업에 직접투자 하는 등 여러 인프라 프로젝트를 발전시켜 왔다(Casaburi, 2017: 31). 이 지역의 에너지 생산과 원자재 공급원에 접근한 중국은 이제 인프라 구현을 추진하고 있다. 2010년 브라질이 중국의 인프라 및 에너지 프로젝트와의 관련성이 증가하면서 중국의 투자목표에 상당한 변화가 일어났다(Casaburi, 2017: 19; Sciers, 2010: 3).

중국의 대브라질 FDI의 정치경제

국제적 수준에서 중국의 경제적 위상이 공고화되자, 중국은 세계정치에서 더 "적극적인" 역할을 추진해 왔다. 이에 따라 중국은 근대화 프로그램에 발맞춰 중국 발전에 필수적인 요소인 시장, 기술, 에너지, 원자재 등을 찾아 외교정책 방향을 재설정했다(Becard, 2017). 2000년부터 2014년까지, 브라질은 중남미에서 중국 FDI의 가장 중요한 목적지였다. 이 기간에 발표된 중국 FDI 중 브라질이 38.4%를 차지했으며 페루(31.9%), 아르헨티나(13%), 에콰도르(7.9%), 칠레(4.1%), 콜롬비아(2.7%)가 그 뒤를 이었다(CEBC, 2017).

브라질에 대한 중국의 투자는 스티븐 하이머(Stephen Hymer)의 분석틀에서 제시한 모든 FDI 결정요인을 결합하여 빠르게 그리고 높은 강도로 성장했다(Dunning & Pitelis, 2008). 하이머가 제시한 FDI 결정요인은 브라질 내에서 운영되는 중국 기업에 제공되는 비교우위와 같은 기업이 얻을 수 있는 고유의 이점, 생산에 대한 직접적인 통제권 획득 및 일부 상황에서는 현지 기업을 구매하여 운영에 대한 통제권을 획득함으로써 갈등을 제거하는 것, 마지막으로, 위험을 완화하기 위해 채택된 전략으로 정의된 운영의 국제화를 포괄한다. 더닝의 모델(Dunning, 2008)을 적용하면, 중국의 브라질 FDI 증가의 이유는 자원, 시장, 생산 효율성, 전략적 자산에 대한 탐색에 명확하게 맞춰져 있다. 브라질 내 중국의 존재감이 증가하는 것에 대한 궤적은 특히 생산 인프라 분야에서 수직적 투자의 증가를 관찰할 수 있게 해 주는데, 이 분야는 중국 대기업들이 서로 다른 가치사슬 내에서 전방산업 및 후방산업으로 이동하며 브라질 경제에서 수직적인 방식으로 단계별 부가가치 활동을 수행하고 있다. 마찬가지로 브라질에 진출한 중국 대기업들의 사업전략은 무역장벽의 희석이나 공급 불확실성의 회피를 목표로 하는 전략을 결합하였다(Nonnenberg & Mendonsa, 2005).

브라질에 대한 중국의 목표는 경제 분야에 집중되었고, 그러한 목표는 2010년 이후 중국의 FDI가 증가하면서 꾸준히 배가되고 있다(CEBC, 2017; CEBC and APEX, 2015). 원자재, 철광석, 석유 등의 수입은 여전히 중국 전략의 중심에 있지만, 투자 촉진은 점진적으로 증가하여 인프라 분야(항만, 철도, 고속도로 건설, 송배전 라인 건설), 에너지 생산(주로 수력에너지 및 석유) 및 농산물 생산(특히 대두)과 관련이 크다. 마지막으로, 주로 중국 기업에 의해 중국 또는 브라질에서 생산되는 공산품의 판매는 중국의 또 다른 목표 중 하나이며, 중국 경제역량의 성장에 따라 그 중요성이 증가한다.

2010년까지 중국은 브라질 수출의 대부분을 차지하는 원자재와 직접 관련된 투자에 우선권을 부여했다. 두 번째 단계(2011-2013)에서 중국 기업들은 브라질 시장의 특성을 고려하여 산업 분야에서 새로운 기회를 모색했다. 브라질에 대한 중국 투자의 세 번째 단계(2014-2015)는 중국 은행들이 브라질에 진출하거나 이미 브라질에서 운영 중인 브라질 또는 국제 은행의 지분을 인수하면서 시작되었다. 네 번째 단계에서, 중국 기업들은 전력 생산 및 송배전과 농식품 분야에 상당한 투자를 했다. 마지막으로, 중국 기업의 인프라 분야 참여는 2015년에 시작된 새로운 단계의 특징이 되었다(CEBC, 2017).

중국은 국영기업 지원을 목적으로 한 에너지 생산 및 송배전을 위한 인프라 서비스 수출뿐만 아니라 철도, 수로 및 항만을 통한 상품 및 원자재 운송에도 관심이 있으며, 이러한 운송은 에너지 공급이 보장되지 않으면 작동하지 않을 것이다. 따라서 브라질과의 성공적인 정치경제적 유대관계는 브라질에서 중국 프로젝트의 공고화뿐만 아니라 글로벌 기능적 지리의 구성을 가능케 할 것이다.[2]

브라질 경제에 대한 중국의 영향력 증가는 2000년대 초반부터 뚜렷해졌으며, 2009년에는 중국이 미국을 제치고 브라질의 주요 교역 상대국으로 부상했다. 마찬가지로, 인프라 분야에 특히 중점을 두고 브라질이 미국에 이어 세계에서 두 번째로 큰 중국의 투자처가 될 정도로 중국의 해외 직접투자 목적지로서의 브라질의 중요성은 같은 기간 동안 꾸준히 증가해 왔다.

이처럼 중남미 경제의 다양한 부문에서 중국 자본의 양과 중요성의 급속한 성장은 시장에 영향을 미쳤고 미스매치, 즉 부조화를 야기했다. 예를 들어 전력 부문의 경우 중국 국영기업의 일련의 조치로 인해 자본집약적인 전력의 생산과 송전을 위한 시장 재설계가 진행된 것은 분명하다. 이 과정은 특히 전력 부문이 강도 높은 재구성 과정을 거친 브라질에서 두드러졌다. 브라질, 특히 전기 부문의 전문 기관인 브라질 전력공사(ANEEL)의 규제용량 한계에도 영향이 있었다.[3]

비즈니스 전략 차원에서 브라질에 대한 중국 투자의 성장을 설명하는 데는 세 가지 과정이 중요하다. 그중 첫 번째이자 가장 중요한 것은 브라질과의 관계를 개선하려는 중국 정부의 전략적 결정으로, 중국 국영 은행이 제공하는 매우 낮은 금리의 풍부한 가용 차관 공급으로 인해 국영 기업이 직접적인 혜택을 누리게 된 것이다. 중국 국영 은행들이 제공하는 많은 양의 차관에 접근할 수 있었던 것은 중국 기업의 국제적 확장을 모색하기 위한 베이징의 전략적 결정과 결합되었다. 이것은 전략적 자산을 획득하거나 전체 운영을 창출함으로써 달성될 수 있으며, 특히 인프라와 같은 부문에서 중국 자본에 심각한 제약을 제공하지 않는 국가에서 달성될 수 있었다.

2013년까지 에너지와 같은 일부 분야에의 중국 투자의 성장에 대한 브라질 정부의 적대적 태도를 관찰할 수 있었다. 브라질 노동자당(PT) 내 일부가 브라질 내 전략적 부문에서의 해외 행위자의 급속한 성장에 따라 민족주의적 반응을 보였다. 따라서 중국 자본의 빠른 진출을 위해 많은 기회가 생겼음에도 불구하고 당시 브라질 정부의 반대로 발목이 잡혔다. 예를 들어, 중국의 국가전망공사(State Grid)가 2010년 브라질의 네오에네르지아(Neoenergia) 및 2013년 CPFL(Companhia Paulista de Força e Luz)과 같은 기업의 지분을 취득하려고 시도한 경우가 이에 해당한다(Filguiras, 2016).

비즈니스 전략 차원에서 브라질에 대한 중국 투자의 성장을 설명하는 데 중요한 세 가지 과정 중 두 번째는 전기 부문의 혼란으로 촉발되어 경제적 불균형과 대규모 사업 손실이 발생함에 따라 중국 투자자에 대한 브라질의 적대감이 전환될 수 있는 여건을 만들었다는 점이다. 이러한 변화는 2012년 9월 11일의 임시 조치 제579호가 발표되면서 공식화되었으며, 이후 2013년 1월 11일 법률 12.783호로 통과되어 지우마 호세프 대통령(2013; Brazil, 2012)이 서명했다. 이 법은 전기의 발전 및 송배전을 위한 중요한 양허의 조기 갱신을 위한 규칙을 확립했다. 일부 분석가들은 브라질 전력 부문에서 중국의 입지가 커진 이유 중 하나가 이 새로운 법으로 인해 에너지 기업들이 2015년에 20% 낮은 요금이 적용될 양허를 미리 갱신해야 했기 때문이라고 주장한다.

이 조치는 항복한 유통업체와 항복을 거부한 유통업체 모두에게 수익 흐름과 계획된 현금 흐름에 영향을 미쳤기 때문에 비즈니스 논리를 바꿔 놓았다. 티모스 에네르지아(Thymos Energia) 컨설팅의 예측에 따르면, 유통업체의 요금은 18%에서 27%까지 인상되어 2013년부터 2014년까지 이 부문에서 최소 710억 헤알의 추가 비용에 대한 부채를 상쇄할 수 있을 것으로 예상된다. 또한, 새로운 법에 따라 발전사와 마케팅 담당자는 고용 시장 규제에 따른 가격 인하를 충족하기 위해 더 높은 경쟁력을 갖춰야 할 것이다(Polito & Pedroso, 2014). 리카르도 사보이아(Ricardo Savoia)는 중장기적으로 규제 시장에서 에너지 관세와 에너지 경매의 판매 가격을 인상하는 것이 추세라고 말한다. 이러한 인상은 결국 장기적인 자금 조달 메커니즘을 확대할 필요성을 증가시킬 것이다(Savoia, 2013).

브라질 전력 부문에서 중국의 존재감 확대를 위한 여건을 조성하는 데 결정적인 세 번째 과정은 부패 스캔들이 초래한 정치적 위기와 그에 따른 산업 내 브라질 행위자들의 사업 전략에 미치는 영향의 결합이었다. 실제로 2014년부터 부정부패 수사작전인 라바 자투(Lava Jato)[4]에서 조사된 부패 스캔들에는 전력 부문에서의 상당한 지분을 소유한 민간 건설회사의 일부가 포함되었다. 이 회사들은 새로운 공공사업 계약의 중단과 현금 흐름 문제로 인한 재정적 어려움에 대처하기 위해 그들의 투자 중 일부를 신속하게 중단할 필요가 있다는 것을 알게 되었다. 이러한 요인은 임시 조치 제579호 및 법률 12,783/2013에 따른 전력 부문의 혼란과 재정적인 문제와 함께 산업 전체가 크고 빠른 자산 공급을 포기하도록 이끌었다. 이것은 중국 국영기업들이 브라질에서 전기의 생산과 송배전에서 중요한 위치를 빠르게 획득할 수 있는 기회로 작용하게 되었다.

사업 부문에서는 특히 혼란스러운 시기에 중국 국영기업과의 합작으로 얻은 이익이 브라질 기업들의 재무 상황을 완화시키고 있다. 이러한 투자는 브라질의 경제위기 기간 그들의 사업이 사라지는 것을 본 브라질 계약자들에게 새로운 활력을 줄 수 있다. 이러한 인프라 작업 전반에 걸친 일자리 창출 재개 또한 매우 중요하다.

정치적 관점에서 볼 때, 이들 부문에 대한 대규모 투자 발표는 2003년 집권 이후 노동자당을 지지하던 연립정부를 이탈하기 시작한 여론과 정치권에서 지우마 호세프 대통령의 인기가 급격히 하락하는 것을 상쇄할 수 있는 매우 좋은 소식으로 여겨졌다. 이러한 과정은 2014년부터 특히 가시화되었지만, 정치적 논쟁이 악화되는 상황에서 양국 관계가 가시화에 이른 것은 2015년 5월 리커창 중국 총리의 브라질 방문의 맥락에서였다. 실제로 530억 달러가 투입된 8개 분야 35개 협력협정 체결 발표는 브라질이 중국의 파트너십을 대외정책 자산으로 제시할 가능성에 대해 극도의 관심을 갖고 바라봤음을 분명히 했다.[5]

2015년 6월, 중국 정부는 브라질에 대한 새로운 투자와 차관을 발표했다. 고위급 위원회 회의에서 중국과 브라질 정부는 경제 생산능력 확대를 지원하기 위해 200억 달러(중국이 150억 달러, 브라질이 50억 달러) 규모의 양자협력기금을 조성해 브라질을 중심으로 투자하기로 했다고 발표했다(Presidencia da Republica, 2015a).

프로젝트의 최우선 과제는 브라질 물류 인프라와 제조 산업이다. 양국 정부는 브라질, 중국, 페루가 참여하는 대서양-태평양 대륙횡단 철도 프로젝트에 관한 첫 3국 기술회의 결과도 발표했다. 회의에서는 브라질과 페루의 현장 방문 날짜가 포함된 기본 연구와 작업 계획이 포함된 예비 보고서를 작성했다(Presidencia da Republica, 2015b).

이러한 대륙횡단 철도는 브라질의 리우데자네이루 북부 해안과 페루의 주요 거점을 잇는 철도망을 연결하기 위한 목적으로 추진되었다. 이 철도는 브라질과 페루 국경에 있는 캄피노르치(Campinorte), 루카스 두 히우 베르지(Lucas do Rio Verde), 빌헤나(Vilhena), 포르투 벨류(Porto Velho), 히우 브랑쿠(Rio Branco), 크루제이루 두 술(Cruzeiro do Sul), 보케이랑 다 에스페란사(Boqueirão da Esperança) 마을을 경유한다. 300억 달러의 비용으로 철도의 총 길이는 약 4,400km가 될 것이다. 2018년 2월 지파라나(브라질 혼도니아 주도)에서 열린 회의에서 브라질 3개 주지사(아크리주, 혼도니아주, 마투그로수주)와 주중 중국 대사인 지진장(Ji Jinjang)이 기준을 설정하고 브라질과 중국 사이의 국제 경제 파트너십의 이익을 분명히 강화하는 의도의 의정서에 서명했다(Maia, 2018).

2003년부터 2018년 4월까지 중국은 브라질에 262개의 프로젝트(106개 발표, 102개 확정)를 설립했으며, 총가치는 1,267억 달러(713억 달러 발표, 554억 달러 확정)이다(Ministério do Planejamento, Desenvimento e Gestang, 2018a). 2000년과 2014년 사이에 중국의 투자는 특히 광업 분야(34%)와 중국이 상당한 경험을 쌓은 에너지 분야(57%)에서 높게 나타났다(Moreira, 2015).

브라질에서의 중국: 경제적 존재감 vs. 정치적 영향

브라질 경제에서 중국의 존재감이 매우 빠르게 성장한 것은 브라질 외교정책에서 중국의 중요성의 증가를 동반했다. 이는 최근에야 나타난 과정으로 양국 관계의 역사적 밀도가 상대적으로 낮았던 것과는 대조적이다. 브라질은 1974년에야 중화인민공화국을 인정했고, 에르네스토 가이젤 정부(1974-1979) 시절부터 1990년대 후반까지 관계 정상화의 상당 기간 동안 양자 관계는 그다지 역동적이지 않았다(Becard, 2008).

이러한 과정은 위성 개발에서 우주 협력과 같은 양자 의제의 특정 주제에 의해 특징지어졌다. 그러나 기업인들과 외교관들의 인식은 좋은 경제적 기회의 부족과 국제 의제에 대한 정치적 수렴 영역이 거의 존재하지 않았기 때문에 역동성이 거의 없는 양자 관계에 영향을 미쳤으며, 브라질은 중국에 대한 관심이 거의 없었다. 반면, 중국은 중남미에서 브라질과의 정치적 관계 심화를 모색한 최초의 신흥국 중 하나로 중남미에서 브라질의 상대적 비중, 정치적 리더십 역량, 소비시장의 관련성, 중국 경제를 위한 전략적 자원 공급자로서의 중요성 등을 인정했다(Altemani de Oliveira, 2010).

2000년대 초부터 브라질의 주요 국제 파트너 그룹에 중국이 추가된 것은 브라질의 우선순위 관계에 혁명을 예고했다. 사실, 1990년대 초부터 브라질은 자국의 경제적 능력과 정치적 영향력을 제고하기 위해 중국, 러시아, 인도와 같은 지역 강국과의 유대 강화를 위한 보다 일관된 전략을 구축하는 것이 시급하다고 인식하기 시작했다. 그리고 정치적 영향력, 이 전략은 페르난도 엔리케 카르도주 정부(1994-2002)에 의해 시작되었으며, 2003년부터 시작된 노동자당 정부 초기에 강력한 우선순위로 강조되기 시작했다(Lessa, 2017).

처음에 노동자당은 광범위한 영역과 보다 일반적인 전략의 관점에서 과거와의 연속성을 유지하기 위한 외교정책을 수립하고 시행했다. 예를 들어, 다극화된 국제질서를 강화하고 세계적인 다자간 공간을 중시하기 위해 행동하기로 결정했다. 그러나 정치와 국제정치 부문에서 주목할 만한 외교정책의 변화가 있었다. 이것은 브라질이 국제적 명성을 끈질기고 단호하게 추구하는 것에서 볼 수 있으며, 이러한 맥락에서 유엔 기구의 개혁 요구 및 안보리 상임이사국 진출과 같은 야망으로 표현되었다. 마찬가지로, 브라질은 세계무역기구(WTO)의 도하 라운드의 발전과 2008년 글로벌 금융위기의 맥락에서 경제시스템의 안정성과 기후 변화의 새로운 의제와 같은 수많은 문제에서 중요한 역할을 요구했다. 한마디로 룰라 정부는 상대적으로 안정된 국내 경제 상황과 중국의 경제성장으로 인한 브라질 경제의 호황이 낳은 자신감을 통해 대외정책 전략을 전환했다(Cervo & Lessa, 2014).

2000년대 초반 이후 브라질에서 중국의 존재감은 정치적으로나 외교적으로, 그리고 특히 경제 부문에서 눈부시게 성장했다. 이런 의미에서, 브라질은 확고한 세계적 추세를 따라왔고, 중국은 많은 국가에 중요한 전략적 변수가 되었다. 브라질에서는 중국의 투자가 아직 전통적인 파트너(특히 미국, 일본 및 일부 유럽 강대국)를 대체하지는 않았지만, 우리가 위에서 지적했듯이, 중국의 엄청난 성장은 21세기 초 국제정치적 지형의 가장 주목할 만한 변화 중 하나를 나타낸다.

룰라 대통령의 첫 번째 국제적 미션은 당연히 2004년 양국 관계 수립 30주년을 기념하여 중국을 방문한 것이었다. 대통령은 300개의 기업 단체가 참가한 해외 최대 기업인 대표단을 수행단에 포함시켰다(Altmani de Oliveira, 2004). 동 방문의 의제에는 중국이 제기한 중요한 주장이나 중국 정부를 괴롭히는 문제와 관련된 주장에 대한 브라질의 지지를 명확히 보여주는 내용이 포함됐다. 예를 들어 룰라 다 시우바는 브라질이 중국이 주장하는 시장경제 지위를 지지할 것이며, 이는 세계무역기구에서 브라질의 지위를 바꿀 것이라고 말했다. 그는 또한 브라질이 유엔 인권위원회에서 채택한 중국에 대한 지지 입장을 재차 강조하면서 중국의 인권 상황을 비난하는 결의안 초안을 저지하고 격퇴하기 위해 행동했다(Haibin, 2010).

상품에 대한 수요 증가는 또한 중국이 빠르게 브라질의 주요 무역 상대국이 되었음을 의미하였으며, 2013년에 중국은 미국을 제치고 브라질 제1의 수출대상국 지위를 차지했다. 1차 산품의 중요성이 증가함에 따라 브라질 경제는 1차 산품의 비중이 증가하였으며, 탈산업화와 같은 어려움을 겪었다. 많은 사람들은 이러한 브라질의 어려움을 중국이 브라질에서 점점 더 존재감을 높이고 있는 것의 역효과라고 주장하고 있으며, 결과적으로 노동자당 정부의 외교정책의 부정적인 영향 중 하나로 강조하고 있다(Cervo & Lessa, 2014; Lessa, 2017).

경제와 외교정책 모두에서 브라질에 대한 중국의 중요성의 성장은 브라질의 다른 지역과의 관계에도 영향을 미쳤다. 예를 들어 룰라 정부 시절 국제적 행동의 새로운 국면을 맞아 대외관계를 확대하는 야심 찬 정책이 수립됐다. 이 정책의 특권적인 공간 중 하나는 노동자당이 이끄는 정부 동안 장려된 정책인 아프리카였다. 그러나 브라질의 아프리카 내 정치적 · 경제적 영향력 확장에 대한 시도는 여러 장애물에 부딪혔으며, 가장 중요한 것 중 하나는 아프리카 대륙에 대한 중국의 새로운 정치적 · 경제적 영향력과의 충돌이었다(Abdenur, 2015).

룰라 치하의 브라질도 아프리카와 중남미를 중심으로 국제적 위신 탐색을 활용하여 글로벌 리더십 자원으로 기능할 수 있는 개발협력 정책을 시행하고자 하는 야심을 가지고 있었다(Dauvergne & Farias, 2012). 이 기간 동안 브라질의 경험은 중국의 야망에 의해 제한되었는데, 중국의 협력 정책은 더 많은 자원, 더 많은 결단력, 그리고 더 명확하게 무역 및 투자 정책과 연결된 목표로 확장되었다(Quadir, 2013).

중국은 또한 노동자당 정부가 설계한 국제 전략의 가장 중요한 요소들 중 하나인 유엔의 개혁, 특히 브라질의 안보리 상임이사국 진출 시도에 매우 중요하면서도 부정적인 역할을 했다. 유엔 안보리 상임이사국 진출은 브라질 외교정책의 가장 중요한 목표가 되었고, 이러한 큰 야망에 비추어 전통적인 문제에 대한 많은 새로운 이니셔티브와 혁신적인 접근법을 볼 수 있다. 브라질은 처음에 독일, 일본, 인도를 포함한 소위 "Group of Four"의 창설이라는 맥락에서 이러한 야망을 표명했으나, 중국과 다른 국가들이 공공연히 제도 개혁의 가능성에 반대했다.

노동자당 정부는 또한 중국이 직간접적으로 참여하는 창조적인 외교정책 의제를 운영했다. 가장 주목할 만한 것은 정치적 그룹으로 공식화된 브릭(BRIC)의 초기 설립이었다. 처음에는 브라질, 러시아, 인도, 중국으로 구성되었다가 나중에는 남아프리카 공화국이 합류하며 브릭스(BRICS)가 되었고, 주로 반서방 의제의 형성에 주목할 만한 경향을 보이는 협의와 표현의 공간으로 구상되었다(Kiely, 2015).

브릭스에 대한 브라질의 입장은 모호했다. 한편으로는 통합된 정치적 합의, 특히 유엔에 비판적인 입장을 채택하는 것에 대한 저항이 있었고, 반헤게모니 담론에 대한 신중한 거부가 있었다. 한편, 2009년 남아공 더반에서 열린 제5차 브릭스 정상회의에서 발표된 브릭스의 제도적 진화, 특히 신개발은행 창설은 특히 중요했다. 브라질의 관심은 인프라 프로젝트에 자금을 조달하고 세계은행 과 국제통화기금의 대안적 안정화 메커니즘으로 작용할 수 있는 은행의 잠재력 으로 설명된다. 그것의 관심은 노동자당 임기의 마지막 단계인 경제적 · 정치적 위기 특성의 맥락에서 확장과 새로운 자금원 모색이 새로운 외교정책 관심사가 되었다는 사실로도 설명된다.

정치적 측면에서 보면, 브라질 외교정책에서, 특히 지우마 호세프(2011-2016)의 임기 동안, 브릭스 그룹이 차지하는 위치의 진화는 다른 파트너들의 보다 적극적인 입장에 직면하여 후퇴와 위협의 자세를 보여줬다. 브릭스 그룹 에서 러시아와 중국의 리더십 부상을 무감각하게 받아들인 브라질은 시리아 전 쟁으로 인한 인도주의적 위기와 크림반도 위기와 같은 문제에 대해 침묵했다 (Lessa, 2017).

지우마 호세프의 2기(2015-2016년)에 발발한 정치 · 경제적 위기는 브라질 에서 중국의 정치적 영향력이 확대되는 실제 순간을 의미한다. 2015년 상반기 호세프 탄핵으로 이어질 정치적 위기는 2008년 시작된 글로벌 위기와 원자재 사이클의 종료에서 비롯된 경제적 무기력에 영향을 받았다. 다만 브라질 위기가 거시경제 정책을 관리하고 정치적 불확실성이 경제활동에 미치는 영향을 완화하지 못하는 무능함에 기인한 것은 분명하다. 정부가 인프라 등 핵심 분야에서 적극적인 투자 정책을 유지하지 못한 것은 재원 부족과 규제 불확실성이 원인으로 설명됐다.

이러한 맥락에서 2015년 5월 리커창 중국 총리의 브라질 방문은 정부에 의해 중요한 정치적 사건으로 받아들여졌고, 중국의 대브라질 정책의 전환점을 의미했다. 당시 중국은 다양한 분야에서 약 530억 달러의 초대형 투자 패키지를 발표했다. 이는 위기 상황에서 경제 산출물을 생산할 수 있는 능력을 재확인하는 것, 그리고 중국이 브라질의 일원이라는 분명한 자신감의 표현을 상징하는 것이었다. 어쨌든 리커창의 방문과 그것이 지우마 호세프 정부의 대내외 정책에 미치는 영향에 대해 정치 평론가들 및 브라질리아의 외교 참모들이 곤혹스럽게 바라보았으며, 그 효과는 아직 평가되지 않고 있다.

브라질 전력 부문에의 중국의 참여: 경험적 결과

2003년부터 2018년 4월까지 에너지 및 추출 부문은 브라질에서 확인된 투자의 85% 이상(에너지 46%, 석유 및 가스 30%, 광물 추출 8%, 자동차 4%, 농업-비즈니스 4%, 금융 서비스 3%, 물류 및 운송 2%)을 포함하는 중국 비즈니스의 매우 중요한 부분이 되었다(Ministério do Planejamento, Desenvolvimento e Gestão, 2018a).

중국은 에너지 문제를 경제와 국가 안보의 핵심으로 보고 있다. 후와 리앙(Hu and Liang, 2011)에 따르면 보다 깨끗하고 효율적인 에너지 개발을 위한 제안이 진행 중이며, 제11차 5개년 계획(2006-2010)에서는 중국의 중기 목표 중 하나로 중국의 "녹색 발전(green development)"을 제시하였다. 더 높은 수준의 생산과 산업 부문의 확장이 요구되는 상황에서 지속적인 성장을 뒷받침하는 에너지 자원에 대한 접근은 중국의 성장과 발전 속도의 균형과 지속 가능성에 매우 중요해졌다.

2013년 1월 1일, 중국 국무원(State Council)은 12차 에너지 개발 5개년 계획(2011-2015)을 발표했다. 이 계획은 국제적으로나 국내적으로 중국이 직면하고 있는 점점 더 많은 우려를 해결하고 중국을 보다 안전하고 환경친화적인 에너지 공급 상황을 달성하기 위한 길로 인도하는 것을 목표로 했다.

중국의 13차 에너지 개발 5개년 계획은 에너지 시스템 최적화, 에너지 제품 촉진 및 소비 개혁을 목표로 하는 에너지 개발(2016-2020)에서는 깨끗하고 탄소 배출을 줄이며, 안전하고 효율적인 현대 에너지 시스템을 구축하는 것을 주요 목표로 제시하였다. 이 계획에서, 연계성에 대한 협력은 특히 "일대일로"를 따라 있는 국가들과의 에너지 협력 프로젝트를 가속화하고 에너지 인프라 상호 연결을 촉진하는 것을 목표로 한다. 글로벌 차원에서 이 계획은 중국의 해외 주요 전력 프로젝트 참여를 현지 상황에 맞게 장려한다. 중국의 신에너지 프로젝트에 대한 투자와 건설, 해외 에너지 네트워크(투자, 건설, 운영) 개발에 참여할 의사는 분명하다.[6]

중국의 브라질 투자를 설명하는 핵심 요인은 에너지 분야 내 중국의 기술 역량이다(Becard & Macedo, 2014: 156). 이 전제를 바탕으로 에너지 인프라에 대한 중국 전문 지식의 긍정적이고 질적인 변화를 고려한다면 브라질 전력 부문 내 새로운 비즈니스 기회에 대한 중국인의 관심이 증가할 것으로 예상된다.

국제에너지기구(IEA, 2013)에 따르면, 지난 10년간 에너지 분야에서 중국-브라질 관계는 양국 간의 혁신역량과 투자 흐름 창출 증가로 인해 심화되었다.

국제에너지기구는 브라질의 풍부한 에너지 자원, 중국의 막대한 프로젝트 자금 조달 잠재력, 브라질과 중국의 기술 역량 강화 등의 요소를 새로운 비즈니스 기회의 출현을 설명하는 요인으로 꼽았다(IEA, 2013).

2008년 6월 브라질 전력 부문에 중국 국유기업의 진출이 시작되었다. 당시 스페인의 컨소시엄인 아이솔룩스 코르산(Isolux Corsan)은 투쿠리 송전선을 구매했다. 이를 위해 컨소시엄은 중국국영전력공정유한공사(China National Electric Engineering Co., CNEEC)를 영입하며 저장성전력송전·변전공사(Zhejiang Electric Power Transmission & Transformation Corporation of China), 중국케이블공사(China Cable Corporation)와 같은 회사들도 품게 되었다. 하지만 세계에서 가장 큰 전기 에너지 회사인 중국 국가전망공사(State Grid Corporation of China)는 2년 후인 2010년에야 브라질 전력 부문에 진출하게 되었다. 브라질에서 운영이 시작된 이후 중국 국가전망공사는 전력 부문에서 23개의 양허를 얻었다. 동사는 약 65억 R$의 투자를 통해 전국에 1만 4천 킬로미터 이상의 송전선로를 통제하고 있으며 500명 이상의 직원을 보유하고 있다(Merker, 2018). 중국 국가전망공사 부사장인 쿠 양(Qu Yang)에 따르면, 이 회사는 향후 5년 동안 발전, 전송 및 기타 부문에 대한 예상 기여를 포함하여 1,400억 달러를 브라질에 투자할 것이라 밝혔다. 전기 에너지 전송에 투자할 자원만 900억 R$로 추정된다(Spring, 2018).

세계 최대 규모인 싼샤 수력발전소를 운영하는 중국 장강삼협집단공사(CTG)는 5년 뒤인 2013년 브라질에 진출했다. 아래에서 볼 수 있듯이 중국 국가전망공사와 장강삼협집단공사가 앞으로 브라질 전기 부문의 주요 행위자 중 하나가 될 것이라는 강력한 증거가 있다.

중국 국가전망공사 브라질 홀딩(State Grid Brazil Holding)

2014년부터 브라질 내부의 정치적 격동이 지속되면서 여러 현지 기업이 전력 부문에 투자하지 못하고 매우 낮은 가격에 자산을 매각하기 시작했다. 같은 기간 브라질 경제사회개발은행(BNDES)의 대출도 감소했다. 중국 은행들은 가용한 자금 자원, 초과 외환보유고, 유리한 환율로 인해 브라질 내 중국 기업의 프로젝트에서 금융기관의 역할을 맡기 시작했다(Cigano & Benetti, 2018). 루이스 아우구스토 카스트로 네비스(Luiz Augusto Castro Neves) 브라질 · 중국 기업평의회 의장은 중국 경제가 둔화되고 3조 달러가 넘는 외환보유고를 보유한 상황에서 중국 기업들이 이 돈을 쓸 방법을 찾아야 한다고 지적했다. 중국의 투자 욕구는 그간 투자 공급이 그리 많지 않았던 브라질로 향했다(Filgueiras, 2016).

2014년 2월 IE 벨로 몬테 컨소시엄(IE Belo Monte Consortium)은 파라(Pará)주 벨로 몬테 댐에서 생산한 에너지를 브라질 남동부 지역으로 수송할 송전선로 건설권을 따냈다. 중국 국가전망공사 브라질 홀딩(51%)과 브라질 회사인 푸르나스 센트럴 일렉트릭 SA(Frunas Central Electric SA, 24.5%) 및 일레트로노르치(Electronorte, 24.5%)가 이끄는 IE 벨로 몬테 컨소시엄의 성공은 서구 선진국 기업이 아닌 중국 선도 기업이 주도하는 브라질 전기 부문의 새로운 투자 사이클을 의미했다(Becard & Macedo, 2014).

2015년 7월, 중국 국가전망공사는 파라주에 있는 벨로 몬테 댐에서 생산한 에너지를 브라질 남동부 지역으로 운송하기 위한 두 번째 송전선로 건설(100%)에 참여할 수 있는 권리를 획득했다. 이 두 번째 송전선은 2,500km까지 확장될 것이며, 20억 달러의 비용이 소요될 것이다. 주세 다 코스타 카르발류 네투(José da Costa Carvalho Neto) 당시 엘레트로브라스(Eletrobrás) 회장에 따르면 컨소시엄의 공격적인 입찰은 계약자 및 공급업체와의 사전 협의 덕분에 가능했으며, 이로 인해 브라질 전력공사(ANEEL)가 제안한 51억 달러 미만의 가격으로 입찰할 수 있었다(Alvarenga, 2014).

중국 국가전망공사는 실제로 송배전 분야의 글로벌 기술 선도업체이자 장거리 송전 분야의 세계적 선도업체로 브라질 기업들과 기술 및 지식 교류의 가능성을 열어놓고 있다. 벨로 몬테 프로젝트의 경우, 중국 국가전망공사는 선구적인 기술(800kV 이상 전압)을 사용하여 매우 높은 전압의 송전선을 사용할 것이다(CPFL, 2017).

2017년 1월 중국 국가전망공사는 브라질에서 전력 부문 최대의 민간그룹인 CPFL Energia(Compania Paulista de Forsa e Luz)의 지배 주주가 되었다. 중국 국가전망공사는 카마르고 코레아(Camargo Corrêa) 그룹과 연기금 프레비(Previ), 푼다써웅 쎄스피(Fundação Cesp), 사베스프레브(Sabesprev), 시스텔(Sistel), 페트로스(Petros)로부터 54.64%의 지분을 인수했다. 또한 중국 국가전망공사는 중국 전역에 3억 개 이상의 디지털 미터(digital meter)를 설치하고, 특히 재생 에너지와 모빌리티 에너지 분야에서 저탄소 기술을 지원하고 투자하는 등 스마트 그리드 프로젝트에 광범위한 경험을 가지고 있다. 이러한 조치는 브라질의 스마트 그리드에 대한 투자를 주도하고 재생 가능 에너지원과 전기 이동성에 초점을 맞춘 프로젝트를 개발해 온 CPFL Energia 그룹의 전략적 추진 요인과 일치한다. 104년째 전기 분야에 종사하고 있는 CPFL Energia는 유통, 발전, 사업화, 서비스, 통신 부문을 중심으로 운영되고 있다.[7]

중국 삼협총공사(China Three Gorges)

세계 최대 규모인 싼샤 수력발전소를 운영하는 중국 삼협총공사(CTG)가 2013년 브라질에 진출했다. 중국 삼협총공사는 브라질의 전력 시스템에서 매우 활동적이었으며 현재 브라질에서 두 번째로 큰 에너지 발전기업이다. 중국 삼협총공사는 2018년까지 브라질에 230억 R$를 인수 및 자산 개선에 투자했다(Caetano & Nogueira, 2017).

중국 삼협총공사의 브라질 사업은 2013년 EDP(Energia de Portugal) 자산 인수, 2014년 파라주의 산투 안토니우 두 자리(Santo Antônio do Jari) 수력발전소 인수, 2015년 수력발전소 주피아(Jupiá)와 일랴 솔테이라 브라질 에너지(Ilha Solteira Brazil Energy) 인수 등이 있다. 2016년 11월, 중국 삼협총공사는 듀크 에너지 인터내셔널 브라질 홀딩스(Duke Energy International Brasil Holdings)의 모든 주식을 사들였으며, 이 계약은 12억 달러에 체결되었다(Valor Economico, 2016). 중국 삼협총공사의 자산에는 파라나파네마강(Paranapanema River)에 위치한 총 설치 용량 2,242MW의 수력발전소 8기와 상파울루주 사푸카이 미림강(Sapucai-Mirim River)에 위치한 총 설치 용량 16MW의 소규모 수력발전소 2기가 포함되었다(CTG Brasil, 2016). 이러한 인수 결과 중국 삼협총공사는 8.27GW의 설치 발전 용량을 달성하였으며, 브라질 최대 수력발전소인 이타이푸(Itaipu)는 14GW의 설치 용량을 달성하였다(Caetano & Nogueira, 2017).

최근 동향

2012년 이후 에너지 부문의 규제 프레임워크가 재조정된 것 외에도, 페트로브라스(Petrobras), 엘레트로브라스(Eletrobrás), 카마르고 코헤아(Camargo Corrêa), 오데브레시(Odebrecht), OAS, 케이로스 갈버웅(Queiroz Galvão)과 같은 부문의 주요 투자자들은 브라질 부패 수사인 라바 자투(Lava Jato) 작전의 직접적인 영향을 받았다. 이들 기업도 정부와의 선처 협상과 관련해 부채를 줄이고 사업에 투자하며 벌금과 배상금을 내기 위해 자본 확보를 위한 자산을 매각했다. 관심 있는 브라질 투자자들에게는 자금 조달 비용이 높았다. 프랑스-벨기에의 엔지(Engie), 독일의 E.ON 등 외국 기업들은 유럽 경기 둔화와 중남미의 운영 조정이 비즈니스에 발목을 잡았다. LCA 컨설팅의 이사인 페르난두 카마르구(Fernando Camargo)는 "오늘날 브라질 정부의 대규모 경매를 실행할 수 있는 재정적 가용성을 가진 것은 사실상 중국뿐"이라고 언급하기도 했다(Filgueiras, 2016).

2017년 8월 21일 엘레트로브라스 그룹의 기업과 주 유통업체의 매각과 함께 연방정부가 민영화 정책을 채택한다는 발표는 전력 부문의 새로운 국면의 시작을 의미한다. 이는 또 다른 민영화가 브라질 국영기업에서 브라질 전력 매트릭스 운영에 대한 리더십 역할을 제거할 수 있기 때문이다(Rosas, 2017). 그러나 엘레트로브라스의 민영화 과정은 정부 안팎의 강한 저항으로 인해 완성되기가 요원하다. 실제로 로드리구 마이아(Rodrigo Maia) 하원의장은 2018년 7월 10일 다른 정당들과 엘레트로브라스의 민영화를 승인하는 법안을 표결에 부치지 않기로 합의했다고 밝혔다(Cunto, 2018). 이 과제는 2019년 1월에 취임한 차기 정부에 맡겨질 것이다.[8]

이미 일어나고 있는 변화와 앞으로 일어날 변화의 맥락에서, 국가 전력 부문의 구조 측면에서 적어도 세 가지 특징을 강조할 수 있다. 첫째로, 전력 산업은 여전히 대부분 국영이다. 둘째, 외국 기업들은 민간 기업이든 심지어 국영 기업이든 강력한 존재감을 가지고 있다. 셋째, 대기업이 전체 시장에서 차지하는 비중이 작기 때문에 시장집중도는 여전히 낮은 것으로 판단된다(Dieese, 2017: 6-7).

엘레트로브라스는 발전 용량 부문에서 1위를 차지했으며 프랑스의 트랙테벨(Tractebel), 브라질 미나스 제라이스(Minas Gerais) 주정부가 관리하는 세미그(Cemig) 및 중국 삼협총공사가 그 뒤를 이었다. 다만 듀크에너지의 자산 매입 절차가 완료되면 중국 국영그룹은 엘레트로브라스에 이어 두 번째로 큰 발전 용량을 갖게 된다. 미국의 AES 그룹은 발전 부문에서 6번째로 크고 유통 부문에서는 3번째로 크다. 중국이 통제하는 CPFL은 발전 부문에서 7번째, 유통 부문에서 4번째로 큰 규모이다. CPFL 인수로 현재 국내 송전 부문에서 가장 큰 기업 중 하나인 중국 국가전망공사가 발전과 유통 부문에 지분을 갖게 되면서 수직 구조가 구축되고 브라질 전기 부문에서 가장 큰 그룹 중 하나가 될 것이다. 에너지 분야에 대한 중국의 투자가 브라질뿐만 아니라 전 세계적으로 크게 증가했다는 것을 기억하는 것이 중요하다. 특히 브라질에서는 2005년부터 2015년까지 투자액이 700억 헤알에 달했다(Colombini Neto, 2016; Dieese, 2017).

이러한 민영화 정책이 지속된다면 브라질 전력 매트릭스의 계획과 운영에 대한 국가적 중요성이 변화될 소지가 있다. 어쨌든 중국 국영기업인 중국 삼협총공사 및 중국 국가전망공사가 이 분야의 주역이 될 조짐이 짙다. 브라질 기업 오데브레시가 부패수사 작전인 라바 자투 개시 후 시장점유율을 잃자 시노하이드로(Sinohydro), 중국 삼협총공사, 중국 국가전망공사 등 중국 기업들이 전기 부문에서 가장 많은 경험과 자금력을 보유한 계약업체로 부상했다(Ray, 2018).

현재의 경제 위기 동안 브라질 정부는 중국의 투자를 공공회계의 조정 과제에 대한 단기적인 구제책으로 보고 있다. 다만 중국과의 광범위한 협력사업을 통해 공공회계의 취약성을 극복하는 것이 양국의 전략적 관계를 제약할 수 있다는 분석도 있다. 비대칭 상황에서 중국은 전력과 같은 전략적 부문을 포함하여 브라질에 많은 대응물을 제공하도록 강요받지 않을 것이기 때문이다 (Valdez, 2017). 이 단기 역학 내에서 중국 국유기업은 큰 협상력을 보유할 것이며 브라질에 대한 투자 기회를 극대화하는 데 제한을 두지 않을 것이다. 궁극적으로 이 기회는 전체적으로 중국의 이익을 위한 진정한 중국 비즈니스의 구현으로 귀결될 것이다.

소결

중국 정부는 1970년대 후반부터 인프라 전략을 중심으로 한 개발 정책을 추진해 왔다. 국내 차원에서 이러한 전략은 국가를 통합하고 중국 서부의 농촌 인구를 해안 지역과 연결하는 것을 가능하게 하여 도시 노동 시장에서 더 큰 성장 잠재력을 제공했다. 지역 차원에서, 중국 정부는 광물과 에너지 상품과 같은 천연자원에 대한 접근을 창출하고 소비자 시장의 통합을 공고히 하기 위한 전략을 수립했다. 특히 일대일로 이니셔티브를 통한 중국의 주요 목표는 GDP를 증대시키고, 아시아에서 유럽으로 상업, 투자 및 인프라 연결을 확장하는 것이었다.

중국은 분명히 중남미를 글로벌 전략에 포함시켰다. 에너지와 원자재에 접근한 후, 중국은 현재 특히 중국 국영기업에 초점을 맞춘 인프라의 구현과 함께 이 대륙에서 전략을 진전시키고 있다. 2010년 브라질이 중국의 인프라 프로젝트와 점점 더 관련성이 높아짐에 따라 중국의 투자 목표에 상당한 변화가 일어났다.

2003년부터 2018년 4월까지 에너지 및 추출 부문은 중국의 브라질 사업의 핵심이 되었고 확정 투자의 85% 이상을 차지했다. 2008년부터 중국 기업들은 1990년대부터 브라질 전력회사나 자국에 위치한 다른 다국적 기업들의 자산을 인수하기 시작했는데, EDP 그룹(Energia de Portugal), 스페인의 ACS(Spanish Company for Activities and Services)가 대표적이다. 중국도 송전 사업을 위한 양허 경매에 참여하기 시작했다. 이로써 중국은 브라질 정부가 민영화를 계획하고 있는 엘레트로브라스에 이어 브라질에서 두 번째로 큰 에너지 생산국이 될 수 있었다.

우리는 이 장에서 중국이 브라질의 전력 분야에 꾸준히 투자하는 주요 이유 중 몇 가지를 고찰했다. 첫째, 중국의 13차 에너지 개발 5개년 계획(2016-2020)은 에너지 시스템 최적화, 에너지 생산 및 소비 개혁 촉진, 탈탄소화, 안전하고 효율적인 현대 에너지 시스템 구축을 목표로 하는 중국의 연결성을 통한 협력 원칙을 명확히 제시하고 있다. 중국은 현지 여건에 따라 에너지 협력사업을 가속화하고 에너지 인프라의 상호 연계를 촉진하며 주요 국제 에너지 프로젝트에 참여하는 방안을 모색하고 있다. 즉, 중국은 신에너지 프로젝트의 투자 및 건설에 참여하고 에너지 네트워크(투자, 건설, 운영)와 관련된 국제 프로젝트를 개발할 계획이다.

둘째, 중국의 대브라질 투자를 설명할 때 중국의 기술적 역량이 핵심 요소이다. 이러한 전제를 바탕으로 브라질 에너지 분야에서 중국의 존재감이 커지고 있는 것은 에너지 인프라에 대한 중국의 전문성이 질적인 측면에서 긍정적으로 변화한 결과라 볼 수 있다.

셋째, 브라질의 풍부한 에너지 자원과 브라질이 깊은 경제 위기에 직면하고 인프라 부족으로 어려움을 겪고 있는 시점에서의 중국의 프로젝트 자금 조달 능력과 같은 요소도 새로운 비즈니스 기회의 출현을 설명한다.

마지막으로, 우리는 더 넓은 의미에서 브라질의 에너지 부문 내 중국의 존재가 미치는 영향에 주목해야 한다. 중국 기업들은 브라질에서 전 세계의 많은 다양한 기업들과 경쟁하고 있으며, 그들의 매우 공격적이고 경쟁적인 가격 책정 및 프로젝트를 통해 긍정적인 결과를 얻고 있다. 중국 기업들이 브라질 전력회사와 다른 다국적 기업들을 인수하기 시작했으며, 중국은 이미 브라질에서 에너지의 생산과 송배전의 주요 주체 중 하나이다. 그러나 이러한 인수의 가속화 속도와 중국 기업들이 최근 몇 년 동안 발표하고 이행하는 계약의 수가 매우 증가하고 있다는 것은 중국이 브라질의 인프라, 특히 전력 부문에 미치는 영향의 규모와 영향을 이해하기에는 너무 이르다는 것을 나타낸다.

주

1 메그 리쓰마이어(Meg Rithmire)에 따르면(페리 아라스미스 인용, 2018), "현재 중국의 시장은 고도로 훈련된 노동 인력으로 포화상태에 있다. 일대일로는 포화되지 않은 시장에 이 노동자들을 투입할 수 있는 기회를 제공한다. 많은 개발도상국이 주요 인프라 프로젝트를 구축하는 데 필요한 전문가들이 부족한 상황에서 중국 노동자들은 이 공백을 메우기 위해 해외로 이동했다"(Arrasmith, 2018).

2 우리는 이 연구를 1차 및 2차 자료, 그리고 기술적·경제적 및 환경적 데이터 매트릭스에 기반하여 수행하였으며, 브라질 전력 부문에서의 중국 프로젝트를 식별하였다. 우리는 이 장을 작성하기 위해 중국과 브라질 간에 체결된 협정과 조약을 포함한 다양한 공개 문서에 접근했다. 이러한 문서들은 외교부(MRE)에서 입수할 수 있었으며, 발전 및 전송 허가 협정은 브라질 전력공사(ANEEL) 및 브라질 광업에너지부(MME)에서 입수할 수 있었다. 중국 기업이 공급자로서 또는 환경 라이선싱 과정에서 운영자로서 활동하는 경우, 브라질 환경재생천연자원연구소(IBAMA)의 환경 허가 과정을 포함하여 다양한 공개 문서에 접근했다.

3 브라질 전력공사(ANEEL)는 최종 소비자에 이르는 전기 공급 네트워크에 대한 규칙을 수립하고, 발전, 전송, 배전을 책임지는 공공 및 민간 서비스를 감독하며, 공공 서비스와 에너지의 구매 및 판매에 대한 공공 허가 경매를 촉진하는 연방 기관이다. www.aneel.gov.br에서 확인할 수 있다.

4 브라질은 국영 석유 회사 페트로브라스(PETROBRAS)에서 시작된 부패 사건으로 혼란을 겪었으며, 2014년 이후로 국가의 정치 및 경제 엘리트들은 전례 없이 조사 및 기소되어 왔다. 이는 라바 자투(Lava Jato) 작전의 결과로, 이 사건은 세계에서 가장 주목받는 부패사건 중 하나이다.

5 리커창(Li Keqiang) 총리는 2015년 5월 18일부터 21일까지 브라질을 방문했다. 이 방문 동안 전략 기획, 인프라, 교통, 농업, 에너지, 광업, 과학기술 및 무역 분야에서 총 35개의 협력 협정이 체결되었다(Matoso, 2015).

6 중국의 에너지 개발에 대한 5개년 계획은 (https://policy.asiapacificenergy.org/node/2918)에서 확인할 수 있다.

7 CPFL은 브라질 전력 분배 시장에서 14.3%의 점유율을 가지며, 상파울루, 히우-그란지두술, 미나스 제라이스 및 파라나주의 679개 도시에서 910만 고객을 보유한 선두 업체이다. 발전 부문에서는 깨끗하고 재생 가능한 에너지원을 기반으로 한 포트폴리오를 가지고 있으며 브라질에서 세 번째로 큰 민간 기업이다. CPFL은 각 발전 자산의 동등한 참여를 고려하여 설치 용량 2,248MW를 보유하고 있다. 2011년에는 풍력발전소, 바이오매스 열병합발전소 및 상파울루주의 선도적인 탕퀴뉴(Tanquinho) 태양 발전소와 같은 자산을 보유한 CPFL Renováveis(Renewable)를 창설했다(CPFL, 2017).

8 역자주: 브라질 정부는 브라질 보우소나루 대통령 재임 당시인 2022년 6월 엘레트로브라스의 민영화 작업에 착수하였다.

참고문헌

Abdenur, A. E. (2015). China in Africa, viewed from Brazil. *The Journal of Asian Studies*, 74(02), 257–267.

Alvarenga, D. (2014, February 07). Consórcio de Chineses e Eletrobras vence leilão de linha de Belo Monte. *G1 Economia*. Retrieved from http://g1.globo.com/economia/noticia/2014/02/consorcio-de-chineses-e-eletrobras-vence-leilao-de-linha-de-belo-monte.html

ANEEL. (2018, April). Agência Nacional de Energia Elétrica. Leilão de geração "A-4" termina com deságio de 59,07%. Retrieved from http://www.aneel. gov.br/sala-deimprensa-exibicao-2// asset_publisher/zXQREz8EVlZ6/content/leilao-de-geracao-a-4-termina-com-desagio-de-59-07-/656877?inherit Redirect=false&redirect=http%3A%2F%2Fwww.aneel.gov.br%2 Fsala-de-imprensa-exibicao-2%3Fp_p_id%3D101_INSTANCE_zXQREz8EVlZ6%26p_p_ lifecycle%3D0%26p_p_state%3Dnormal%26p_p_mode%3Dview%26p_p_col_ id%3Dcolumn-2%26p_p_col_pos%3D2%26p_p_col_count%3D3%26_101_ INSTANCE_ zXQREz8EVlZ6_advancedSearch%3Dfalse%26_101_ INSTANCE_zXQREz8EVlZ6_ keywords%3D%26_101_ INSTANCE_zXQREz8EVlZ6_delta%3D15%26p_r_p_564233524_ resetCur%3Dfalse%26_101_INSTANCE_zXQREz8EVlZ6_cur%3D2%26_101_ IN-STANCE_zXQREz8EVlZ6_andOperator%3Dtrue

Arrasmith, P. (2018, January 25). The road to the Middle Kingdom: China's New Silk Road. *Harvard Political Review*. Retrieved from http://harvardpolitics.com/world/the-road-to-the-middle-kingdom-chinas-new-silk-road

Arrighi, G. (2008). *Adam Smith em Pequim*. São Paulo: Boitempo.

Becard, D. S. R. (2008). *O Brasil e a República Popular Da China: Política Externa Comparada e Relações Bilaterais (1974–2004)*. Brasília: Fundação Alexandre de Gusmão.

Becard, D. S. R. (2017). China y Brasil: modelo de relaciones Sur-Sur? In E. P. Buelvas & H. Gehring (Org.), *La proyección de en América Latina y el Caribe* (1st ed., pp. 387–408). Bogotá: Editorial Pontifícia Universidad Javeriana; Fundación Konrad Adenauer.

Becard, D. S. R., & Macedo, B. V. (2014). Chinese multinational corporations in Brazil: Strategies and implications in energy and telecom sectors. *Revista Brasileira de Política Internacional*, 57(1), 143–161. https://doi.org/10.1590/0034-7329201400108

Becker, B. K. (1995). *A geopolítica na virada do milênio: logística e desenvolvim-ento sustentável. Geografia: conceitos e temas*. Rio de Janeiro: Bertrand Brasil.

Belt & Road. (2018). HKTDC belt and road portal. Retrieved from https://beltandroad.hktdc.com/

Brazil. (2012). Medida Provisória no. 579, de 11 de Setembro de 2012. Brasilia. Retrieved from http://

www.planalto.gov.br/ccivil_03/_Ato2011-2014/2012/Mpv/579.htm

Brazil. (2013). LEI No. 12.783, DE 11 DE JANEIRO DE 2013. Brasília. Retrieved from http://www.planalto.gov.br/ccivil_03/_Ato2011-2014/2013/Lei/L12783.htm

Caetano, R., & Nogueira, L. A. (2017, August 04). A China conquista o Brasil. *Isto É Dinheiro*. Retrieved from https://www.istoedinheiro.com.br/chinaconquista-o-brasil/

Casaburi, I. (2017). Report – Chinese investment trends in Europe 2016 – 17. Retrieved from http://www.novasbe.unl.pt/images/novasbe/files/chinese-investment-trends-in-europe.pdf

CEBC-Conselho Econômico Brasil-China. (2017). Investimentos Chineses No Brasil 2016. São Paulo. Retrieved from http://cebc.org.br/sites/default/files/investimentoschinesesnobrasil2016_pt.pdf

CEBC-Conselho Econômico Brasil-China and APEX-Agência Brasileira de Promoção de Exportações. (2015). Oportunidades de Comércio e Investimento na China para setores selecionados. Retrieved from http://cebc.org.br/sites/default/files/pesquisa_cebc_-_apex_versao_final-oficial.pdf

Cervo, A. L., & Lessa, A. C. (2014). O Declínio: Inserção Internacional Do Brasil (2011 – 2014). *Revista Brasileira de Política Internacional*, 57(2), 133 – 151. https://doi.org/10.1590/0034-7329201400308

Cigano, C., & Benetti, E. (2018, January 30). Investimentos da China no Brasil voltam a crescer. *NCS Diário Catarinense*. Retrieved from http://dc.clicrbs.com.br/sc/noticias/noticia/2018/01/investimentos-da-china-no-brasil-voltam-a-crescer-10136995.html

Colombini Neto, I. (2016). Dinâmica Capitalista dos Investimentos Chineses no Brasil. *ActionAid*. Retrieved from http://actionaid.org.br/wp-content/files_mf/1493418194actionaind_investimentoschineses_web_2.pdf

CPFL. (2017). Relatório Anual 2017. Retrieved from https://www.cpfl.com.br/institucional/relatorio-anual/Documents/relatorio-anual-2017.pdf

Cunto, R. (2018, July 10). Maia diz que não votará privatização da Eletrobras este ano. *Valor Econômico*. Retrieved from https://www.valor.com.br/politica/5650407/maia-diz-que-nao-votara-privatizacao-da-eletrobras-este-ano

Dauvergne, P., & Farias, D. B. L. (2012). The rise of Brazil as a global development power. *Third World Quarterly*, 33(5), 903 – 917. https://doi.org/10.1080/01436597.2012.674704

Dieese. (2017, March 2017). Privatização, desnacionalização e terceirização do setor elétrico brasileiro. *Nota técnica* no. 173. Retrieved from https://www.dieese.org.br/notatecnica/2017/notaTec173PrivatizacaoSetorEletrico.pdf

Dunning, J. H., & Pitelis, C. N. (2008). Stephen Hymer's contribution to international business scholarship: An assessment and extension. *Journal of International Business Studies*, 39(1), 167 – 176.

https://doi.org/10.1057/palgrave.jibs.8400328

Filgueiras, M. L. (2016, August 11). O setor elétrico brasileiro caiu no colo dos chineses. *Revista Exame*. Retrieved from https://exame.abril.com.br/revista-exame/o-setor-eletrico-brasileiro-caiu-no-colo-dos-chineses/

Flemes, D., & Saraiva, M. G. (2014). Potências Emergentes Na Ordem de Redes: O Caso Do Brasil. *Revista Brasileira de Política Internacional*, 57(2), 214 – 232. https://doi.org/10.1590/0034-7329201400312

Haibin, N. (2010). Emerging global partnership: Brazil and China. *Revista Brasileira de Política Internacional*, 53(Special), 183 – 192. https://doi.org/10.1590/S0034-73292010000300011

Hu, A., & Liang, J. (2011, March 08). China's green era begins. *China Dialogue*. Retrieved from https://www.chinadialogue.net/article/show/ single/en/4149-China-s-green-era-begins

International Energy Agency (IEA). (2013). *Energy investments and technology transfer across emerging countries: The case of Brazil and China*. OCDE/ IEA. Retrieved from http://www.iea.org/publications/freepublications/publication/PCS_ChinaBrazil_FINAL_WEB.pdf

Jacques, M. (2009). *When China rules the world: The end of the western world and the birth of a new global order*. London: Penguin.

Khanna, P. (2016). *Connectography: Mapping the future of global civilization*. London: Random House.

Kiely, Ray. The BRICs, US Decline and Global Transformations. Palgrave Macmillan, 2015. https://doi.org/10.1057/9781137499974.

Lessa, A. C. (2017). A Política Externa Brasileira No Ciclo Do Partido Dos Trabalhadores – Continuidades, Inovações e Retrocessos (2003 – 2016). *Revista Politika*, 5, 6 – 23.

Maia, T. (2018, February 2018). Ferrovia Transoceânica Começa a Sair Do Papel. *Expresso Amazônico*. Retrieved from http://www.expressoamazonia.com.br/index.php/economia/413-ferrovia-transoceanica-comeca-a-sair-do-papel.html

Matoso, F. (2015, May 19). Brasil Assina 35 Acordos Com a China Em Visita Do Premiê Li Keqiang – Notícias Em Política. *G1 - Política*. Retrieved from http://g1.globo.com/politica/noticia/2015/05/brasil-assina-35-acordos-comchina-em-visita-do-premie-li-keqiang.html

Merker, J. (2018, February 19). State Grid adota solução de RH da RSI redes. *Baguete Notícias*. Retrieved from https://www.baguete.com.br/noticias/19/02/2018/state-grid-adota-solucao-de-rh-da-rsi-redes

Ministério do Planejamento, Desenvolvimento e Gestão. (2018a). Boletim Bimestral sobre Investimentos Chineses no Brasil – no. 4. March/April.

Ministério do Planejamento, Desenvolvimento e Gestão. (2018b). Boletim Bimestral sobre Investimentos Chineses no Brasil – no. 5. May/June.

Moreira, M. M. (2015). *Beyond the Boom: Towards a Mature China-LAC Relationship*. Workshop: New Trends in China-Latin America Relations, Elliot School of International Relations, Sigur Center for Asian Studies, 19 novembre.

Nonnenberg, M. J. B., & Mendonça, M. J. C. (2005). Determinantes Dos Investimentos Diretos Externos Em Países Em Desenvolvimento. *Estudos Econômicos*, 35(4), 631 – 655. https://doi.org/10.1590/S0101-41612005000400002

Oliveira, H. A. (2004). Brasil-China: Trinta Anos de Uma Parceria Estratégica. *Revista Brasileira de Política Internacional*, 47(1), 7 – 30. https://doi.org/10.1590/S0034-73292004000100002

Oliveira, H. A. (2010). Brasil e China: Uma Nova Aliança Não Escrita? *Revista Brasileira de Política Internacional*, 53(2), 88 – 105. https://doi.org/10.1590/S0034-73292010000200005

Polito, R., & Pedroso, R. (2014, October 21). Energia é desafio para início do novo mandato. *Valor Econômico*. Retrieved from http://www.cmuenergia.com.br/site/Noticia/Energia_e_desafio_para_inicio_do_novo_mandato/282

Presidência da República. (2015a). Plano de Ação Conjunta amplia Investimentos em infraestrutura, comércio e educação. *Blog do Planalto*, 19 mai.

Presidência da República. (2015b). Ferrovia Bioceânica é projeto realista e pode ser feita por partes. *Blog do Planalto*, 10 juin [page consultée le 12 janvier 2016].

Quadir, F. (2013). Rising donors and the new narrative of 'South – South' cooperation: What prospects for changing the landscape of development assistance programmes? *Third World Quarterly*, 34(2), 321 – 338. https://doi.org/10.1080/ 01436597.2013.775788

Ray, R. (2018). *China-Latin America Economic Bulletin 2018 Edition*. Global Development Policy Center - Boston University, Discussion Paper 2018-1. Retrieved from https://www.bu.edu/gdp/files/2018/04/C-LAC-Bulletin2018.pdf

Repórter Brasil. (2016). Quem são os chineses de olho na Amazônia? Retrieved from http://reporterbrasil.org.br/2016/02/quem-sao-os-chineses-de-olhona-amazonia/

Rosas, R. (2017, August 21). Ministério vai propor privatização da Eletrobras. *Valor Econômico*. Retrieved from https://www.valor.com.br/empresas/5088880/ministerio-vai-propor-privatizacao-da-eletrobras

Savoia, R. (2013). Uma visão crítica: preços de energia no Brasil. *Forum Latino Americano de Smart Grid*. Retrieved from http://www.smartgrid.com.br/eventos/smartgrid2013/apresentacao/ricardo_savoia.pdf

Scissors, D. (2010, August 07). Where China invests, and why it matters. *The Heritage Foundation*. Retrieved from http://www.heritage.org/asia/commentary/where-china-invests-and-why-it-matters

Small, A. (2018, February). The backlash to Belt and Road: A South Asian battle over Chinese economic power. *Foreign Affairs*. Retrieved from https://www.foreignaffairs.com/articles/china/2018-02-16/backlash-belt-and-road

Spring, J. (2018, May 30). State Grid prevê investir 140 bi no Brasil nos próximos cinco anos. *Economia Uol*. Retrieved from https://economia.uol.com.br/noticias/reuters/2018/05/30/state-grid-preve-investir-r140-bi-no-brasil-nos-proximos-cinco-anos.htm

Sutter, R. (2016). *Chinese foreign relations: Power and policy since the Cold War* (4th ed.). New York; London: Rowman & Littlefield.

Valdez, R. (2017). As relações entre o Brasil e a China frente aos desafios impostos pelo ajuste fiscal. *Panorama Internacional*, 2(3). Retrieved from http://panoramainternacional.fee.tche.br/article/as-relacoes-entre-o-brasil-e-a-china-frente-aos-desafios-impostos-pelo-ajuste-fiscal/

Valor Econômico. (2016). CTG busca mais aquisições no país. Retrieved from https://abrapch.org.br/2016/04/04/ctg-busca-mais-aquisicoes-no-pais/

Wang, Y. (2014, March). China's new foreign policy: Transformations and challenges reflected in changing discourse. *ASAN Forum*. Retrieved from http://www.theasanforum.org/chinas-new-foreign-policy-transformations-and-challenges-reflected-in-changing-discourse/

제4장

브라질 국제정치에서 중국과의 협력관계: 글로벌 전략적 파트너십의 범위와 이익

링컨 비소세로 레벨레스(Lincoln Bizzozero Revelez),
안드레스 라히오(Andrés Raggio)*

서론

브라질과 중국의 외교관계 복원은 1974년 에르네스토 가이젤(Ernesto Gei-sel) 정부 시절 책임 있는 실용주의 외교정책의 맥락에서 이루어졌다(Becard & Ramos, 2008). 책임 있는 실용주의는 마오쩌둥의 세 개의 세계론(Three Worlds Theory)의 기능이었고, 실제로 그것은 남-북 문제에 관한 국제체제 내에서 브라질과 중국 사이의 융합을 가능하게 했다. 이를 통해 브라질의 대외정책에 새로운 협력의 길이 열리고 남-북 정책을 보완하는 남-남 관계의 구축이 이루어졌다(Altmani de Oliveira, 2004, 2006). 1979년 주앙 피게이레두(João Figue-iredo) 대통령은 브라질 국가원수로서 처음으로 중국을 국빈 방문했다. 1982년, 하미루 사라이바(Ramiro Saraiva) 총리는 덩샤오핑과 과학기술 협력 협정의 기반을 닦기 위한 협상을 시행하였다(Brun & Louault, 2013).

협력 의제의 확대는 전략적 파트너십 협정을 체결하는 데 필요한 근거를 제

* L. Bizzozero Revelez (*) · A. Raggio
우루과이 University of the Republic

© The Author(s) 2020
R. Bernal-Meza, Li Xing (eds.), 21세기 중국-중남미 관계, 국제정치경제시리즈
https://doi.org/10.1007/978-3-030-35614-9_4

공했다. 중국의 주룽지 총리가 제시한 이러한 합의는 양국 관계를 특성화하고 국제체제에서 차별화를 꾀했다. 이는 중국이 중남미 국가와 맺은 첫 번째 전략적 동반자 협정으로, 새로운 이슈를 의제로 삼아 협정, 협력 분야, 양국 간 무역을 발전시킬 수 있는 계기를 마련했다.

1974년 이후 외교관계가 복원되고 전략적 동반자 관계가 체결되기 전까지 25개의 양자협정이 체결되었다. 전략적 동반자 관계 체결 초기 이타마르 프랑쿠(Itamar Franco) 대통령 시절에 16개의 협정이 체결되었고, 페르난두 엔히키 카르도주(Fernando Henrique Cardoso) 대통령 시절(1995-2003)에 17개의 협정이 체결되었다(Hirst, 2009: 131). 룰라 다 시우바(Lula da Silva)의 첫 대통령 임기 동안 양자 관계 상승 궤도를 따라 21개의 협정이 체결되었으며, 2010년부터 2015년까지 62개의 협정이 추가되었다.

2012년 리우+20 정상회의를 계기로 원자바오 총리는 국제체제에서 브라질의 위치와 전략적 관점에서 수행할 수 있는 글로벌 역할을 확인하면서 글로벌 전략적 동반자 관계로 파트너십의 수준을 격상시키자고 제안했다. 이 파트너십은 2008년의 글로벌 금융위기와 그에 따른 국제통화기금이나 세계은행과 같은 국제 금융 기관에 대한 신뢰 상실에 대한 일련의 대응책의 일환이었다. 중국의 관점에서 브라질과의 파트너십은 국제체제의 개혁적 설계의 구성 요소가 되었고 양국의 체계적인 상호 보완성을 확인했다.

이 장은 양국의 관계에 초점을 맞추고 있지만 브라질의 관점을 주요 초점으로 삼고 있다. 그러나 브라질이 중국을 위해 수행하는 지정학적 역할과 이것이 여러 가지 수준에서 어떻게 나타나는지에 주목할 필요가 있다. 한편, 상업적 차원에서 양자관계는 제2장에서 설명한 바와 같이 상호 보완성의 틀에서도 발생하지만, 또한 비대칭의 틀에서도 발생하며, 이러한 유형의 관계는 다른 차원에서도 동일하게 반영되지 않는 것으로 보인다(Pereira & Neves, 2011). 반면 다자간 정치적 · 상업적 차원에서는 남–남(South-South) 패러다임하에서의 관계가 존재하며, 이는 지역적 · 국제적 차원에서 체제전환을 위한 정치적 압력을 발생시킨다. 브릭스(BRICS)의 신개발은행(New Development Bank)이나 통화준비기금(Credit Reserve Fund)과 같이 이미 설립된 것들과 경쟁하기를 열망하는 유기체가 생기는 등 이러한 방향성 움직임은 분명해 보인다. 이러한 자극은 라틴아메리카 · 카리브 국가 공동체(CELAC) 포럼이 만들어지면서 지역 차원에서도 발생하는데, 이는 이 포럼이 미국의 간섭이 미치지 않는 공간이기 때문이다.

브라질의 경우 글로벌 전략대화(Global Strategic Dialogue)는 중국과 전략적 동맹을 맺고 국제적 지위를 향상시키며 중남미의 주요 대화자로서의 역할을 유지함으로써 글로벌 의제의 문제에 적극 참여한다는 목표를 구현하기에 안성맞춤이었다.

2015년은 양국 관계의 전환점이 되는 해로, 양국 간 주요 제도적 장치인 중국-브라질 고위급 협정 및 협력 위원회(China-Brazil High Level Commission of Agreement and Cooperation, COSBAN) 제4차 회의가 개최되었다. 동 회의에서 35개의 양자 협정이 체결되었으며, 그 가운데 2012-2021년 10개년 협력 계획을 보완하는 2015-2021 공동행동 계획, 중국-브라질 지구자원위성(CBERS) 공동 개발을 위한 보완 의정서, 동물 보건 협력 협정, 은행 간 자금 조달 협정, 페트로브라스와 오데브레시에 대한 운영 협정 등이 대표적이다. 페루 리마에서 개최된 대륙횡단철도(bi-oceanic railway) 프로젝트의 첫 3자 회의인 CELAC 정상회담과 제5차 COSBAN에서 생산 능력 확대를 위한 200억 달러 규모의 협력 기금을 조성하기로 한 결정은 21세기 초에 논의된 관련 분야와 이슈가 확대된 거대한 의제를 잘 드러낸다.

체결된 협정과 양자 협력으로 인한 개선을 고려할 때 양국의 이익은 국내 수준뿐만 아니라 국제체제 내 각자의 위치에서 개선되었을 가능성이 있다. 절대적인 측면에서 이점을 고려하지 못하는 두 가지 가정이 있는데, 이는 주로 브라질의 관점에서 나온 것이다. 첫 번째는 체제 기능의 다양한 구조적 구성 요소에 반영되는 중국의 힘 증가이고 두 번째는 국내 수준에서 중국의 역할에 대한 정부, 정당, 경제 행위자 간에 발생하는 정치적 차이다. 후자의 가정은 또한 중국과 브라질 간의 현저한 차이를 반영한다. 중국에서 국가 이익은 공산당이 제공한 정의에 따라 전략적 연속성을 나타낸다. 그러나 브라질에서 외교정책(영구적이고 구조적인 국가 이익과는 별도로)은 세계에서 국가의 역할, 국제무대 진입 및 대외정책 우선순위에 대한 다양한 옵션과 아이디어가 존재한다.

2014년 브라질리아에서 열린 브릭스 그룹의 제6차 정상회의에서 새로운 1+3+6 협력 틀이 이끄는 글로벌 전략으로 운명공동체를 만들자는 시진핑 국가주석의 제안을 통해 중국의 힘의 증가가 라틴아메리카·카리브 지역에서 표출됐다. 2015년 1월 베이징에서 열린 제1차 중국-CELAC 포럼에서 새로운 협력 프레임워크가 정의되었다. 이 제안은 무역, 투자, 금융의 3가지 원동력인 5개년 협력 계획을 수반하며, 무역을 5,000억 달러, 투자 주식을 2,500억 달러로 증가시키는 것을 목표로 했다. 또한 6개의 핵심 분야(에너지 및 천연자원, 농업, 인프라, 제조업, 통신 기술, 과학 기술 혁신)를 활성화하는 데 필요한 자금을 포함했다.

이는 브라질-중국과의 관계에서 국내 이익의 진화와 정치적 표현 측면에서 협력 관계의 상생 논리에 관한 다른 질문으로 귀결된다. 중국과의 관계에 있어 국내적 수준에서의 이익은 국가에 의해 명확해지고 주도된다. 이러한 이익은 또한 정치 체제와 정당에서 중국의 존재와 국가 발전에 대한 아이디어를 연결시킨다. 중국과의 관계적 측면에 대한 우선순위에서 브라질 내부의 정치적 차이를 보여주는 두 가지 경우는 룰라 다 시우바가 집권한 정권 교체와 2014년

대선이었다. 정부의 변화는 '워싱턴 컨센서스(Washington Consensus)' 지침으로부터 브라질을 멀어지게 하고 특히 중국과의 남남 관계를 우선시하는 개혁적 현실주의 외교정책을 촉진했다(Mercadante, 2013). 이러한 현실성은 지정학적 측면과 브라질의 지역적 우선순위가 국제체제로 회귀됨으로써 표현되었다(Bernal-Meza, 2010). 반면, 남남 관계에 있어서는 룰라 다 시우바 정부가 다자포럼의 창설과 참여를 통해 선별적 다자주의 정책을 펼치는 것으로 구현되었다.

룰라 다 시우바의 취임에 따른 브라질과 중국과의 관계의 전환점은 전략적 동반자 관계가 세계적 지위로 상승하면서 브릭스 블록, 후에 브릭스와 함께 국제 분야의 개선으로 이어졌다. 이 파트너십은 2012년 리우+20 정상회의의 맥락에서 지우마 호세프 대통령과 원자바오 총리가 서명한 공동성명에 기록된 것처럼 국제적 수준에서 확장되었다. 이는 글로벌 전략 대화로 구성된 협정을 2014년 아르헨티나와 체결된 협정과 같은 통합 전략 파트너십으로 알려진 다른 협정과 차별화했다(Bizzozero & Raggio, 2016). 따라서 이러한 유형 또는 하위 유형의 파트너십은 4개의 전략적 제휴 범주(Ramon-Berjano, Malena, & Velloso, 2015: 9) 중 중요성 측면에서 두 번째인 통합 파트너십(Integral Partnerships)과 차별화된다. 더욱이 브라질은 제2 세계의 기회의 예로써 세계무역기구와 유엔 개혁에 참여하고 때로는 주도했다(Khanna, 2013). 이러한 지위 변화와 합의의 증가는 2014년과 2018년 대선에서 발생한 논쟁에서 서로 다른 관점과 정치적 선택의 또 다른 요소였다. 이는 정당별 외교정책의 지향성과 우선순위에 대한 생각에서 중요한 차이를 나타냈다(Bizzozero, 2015). 예를 들면 보우소나루 행정부의 경우 브라질은 중국보다 미국과 밀접한 관계를 보이고 있다(Gabriel, Mandelbaum, Sanches, & Carvalho, 2019; Malamud, 2018).

협력 의제의 확장과 심화는 새로운 주체와 부문에 영향을 미치고 이미 관련된 관계에 더 큰 영향을 미치게 했다. 이 새로운 중국의 세계화된 국내적 시나리오는 룰라 다 시우바(Lula da Silva) 정권 말기에 협력 상생에 초점을 맞춘 중국 정책 투영의 틀에서 중국과의 관계를 전략적으로 재고해야 할 필요성으로 귀결되었다(Amorim, 2015; Reyes, 2018). 브라질에서 중국의 영향력이 확대되면서 국내 경제에 미치는 영향, 개발 모델, 미국 및 유럽 연합과의 관계에 대한 정치적 논쟁이 확대되었다.

본 장에서는 중국과의 협력과 관련하여 브라질의 대외정책의 범위와 목적을 분석한다. 브라질과 중국의 파트너십은 양국/지역 간의 구조적·체계적 상호보완성에 기초한 협력 발전을 위한 플랫폼을 제시하고 있다. 이러한 상호 보완성의 범위와 잠재력은 경제 및 무역 관계의 진화를 고려할 때 이 장에서 더 자세히 분석될 것이다. 우리는 브라질-중국 협력 관계의 진화와 브라질의 다양한 국내 부문 및 행위자에 대한 영향을 분석하고, 결과적으로 정부 수준뿐만 아니라 정당의 정치적 방향에 대한 사항들을 고찰하고자 한다.

브라질-중국 관계에 대한 국내 정치적·사회적·경제적 이익 과정의 진화는 아시아 국가에 할당된 우선순위 변경에 대한 설명을 제공한다. 비록 제도적·구조적 제약이 있기는 하지만, 전략적 분야의 우선순위와 관계의 범위는 정부에서 정당의 강령적 방향이 적용되는 분야이기 때문에 정부의 방향에 달려 있음도 분명하다.

다음 절에서는 그들의 서로 다른 영향을 보여주기 위해 상업 관계 및 외국인 투자의 진화를 다룰 것이다. 우리는 또한 주요 우선순위와 우려 사항을 강조하기 위해 브라질의 관점에서 중국-브라질 고위급 협정 및 협력 위원회 회의에 대해 논의할 것이다. 2014년 대선에서 주요 정당의 대외정책 우선순위, 국내 이익과 국가 발전 등과 관련하여 주요 정당 간의 차이점도 논의될 것이다. 마지막으로 중국과의 협력 관계의 우선순위와 범위, 대외정책 방향에 대한 정부의 국내 정치 · 경제적 이해관계에 대한 논의로 마무리하고자 한다.

무역관계의 강력한 비대칭성

양자 간 무역 분석은 다른 접근법을 사용하여 수행될 수 있다. 그중 하나는 한 국가의 무역 구조에 대한 상대방의 참여와 관련되며 상대방이 상대방의 수출입에 미치는 상대적이고 절대적인 영향력을 지표로 삼는다. 이 경우 한 국가가 다른 국가의 구조(수출, 수입 또는 둘 다)에서 더 큰 역할을 한다는 점을 감안할 때 더 큰 상호 작용이 있지만 동시에 더 큰 종속도가 있다고 가정하는데, 이는 두 국가가 상대방의 상황에 묶여 있기 때문이다. 이 경우 개입 변수가 있다는 것은 분명하며, 그것은 바로 관련 국가의 규모이다. 그럼에도 불구하고 브라질은 매우 큰 국가이지만 인구, 제품 또는 제공되는 상품 측면에서 중국의 6분의 1도 채 되지 않는다.

무역은 또한 그 구성에 따라 분석될 수 있는데, 관련 경제가 상호 보완적인 연결고리(원자재와 다른 제조업을 판매하는 것) 또는 경쟁적인 연결고리(제품이 다양한 것)를 가질 수 있다는 점에서 그렇다. 무역 구성 분석은 거래되는 제품의 부가가치 연속체를 포함하여 그들에게 이러한 가치를 제공하는 기술의 정도를 분석하는 것을 의미한다.

절대적인 관점에서 중국-브라질의 무역과 관련하여 우리가 연구한 기간(2000-2015년) 동안 양자 간 상품 교환이 기하급수적으로 증가했으며, 이는 중국의 발전과 브라질의 발전에 힘입은 바가 크다. 2000년에는 그들 사이의 무역 교환이 23억 달러에 달했지만, 2015년 COMTRADE(United Nations Commodity Trade Statistics)에 따르면 거의 29배의 성장을 나타내는 663억 달러로 성장했다. 그러나 2015년에는 그림 4.1.과 같이 두 나라 사이의 무역이 크게 감소했음을 강조하는 것이 중요하다.

이 지역 대부분의 다른 나라들과는 달리, 브라질은 21세기 초 10년 동안 급속 성장한 중국과의 무역 흑자를 가지고 있다는 특징을 보여준다. 마찬가지로 무역수지도 브라질에 유리하게 작용하고 있다. 또한 무역 적자가 발생한 2007

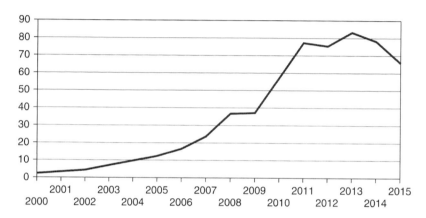

그림 4.1. 2000–2015년 사이 브라질과 중국 사이의 무역, 단위: 십억 달러 (세계 은행 및 COMTRADE의 데이터를 바탕으로 저자 직접 작성)

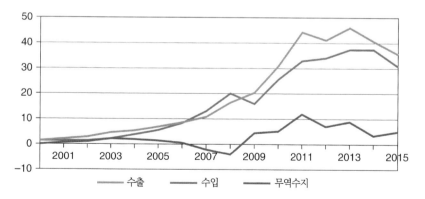

그림 4.2. 2000–2015년 사이 브라질의 대중국 무역수지, 단위: 십억 달러 (세계 은행 및 COMTRADE의 데이터를 바탕으로 저자 직접 작성)

년과 2008년을 제외하고는 브라질에 유리한 흑자가 발생함에 따라 이 기간 중 양국 교역이 증가하였다(그림 4.2. 참조).

이것이 선순환 관계인지를 평가하는 데 있어 매우 중요한 또 다른 고려 사항은 국가들이 서로 교역하는 상품의 분석에 기반한다. 이 경우, 중국은 브라질로부터 원자재 수입을 점차 늘린 반면, 브라질은 중국으로부터 부가가치가 높은 공산품 구매를 늘렸기 때문에, 중국-브라질 관계 발전 기간 동안의 변화는 극적이라 볼 수 있다. 21세기 초 브라질의 대중국 수출은 주로 콩과 철광석을 중심으로 한 원자재 수출이었지만 수입에는 석탄이나 사무용 부품, 액세서리 등의 제품이 포함됐다는 점을 지적하는 것이 중요하다. 그럼에도 불구하고, 브라질의 주요 교역 품목이 앞서 언급한 것 외에도 석유와 셀룰로스 펄프가 될 정도로 상호 보완성은 수년에 걸쳐 더욱 분명해졌다. 반면 중국은 점차적으로 기술집약형 상품의 수출이 증가했고, 그 결과 고부가가치 상품이 증가하면서 라디오와 텔레비전 부품뿐만 아니라 전화기 등을 포함한 수출품의 다각화 추세를 보이고 있다.

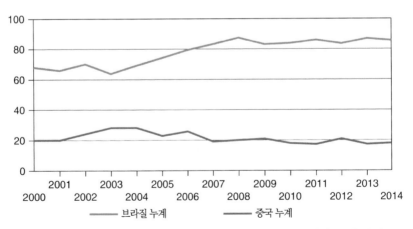

그림 4.3. 2000–2015년 사이 중국-브라질 수출품 상위 4개 품목 집중도(%) (세계 은행 및 COM-TRADE의 데이터를 바탕으로 저자 직접 작성)

양국이 교환하는 서로 다른 상품에 대해 살펴보면 무역이 발전에 기여하는 정도와 거래되는 상품의 집중도를 이해할 수 있다. 그림 4.3.에서 브라질에서 중국(철광석, 원유, 콩, 설탕)으로 주로 수출된 상위 4개 품목(철광석, 원유, 대두 및 설탕)의 집중도를 확인할 수 있다. 이와 관련해서 우리는 두 가지 특이성을 관찰할 수 있다. 첫째는 브라질의 수출이 이러한 4개 상품에만 매우 집중되어 있다는 것이고, 반면에 중국은 남미 국가에 수출되는 상품의 집중도가 상대적으로 낮은 경향이 있다는 것이다. 두 번째는 브라질이 중국에 대한 의존도를 높이고 있는 반면 중국은 20% 안팎의 완만한 실적을 보이는 양국 간 수출 지형의 분기를 볼 수 있다는 것이다.

분명히, 브라질과 중국 경제 사이의 상호 보완성은 21세기 전반에 걸쳐 극적으로 발전했다. 그러나 중국에 판매되는 소수의 브라질 상품에 대한 높은 집중도는 상당 수준의 의존성과는 별개로 지속 가능한 발전 관점에서 위험을 초래한다. 그러나 무역 관계가 협력 관계의 유일한 구성 요소가 아니며 순수하게 부정적인 영향을 초래하지도 않았다는 것은 분명하다. 이를 위해 일부 연구자들은 브라질의 경제 부문에서 양자 무역이 미치는 영향을 보여주고 있으며, 이를 협력/역량 변증법의 범위와 지역에서의 그 영향력 측면에서 분석하고 있다 (Barbosa & Camargo Mendes, 2009; Nedal, 2014; Raggio, 2016).

중국과의 양자 무역에 관련된 부문의 이익에서 발생하는 경제적 측면이 부각되었음에도 불구하고 브라질의 지역 관계 측면에서도 정치적 결과가 발생했다. 이러한 결과는 중국의 존재가 중남미 지역에서 만들어내는 정치적·경제적 효과의 관점에서 측정될 수 있다. 정치적 차원은 영토 크기와 경제적 비중과 관련하여 브라질의 자연적인 지역적 지위를 훼손하는 불균등한 존재감 (unequal presence)의 관점에서 측정될 수 있다. 이러한 효과는 브라질의 외교 정책에서 설명하기 어려운 딜레마를 야기하는데, 브라질이 적극적으로 존재감을 표시하고자 할 경우 다른 남미 국가들로부터 의문을 제기 받을 수 있기 때문이다(Christensen, 2014).

여기서 중요한 질문은 두 나라 모두에 전략적인 브라질과 아르헨티나의 관계이다. 최근 실시된 연구는 중국의 양자 무역이 남미 지역에서 이들 국가에 미치는 영향을 입증한다(Oviedo, 2014). 이 연구에서 몇 가지 중요한 사실을 발견할 수 있는데, 그중 하나는 중국이 이 지역에서 생성하는 연쇄 반응 효과를 포함한다. 이로 인해 브라질은 아르헨티나를 포함한 이 지역의 다른 국가들에 영향을 미치는 반응을 보였다(Oviedo, 2014). 두 번째는 아르헨티나의 상황과 관련이 있는데, 두 나라의 관계를 희생시키면서 무역 증가가 발생했다는 점이다(Bouzas, 2009). 무역 부문에서 중국의 존재감 증가와 아르헨티나와 브라질의 관계에서 차지하는 위치를 평가할 때 역내 무역에서 부가가치 범주에 미치는 부정적 영향은 선순환적 통합의 가능성을 제한했다고 결론을 내릴 수 있다(Bizzozero & Raggio, 2016). 이 결론은 세기 초 브라질이 발표한 메르코수르의 출범 제안에서 확인할 수 있는데, 처음에는 카르도주 대통령이, 그다음에는 룰라가 지역 의제에서 개발 우선순위 중심을 다시금 강조했다.

브라질과 중국 사이의 양자 협정의 발전은 브라질이 더 큰 국제적 존재감을 얻을 수 있도록 했고, 중국에 동맹국으로서의 '신흥세력'이라는 지위를 제공했기 때문에 전략적 관점에서 양국에 도움이 되었다. 그러나 이 성장하는 관계 속에서 양국 간 무역 비대칭이 커졌다는 점은 브라질의 발전과 생산성 매트릭스에 관한 선순환 과정을 만들어내지 못하고 있다. 이러한 결론은 중국-브라질 고위급 협정 및 협력 위원회 문서에 제시된 자료 분석 결과에서 비롯되며, 브라질은 중국에 대한 원자재 수출의 지속적인 성장을 위해 꾸준한 노력을 기울인 것으로 보인다. 한편, 예를 들어 산업 부문을 활성화시키기 위한 합의는 상호 보완성의 격차를 좁히지 못했다.

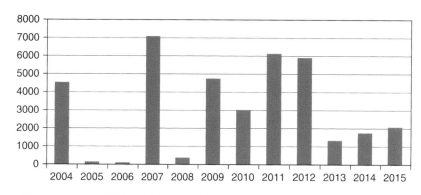

그림 4.4. 2004–2015년 중국의 연간 대브라질자본 투자 동향. 단위: 백만 달러 (RENAI의 데이터를 사용하여 저자 직접 작성)

또 다른 측면에서 보면 브라질에서 중국의 존재가 미치는 경제적 영향은 특정 주에 위치한 산업 부문에 대한 불균형적 투자에서도 나타난다. 다음 절에서 볼 수 있듯이 이 영역에도 다양한 영향이 존재한다.

지역 및 산업 부문별 중국의 투자

브라질에 대한 중국 자본 투자는 수년간 투자 규모와 투자 프로젝트 수에 따라 다양한 성과를 보여 왔다. 그림 4.4.를 살펴보면, 2004년부터 2015년까지 브라질에서 진행되고 있는 143개의 프로젝트에 총 370억 달러 이상에 달하는 중국 자본 투자가 이루어지고 있음을 알 수 있다. 이러한 프로젝트 중 86개는 전적으로 중국의 투자인 반면 57개는 브라질(39개) 또는 미국(5개), 포르투갈(3개) 등과 함께 실시된 것이다.

위에서 언급한 기간 동안, 2004년과 2007년은 가장 많은 투자가 발표된 해이다. 이는 주목할 가치가 있지만 연간 발표되는 프로젝트 수와 비교하는 것이 훨씬 더 중요하다. 예를 들어, 2004년에는 투자 프로젝트가 6개에 불과했고, 각각 투자액 평균이 7억 5,400만 달러였다. 10개의 프로젝트가 있었던 2007년에도 비슷한데, 투자액 기준 평균 7억 7,700만 달러에 달했다. 그러나 2012년(28개)과 2011년(23개)에는 더 많은 프로젝트가 있었지만, 평균이 가장 높은 해는 2009년(5개)으로 9억 5,300만 달러였다. 이러한 의미에서 투자 금액과 상관없이 프로젝트의 수가 증가한다는 점을 감안할 때 양자 관계의 공고화가 이루어지고 있다고 볼 수 있다(Hearn, 2015).

중국의 대브라질 투자는 한 분야에 집중된 것은 아니었다. 가공 산업 부문은 분명히 가장 많은 프로젝트 발표(125개)를 받은 부문이었지만, 중국은 또한 전기, 가스 및 수도 부문 및 추출 산업과 같은 부문에 투자했다. 이처럼 전기, 가스 및 수도(7개) 및 추출 산업(5개)은 많은 투자를 받은 프로젝트 중 하나이다.

그림 4.5.에서 볼 수 있듯이, 연구 기간 동안 10개 이상의 프로젝트를 포함하는 여러 개의 프로젝트가 있으며, 이 중 '전자 재료, 기기 장비 및 통신 장비 생산'(26개 프로젝트)이 지배적이기 때문에 이러한 부문 구분에서 이질성을 발견

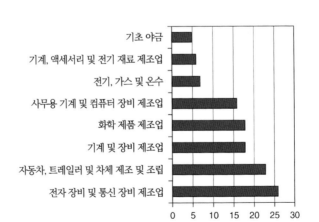

그림 4.5. 2004–2015년 부문별 중국의 대브라질 주요 투자 프로젝트 (RENAI의 데이터를 사용하여 저자 직접 작성)

할 수 있다. 흥미로운 것은 다른 분야에 속해 있음에도 불구하고 광물뿐만 아니라 석유와 관련된 많은 프로젝트에 채굴 활동이 관련되어 있다는 점이다. 상대적으로 흥미로운 또 다른 점은 야금(metallurgy)에 세 개의 가장 큰 투자(미화 55억 달러, 미화 40억 달러, 미화 30억 달러)가 이루어졌으며, 브라질이 공동 투자자였으나 룩셈부르크가 그중 하나라는 것이다.

한편 2004년부터 2015년까지 브라질 16개 주에 대한 투자가 이루어졌는데, 이는 큰 금액은 아니지만 이스피리투산투(Espírito Santo)주가 가장 높은 금액(5개 프로젝트에 걸쳐 56억 달러)을 받은 주이다. 그러나 2007년에 브라질의 광산개발업체 CVRD(Compania Vale Do Rio Doce)가 강판 생산을 목표로 BAOSTEEL과 함께 55억 달러를 투자한 것을 감안한다면 그리 많은 양의 투자는 아닌 셈이다. 두 번째로 투자액이 가장 많은 주는 바이아주로 6개의 프로젝트로 총 53억 달러에 달하며, 카브랄 미네라상(Cabral Mineração) 광산 회사(Cabral Resources/China Railway)의 경우 광산 개발과 가공 공장 건설을 위해 2012년 22억 달러를 투자했다. 리우데자네이루(41억 달러), 미나스제라이스(32억 달러), 파라(30억 달러) 등 다른 주에서도 2-3개 프로젝트에만 대규모 투자를 받았다.

연구 기간 동안 아마조나스주(24억 달러)와 상파울루주(22억 달러)는 투자금액 면에서 1위가 아니었지만 다른 주들보다 투자 선호도가 높았다. 아마조나스(Amazonas)주는 전체 기간 동안 대부분 통신, 정보 기술 및 운송과 관련된 프로젝트의 40% 이상을 수혜받았다. 이는 마나우스(Manaus) 경제자유구역에 주어지는 혜택 덕분이었다. 상파울루주의 경우 주요 투자는 자동차 및 휴대전화 부문에 할당되었으며 1차 부문의 경우 BYD(Build Your Dreams)나 체리(Chery) 등의 기업, 2차 부문의 경우 레노버(Lenovo)와 화웨이(Huawei) 등에 투자금이 주로 배분됐다.

마지막으로 투자 규모나 투자한 프로젝트 수 때문에 눈에 띄는 기업도 있다는 점에 주목해야 한다. 전자의 경우 이미 언급한 바와 같이 프로젝트에 가장 많이 투자한 기업은 CVRD(Companhia Vale Do Rio Doce)와 바오스틸(Baosteel, 55억 달러)이며, 우한강철(Wisco)은 총 40억 달러를 철강 산업에 할당하여 2위를 차지했다. 더 많은 투자 프로젝트를 발표한 기업들과 관련하여, 눈에 띄는 기업들은 LCD와 컴퓨터 생산에 주로 투자한 H-Buster da Amazonia(9개)이며 총액 2억 5천3백만 달러를 기록했다. DIGIBRAS(8개)의 경우 약 5억 달러의 프로젝트를 발표했으며, 오토바이 제조 회사인 CR Zongshen(7개) 또한 2억 2천8백만 달러를 투자했다.

특정 부문에 대한 투자가 집중되어 있음에도 불구하고, 해당 기간 동안 더 많은 지역과 산업 부문에의 확장이 있었음을 확인할 수 있다. 이와 같이 양자 간 협력의 구성요소가 되는 다른 부문들 또한 협력 의제에 포함되어야 하며, 이를 위해서는 중국-브라질 고위급 협정 및 협력 위원회의 역할을 기대할 수 있다.

마지막으로, 브라질에 대한 중국의 투자와 관련하여 특정한 패턴이 있다는 사실은 중요하다. 위와 같이 가장 큰 투자는 광업이나 석유 산업과 같은 특정 부문에 집중되어 있으며, 이러한 전략은 브라질에만 국한된 것이 아니라 페루, 에콰도르와 같은 지역 이웃 국가에서 또한 볼 수 있다. 브라질의 경우 중국의 투자가 철광석, 철강, 대두 중심으로 이뤄졌다. 이는 브라질의 대중 수출이 극소수의 제품에 집중되는 경향이 있다는 것을 의미한다. 예를 들어 2014년 동안 브라질의 대중국 수출의 70% 이상이 이 세 가지 제품과 그 부산물로 구성되었다.

중국-브라질 고위급 협정 및 협력 위원회의 의제: 브라질의 관점

중국-브라질 고위급 협정 및 협력위원회(COSBAN)는 브라질과 중국의 관계를 관장하는 주요 제도적 장치이다. 외교부는 이를 통해 양국 의제의 주요 관심사를 하나로 모으고 정치적·경제적 주체들의 다양한 이해관계를 조정한다. 이러한 위원회는 양자 관계의 현황과 주요 관심사, 양자 의제의 우선순위와 각 당사자의 초점을 살펴볼 수 있는 주요 통로다.

중국-브라질 고위급 협정 및 협력위원회는 2010-2014년 실행 계획과 2015-2021년 실행 계획, 2012-2021년 10개년 계획 등 구체적인 행동을 제시하면서 양국 간 전략적 파트너십 발전의 통로로서 기능해 왔다. 지금까지 2006년, 2012년, 2013년, 2015년에 네 번의 회의가 위원회에 의해 진행되었다. COSBAN은 특정 사안에 대해 활동하는 여러 소위원회로 구성되어 있다. 경제 및 금융, 교육, 우주 협력, 농업, 과학, 기술 및 혁신, 산업 및 정보 기술, 정치, 문화, 경제 및 무역, 검역, 에너지 및 광업 등이다. 3차 회의에서 중국-브라질 고위급 협정 및 협력위원회에의 참여가 승인된 중국-브라질 비즈니스 협의회(CBBC)도 있다.

브라질 대표단이 중국-브라질 고위급 협정 및 협력위원회에서 반복적으로 제기하는 이슈 중 하나는 양국 간 무역 다변화와 수출에 부가가치 제품을 포함하는 것이다. 이는 앞에서 살펴본 바와 같이 브라질에서 중국으로의 수출이 소수의 제품에 집중되어 있고 거의 모두 부가가치가 없는 원자재이기 때문이다. 물론 엠브라에르(EMBRAER)에 의한 항공기 수출과 같은 몇 가지 예외가 있었다(Goldstein, 2002). 2015년 5월, 중국 수출입은행은 브라질 기업들과 기술 지원 및 중국 기업들과의 협력을 허용하는 협정을 체결하여 40대의 E-190 항공기 구매를 위한 재정 지원을 용이하게 했다.

경제 분야에서 구체화되고 있는 또 다른 중요한 문제는 브라질 시장에서 중국 제품의 침투에 대한 두려움인데, 이는 다소 가격이 저렴하고 국가 생산 부문에 악영향을 끼칠 수 있다. 룰라 대통령과 지우마 대통령 시절 전자, 섬유 등 일부 산업 부문이 제기한 우려는 세계무역기구(WTO)에 반덤핑 청구권을 제시하고 구체적인 무역협정을 추진할 필요가 있게 만들었다. 이런 의미에서, 그리고 아르헨티나 기업인들의 우려와 함께, 브라질 전국경제인연합회와 아르헨티나 산업연합은 양국의 사업 이익 옹호에 관한 협정에 서명했다. 이 협정은 2016년 9월 부에노스아이레스에서 체결됐으며, 지역 차원(정보 교류, 정부 가시성, 지역 리더십)에서 지위 향상을 위한 목표를 제시하고 있지만, 중국 제품의 광범위한 침투로 인한 우려에서 비롯되었다. 브라질-아르헨티나 비즈니스 협의회(CEMBRAR)라고 불리는 이 새로운 협정은 중국과의 관계에서 중요한 비즈니스 행위자의 역할과 포함을 강조하는 양국 대통령과의 대화 채널을 보유하고 있다.

중국-브라질 고위급 협정 및 협력위원회와 분과위원회는 집중적으로 협력해 왔고 서로 다른 협력 분야에서 발전해 왔다. 정치적 관점에서 보면 노동자당(PT) 시대에는 글로벌 행위자로서의 브라질을 목표로 하는 브라질의 열망에 상당한 진전이 있었다. 이러한 야망 중 하나는 G-20, BASIC 또는 브릭스 자체에서 유엔과 같은 다자간 기관과의 협력이었다.

무역 문제와 관련하여 해결되었거나 해결되고 있는 몇 가지 문제는 다시 승인된 쇠고기 수출과 다양한 종류의 육류(쇠고기, 닭고기, 돼지고기)에 대한 브라질 수출업체의 인증에 관한 것이다. 2015년 5월 브라질에서 중화인민공화국으로 수출되는 쇠고기의 검역 및 수의학적 건강 조건에 대한 의정서에 서명하고 국제위생증명서에 합의한 것은 브라질에서의 광우병 발생으로 인한 중국으로의 쇠고기 수출 중단 이후 양국 간에 존재했던 긴장을 완화한 구체적인 결과물이었다.

중국-브라질 고위급 협정 및 협력위원회를 구성하는 브라질 대표단의 다른 가장 중요한 문제는 중국과의 무역을 가능하게 하고 증가시키기 위한 투자와 관련이 있다. 그런 의미에서 생산능력 확대와 인프라, 물류, 운송, 산업, 농업 등에 대한 투자 채널화의 우선순위가 제시되었다. 이러한 문제들이 반복되는 문제임에도 불구하고, 제4차 중국-브라질 고위급 협정 및 협력위원회에서 양국의 법체계에 따라 기술적 조건이 정의된 브라질-중국 생산능력 확대를 위한 협력기금을 조성하기로 결정한 것은 브라질 측에 긍정적인 기대감을 불러일으켰다. 특히, 예산 합의는 기금에 200억 달러를 조성하는 것을 의미하며, 이 중 75%는 중국이 제공하게 된다.

양국의 이해관계가 수렴되는 이슈 중 하나는 페루를 통한 태평양-대서양을 연결하는 대륙횡단철도의 완성이다. 페루에서 첫 번째 기술 회의를 진행하는 것은 협력의 수렴된 발전의 한 예로 5차 회의록에 기록되어 있다. 최근에 영향을 미칠 한 가지 조치는 서비스 무역 잠재력을 분석하기 위한 실무그룹을 경제무역 소위원회(ETS) 내에 창설한 것이다.

경제 및 금융 분야의 협력과 관련해, 제3차 회의에서는 국제통화기금(IMF), 세계은행, G-20 자체와 같은 국가, 포럼 및 국제 유기체 간 조정에 있어 통합 전략적 동반자 관계의 중요한 역할을 강조했다. 브라질이 국제체제에서 더 큰 독립성을 갖도록 하기 위한 새로운 조치들이 제시되었고, 통화스와프의 사용을 제안했다. 이번 4차 회의에서는 브라질의 아시아인프라투자은행(AIIB) 참여가 발표됐을 뿐 아니라 무역 및 국경을 넘나드는 투자 도구로서 통화스와프의 중요성이 다시 한번 강조됐다.

정치적 대화를 강화하기 위한 협력은 양측이 국제 시스템에서 공동으로 활용할 수 있는 잠재력을 개발하는 데 중점을 두었다. 그런 의미에서 최근 몇 년간 포르투갈어사용국공동체(CPLP)의 맥락에서 브라질의 아프리카에 대한 접근으로 인해 마카오 포럼(2013)에 포함된 중국과 루소폰 국가 간의 대화가 강조되었다. 이 대화는 라틴아메리카·카리브 국가 공동체-중국 포럼(CELAC-China Forum, 2015)의 이행을 위해 중요하게 여겨졌다.

이해관계가 수렴되는 또 다른 핵심 쟁점은 과학기술혁신분과위원회(Science, Technology and Innovation Subcommittee)로, 이는 국제체제의 구조에서 일부 위치를 정의하고 발전시키는 데 관련이 있다. 브라질-중국 혁신나노기술연구 센터가 설립되었으며, 농업 연구를 위한 가상 실험실(LABEX-EMBRAPA), 기상 위성 연구 개발을 위한 연구 센터, 바이오 기술 센터, 기후 변화 및 혁신 기술을 위한 연구 센터 또한 설립되었다. 아울러 과학기술 분야에서 협력하기 위한 양해각서도 체결되었다.

상호 협력이 가장 발전할 수 있는 분과위원회 중 하나가 농업분과위원회인데, 이는 기존의 상호 보완성과 해당 분야 발전에 대한 중국의 관심 때문이다. 이를 위해 브라질과 중국의 농업생명공학 및 생물다양성 공동실무단을 만들었다. 또한, 유전자 변형 생물에 대한 규제 시스템에 대한 정보 교환 체계가 확립되었다.

문화 협력은 공동 출판물 제작뿐만 아니라 출판물에 대한 접근, 행사 개최, 중국에서의 '브라질의 달' 준비 등이 있었으며, 교육분과위원회는 학생 교류 및 언어 교육 프로그램을 강화했으나 그 이상으로 발전하지 않았다고 평가된다. 이 분야에서는 지역 내 사회구조에서 대화를 촉진시키기 위한 상호 의존성이 부족하다.

우리가 구체적인 결과를 관찰할 수 있는 영역 중 하나는 우주와 관련된 영역이다. 2013년 중국-브라질 지구자원위성(CBERS-3)과 2015년 CBERS-4 위성의 발사는 20세기로 거슬러 올라가는 공동 노력을 공고히 했다. 우주 프로그램의 발전은 데이터 전송의 가능성으로 인해 브라질의 아프리카 국가들뿐만 아니라 다른 지역 국가들에 대한 소프트파워 측면에서 여러 기회와 이점을 가져다준다. 이러한 기회는 미국에 의한 제약뿐만 아니라 국내 예산 제한의 대상이 되기 때문에 운영 및 기술적인 부분에서의 용량과 자원을 늘릴 수 있는 가능성의 측면에서도 브라질에 중요하다(Silva, 2014).

마지막으로, 중국은 이 분야에서 중요한 투자 이익을 가지고 있기 때문에 전력 및 광산 분야에서의 협력은 매우 중요하다(Klinger, 2015). 에너지에 관한 한, 세계에서 가장 중요한 수력발전 회사인 중국 국가전망공사(State Grid)의 자회사 국가전망공사 브라질 홀딩스(State Grid Brazil Holding)의 브라질 설립은 특히 주목할 만하다. 광업 분야에서 브라질은 저개발국을 중심으로 해외 투자를 목표로 양국 간 공동 자본 파트너십을 추진하는 것 외에도 명확한 규제가 필요하다고 선언했다. 이 분야에서, 환경 문제에 대한 중국-브라질 고위급 협정 및 협력위원회의 우려와 추출 모델의 영향을 받는 사람들에 대한 시민사회의 우려는 표현되지 않았다.

요컨대, 중국-브라질 고위급 협정 및 협력위원회는 무역, 경제, 투자, 과학 기술 협력, 정치 전략 등 다양한 분야에서 협력 관계의 진전을 측정하는 온도계 역할을 한다. 이들 분야 중 일부에서는 서로 다른 이해관계가 나타나며, 이는 국내 이해관계의 표현으로써 양국 관계에 긴장감을 유발한다는 것을 유추할 수 있다. 이러한 긴장은 특히 무역, 경제, 투자 분야에서 두드러진다. 이 분야들은 브라질-중국 관계에서 부정적인 영향을 받거나 충분히 고려되지 않은 분야들이다. 반면 일부 경제 분야뿐만 아니라 과학/기술 협력과 관련된 분야는 좋은 위치를 차지하고 있다. 정치-전략 분야에서는 국제경제 구조의 개혁과 관련된 몇 가지 문제에 대한 이해가 수렴된다. 그러나 특히 브라질과 관련된 문제인 회원국 증원을 통한 UN 안보리 개혁에 대해서는 중국이 지지하지 않았다.

브라질의 우선순위와 국내 이익에 대한 정치적 해석은 2014년 대통령 선거 결과에서 나타났다. 브라질의 대외관계뿐만 아니라 외교정책의 방향과 우선순위의 차이는 이전에는 거의 중요하게 다루지 않았던 것과는 대조적으로 논쟁의 중요한 부분을 차지했다.

2014년 대통령 선거: 외교정책의 지향점과 우선순위의 차이[1]

이 절에서는 중국에 대해 브라질 내에 존재하는 다양한 정치적 견해를 제시하고자 한다. 국제정책의 우선순위, 협력정책의 목적과 범위, 경제무역관계, 세계정책, 브릭스(BRICS), 글로벌 의제의 여러 이슈에 대한 브라질의 입장 등 중국과의 외교관계에 관한 다양한 측면을 간략하게 설명하고자 한다. 간단히 말해서, 그것은 브라질 정치의 필수적 구성 요소인 세계화와 국내 분야 사이의 교차점에 초점을 맞추고 있다.

브라질의 대선은 1차와 2차 선거, 즉 두 개의 선거 단계로 나뉘었는데, 이는 1차 선거에서 후보자들 중 어느 누구도 필요한 과반수를 얻지 못했기 때문이다. 32개 정당이 참여했고, 이 중 28개 정당이 의회에 입성해 의회 내 분열이 더 심해졌다. 선거전의 주요 후보와 정당은 지우마 호세프가 출마한 노동자당, 아에씨우 네비스(Aécio Neves)가 후보였던 브라질 사회민주당, 마리나 시우바(Marina Silva)와 함께 브라질 사회당이었다. 1차 선거에서는 호세프와 네비스가 후보로 선출됐고 2차 선거에서는 노동자당 후보인 지우마 호세프가 매우 낮은 득표율로 승리했다.

2차 투표는 두 유력 후보 간의 네 번의 TV 토론에서 격렬한 대결로 특징지어졌다. 3차 토론에서는 지역 문제와 지역 내 브라질의 외교정책이 중심 주제였는데, 이는 정당의 프로그램에서 이러한 문제가 거의 존재하지 않았던 이전

선거와 크게 차별화된다.

　정당들의 프로그램과 후보들 간의 토론에서 비롯된 브라질과 중국의 관계에 대한 다양한 관점, 아이디어, 선택권과 관련하여, 외교정책의 형성과 브라질의 대외관계 측면에서 다양한 경로를 설명하는 많은 차이가 발생했다. 외교정책에 대한 전략적 방향의 측면에서, 정당 간의 견해의 차이는 브릭스에 할당된 역할과 지역 블록에 부여된 세계적인 중요성을 포함했다. 비록 중국과의 관계가 의심의 여지가 없는 구조적인 체제 기반을 가지고 있지만, 그들의 범위는 지우마 호세프 정부가 유지하는 것과 다른 정치적 옵션에 의해 제한될 것은 분명했다.

　전략적인 관점에서, 야당들은 그들의 정치 프로그램에서 미국과의 관계를 우선시했다. 이 나라와의 파트너십을 다시 활성화할 가능성은 이 지역에서 증가하는 중국의 명성과 존재감을 억제할 것이다. 유럽연합과의 가능한 메르코수르 무역 및 경제 협정에 대한 고려에도 중요성이 주어졌다. 이러한 선택지들에 따르면, 문화적 매트릭스와 정체성과 관련된 측면들은 세계에서 국가의 역할에 중요한 역할을 한다. 이런 의미에서, 야당의 정치적 관점은 중국 이데올로기의 영향력을 감소시키는 것을 주요 골자로 했다.

　이러한 중국과의 거리 두기는 적어도 남미 국가들인 브릭스의 개혁 충동을 부분적으로 멈추게 할 것이다. 그것은 또한 브라질의 지역 내 역할과 남남 협력에 주어진 우선순위에 관한 결과를 가져올 것이다. 정치적·민주적 균형을 보장하는 것 외에도 산업 발전을 지역과 연계하려는 지역 공약도 당의 일부 가정에서 개혁될 것이다. 당사자들에 의해 다양한 이해관계가 표출된 지역에 대한 이러한 다양한 관점에서 지역주의와 그 구성요소에 상당한 영향을 미칠 수 있다. 물론 지역주의와 관련된 문제는 지역에서 브라질의 역할과 더 넓은 세계에서 브라질의 이미지를 포함한다.

　요약하자면, 지난 2014년 브라질 대선은 정치적이든 경제적이든 다른 국내 이익이 표출될 수 있는 선거 토론의 구체적인 구성 요소로서 외교정책과 대외 관계의 진입을 상징했다고 볼 수 있다.

결론

본 장에서는 중국과의 협력에 관한 브라질 외교정책의 목적을 분석하고자 하였다. 이를 위해 양국 간 체계적-구조적 상호 보완성을 분석하는 것에서 출발했다. 이러한 상호 보완성은 주로 무역 및 경제 관계, 특히 협력을 통해 표현된다. 이를 기점으로, 우리는 이러한 관계가 정부와 국내 차원에서 경제적 · 정치적 분야에 미치는 영향을 고려했다. 중국과의 협력에 관한 브라질의 외교정책 범위가 경제적 · 정치적 모두 국내 이익에 의해 조건화된다는 것이 핵심 요인 중 하나이다. 국가의 정부-정치적 · 관료적 현실에 의해 생성된 조건은 중국-브라질 고위급 협정 및 협력위원회 회의에서 나타났으며, 경제적 이해관계에 의해 스며든 정치체제에 의해 야기된 조건은 여러 정당의 제안을 통해 표현되었다.

우리의 분석을 통해 이러한 체계적-구조적 상호 보완성이 브라질의 무역과 생산적 구조에 중요한 영향을 미쳤다는 것을 확인할 수 있다. 브라질의 관점에서 볼 때, 글로벌 전략적 동반자 관계는 비대칭적인 상호 의존적 파트너십을 통해 브라질을 중국에 대한 상품 수출국으로 포지셔닝하는 효과를 가져왔다는 점이 중요하다. 브라질의 관점에서 글로벌 전략적 동반자 관계가 비대칭적 상호 의존적 동반자 관계에서 중국에 대한 상품 수출국으로 자리매김하는 효과를 거두었다는 점을 강조하는 것이 중요하다. 논의된 또 다른 중요한 문제는 국내 이익에 미치는 영향과 지역 및 국제 시장에서 부가가치가 있는 브라질 상품의 경쟁력 상실 문제이다. 상당수 브라질 기업인들은 글로벌 가치사슬에서 소외되고 브라질이 미국 및 유럽연합과의 관계를 우선시하지 못하는 것에 대해 우려를 표했으며, 이러한 우려는 2014년 대선에서 야당에 의해 주로 다루어졌다.

양국 간의 체계적인 구조적 보완성은 중국으로 하여금 2012년에 양자 간의 동맹을 글로벌 전략 동맹으로 격상할 수 있도록 했다. 이런 식으로, 중국은 국제 시스템 내에서 브라질의 위치와 세계적인 역할을 지지한다. 브라질 정부의 입장에서 글로벌 전략 대화는 브라질의 국제적 위상을 높이기 위해 중국과 전략적 동맹을 맺겠다는 목표를 비준했다. 또한, 이러한 인식은 브라질을 중국 관련하여 중남미 지역의 주요 대화자로 자리매김하게끔 만들었다.

글로벌 전략 대화 참여는 브라질의 전략적 이익과 관련이 있다고 여겨졌지만, 브라질 좌파 정부가 국제관계 발전 모델로 강조한 것은 남남 논리였다. 이 연구를 통해 한쪽의 전략적-구조적 이해관계와 다른 한쪽의 국내 정치적 · 경제적 이해관계의 차이를 알 수 있다. 동시에, 그것은 정부가 국제정책에서 중국을 우선시하는 것에 대한 중요성을 강조하며, 이를 통해 룰라 대통령과 지우마 대통령이 중국과의 관계를 우선시했다는 점을 이해할 수 있다. 이 우선순위를 통해 이익과 손실을 모두 보여주는 브라질 국내 이익의 새로운 국면을 맞이했다. 중국과의 관계 범위와 우선순위와 관련된 다양한 견해가 문서에 반영되었고, 경제 행위자들의 제안과 아이디어를 통해 그리고 앞서 언급한 바와 같이 선거 기간 동안 정당들의 정치적 강령을 통해 반영되었다.

우주, 항공, 통신 산업과 같은 일부 부문은 중국과의 경제 관계와 양자 협력으로부터 개발되고 혜택을 받았다. 이들 부문은 룰라와 지우마 대통령 시절 추진한 남남협력정책, 중국과의 관계를 심화 · 발전시킨 정책의 효과를 톡톡히 봤다. 이러한 파트너십의 발전은 적어도 1980년대로 거슬러 올라가는 국가 정책의 문제이지만, 룰라의 외교정책은 일부 정치 분석가들이 지적한 바와 같이 세계무대를 겨냥한 뚜렷한 전략적 성격을 가지고 있었다(Mercadante, 2013). 이러한 외교정책은 룰라 대통령 집권 이후 지켜온 지역지향성의 구성요소를 포함하여 대륙별 지역주의와 물류 중심의 새로운 국가 모델을 촉진하였으며, 브라질 기업들에 이익을 창출하였다(Bernal-Meza, 2014; Bizzozero, 2014; Cervo, 2009). 즉, 중국과의 협력관계는 룰라 대통령과 지우마 대통령이 정의한 우선순위에서 출발하여 구체적인 전략적 범위를 가지고 있었지만, 이것들이 반드시 미래의 행정부에서 지속되는 것은 아닐 것이다.

최근 협력관계의 발전을 분석하는 데 사용된 자료 중 하나는 중국-브라질 고위급 협정 및 협력위원회 회의로, 이 위원회는 4번의 회의를 거쳤으며, 경제 관계, 그리고 브라질에 대한 중국의 투자와 관련된 중국-브라질 무역에 대한 양국의 접근방식과 관련된 지표에 관해 흥미로운 결론을 도출했다. 중국-브라질 고위급 협정 및 협력위원회 회의록에 명시된 내용과 상호 무역 및 투자의 데이터를 교차 검증함으로써 중국과의 관계에 반영될 다양한 이해관계를 이해할 수 있었다. 섬유, 제조업과 같은 일부 경제 부문이 피해를 입었지만, 다른 경제 주체들은 이익을 보았다. 이 조사가 보여주는 것은 정확히 경제적 요인이 협력 관계가 도달할 수 있는 범위를 결정하는 데 필수적이지 않다는 것이다.

이번 장에서는 중국에 대한 외교정책과 국제정책의 차이를 강조해 왔다. 외교정책은 여전히 대통령의 지시에 따라 외교부에서 수립되고 실행되고 있다. 이것은 이 장에서 도출한 두 가지 결과를 이해하는 데 중요하다. 한편으로는, 대통령이 외교정책에 주어진 방향에 있어서 국가 원수와 정부 수반으로서 갖는 중요성이 있다. 그러므로, 우리는 정부 정책과 대통령이 정한 우선순위를 고려할 때 당의 프로그램을 명심해야 한다. 그러나 전략외교정책의 범위는 정치적·경제적 이해관계가 다양하게 표출되는 다른 분야와 차이가 있다. 이러한 다른 영역에서는 중국과의 협력 관계에서 파생된 결과에 의해 발생하는 부문별 이해관계가 표출된다.

간단히 말해서, 브라질과 중국의 협력관계의 범위는 지난 세기부터 발전해 온 체제 구조에서 비롯된다. 룰라와 지우마 대통령 시절 획득한 양국 관계의 진전과 발전은 국제체제에 관한 전략적 계획과 구체적인 비전에 기초했다. 21세기의 두 번째 10년 동안 전략적 동반자 관계에서 글로벌 전략적 동반자 관계로 양자관계가 격상된 것은 이러한 외교정책 방향을 입증한다. 그러나 그것은 정부의 정치적 성향과 사업 부문이 행사할 수 있는 영향력 모두에 의해 제한된다.

이 연구는 일정 기간 동안 무역과 투자 모두에서 양자 간 이루어진 진전을 보여주며, 다양한 부문과 지역 행위자들의 아이디어의 진화를 이해할 수 있게 해준다. 이런 식으로, 브라질 정치에 대한 관심, 아이디어 그리고 그들의 표현 사이의 연관성을 이해할 수 있다. 브라질의 외교정책에서 중국과의 협력의 우선순위와 범위는 중요한 정치적-정부적 요소를 가지고 있었다. 남미에서 브라질의 정치적 중요성은 남남협력 모델의 원동력이 되었다. 중남미 좌파 정부 시절에는 브라질이 국제 협력 모델의 등대 역할을 했다.

브라질은 브릭스 참여를 통해 지역적·국제적 역할을 재확인하였으며, 제도의 창설을 촉진함으로써 지역의 정치적·민주적 균형을 보장하고자 하였다. 이는 미국과의 관계에서 자율성 확보를 위한 일정한 공간을 만들어냈다. 미국은 브라질과 관련된 변수를 구성한다. 이 사실은 2014년 대선에서 표현된 정당들의 정치적 수사에 의해 분명해졌다. 국내 이익과 미국과 중국에 대한 정치적 정의의 교차는 향후 관계의 진화를 나타낼 것이다. 그리고 이러한 외부 조건 요인과 국내 이익의 교차점에서 정부의 정치적 정의는 결국 브라질의 외교정책 내에서 중국과의 협력의 우선순위와 범위를 결정하게 될 것이다.

주

1 이 부분은 비소세로(Bizzozero, 2015, 80-82)의 논문을 기반으로 작성되었다.

참고문헌

Altemani de Oliveira, H. (2004). Brasil-China: Trinta anos de parceria estratégica. *Revista Brasileira de Política Internacional*, 47(1), 7-30.

Altemani de Oliveira, H. (2006). China-Brasil. Perspectivas de cooperación Sur-Sur. *Nueva Sociedad*, 203, 138-147. Retrieved from http://nuso.org/arti-culo/china-brasil-perspectivas-de-cooperacion-sur-sur/

Amorim, C. (2015). *Teerã, Ramalá e Doha – Memórias da política externa altiva e ativa*. San Pablo: Benvirá.

Barbosa, A., & Camargo Mendes, R. (2009). Las relaciones económicas y geo-políticas entre Brasil y China: ¿cooperación o concurrencia? In A. Oropeza García (Coord.), *China-Latinoamérica. Una visión sobre el nuevo papel de China en la región*. Mexico: Universidad Nacional Autónoma de México. Retrieved from http://bibliohistorico.juridicas.unam.mx/libros/libro.htm?l=2702

Becard, D., & Ramos, S. (2008). *O Brasil e a República Popular da China: política externa comparada e relações bilaterais (1974–2006)*. Brasília: FUNAG.

Bernal-Meza, R. (2010). El pensamiento internacionalista en la era Lula. *Estudios Internacionales*, 167, 143-172. Instituto de Estudios Internacionales. Universidad de Chile. Retrieved from www.revistaei.uchile.cl/index.php/REI/article/download/12703/12992

Bernal-Meza, R. (2014). Brasil: Política exterior, BRICS y su impacto en la región. In R. Bernal-Meza & L. Bizzozero (Eds.), *La política internacional de Brasil: de la región al mundo*. Montevideo: Ed. Cruz del Sur.

Biato Junior, O. (2010). *A parceria estratégica sino-brasileira: origens, evolução e perspectivas (1993–2006)*. Brasília: FUNAG.

Bizzozero, L. (2014). La política exterior de Brasil hacia América Latina: del regionalismo abierto al continental. In R. Bernal-Meza & L. Bizzozero (Eds.), *La política internacional de Brasil: de la región al mundo*. Ed. Cruz del Sur: Montevideo.

Bizzozero, L. (2015). Las elecciones en Chile, Bolivia, Brasil y Uruguay: debates sobre inserción internacional y convergencia regional. *Densidades*, 17, 69-85. Retrieved from https://issuu.com/

densidades/docs/densidades_n__17

Bizzozero, L., & Raggio, A. (2016). El impacto de la República Popular China en el eje Argentina‑Brasil entre el 2004 y el 2014. ¿Evolución sistémica‑estructural o definiciones político‑estratégicas? *Araucaria. Revista Iberoamericana de Filosofía, Política y Humanidades,* 35, 341‑364. Retrieved from https://ojs.publius.us.es/ojs/index.php/araucaria/article/view/2679/2252

Bouzas, R. (2009). China y Argentina: relaciones económicas bilaterales e interacciones globales. In A. García Oropeza (Coord.), *China-Latinoamérica. Una nueva visión sobre el papel de China en la región.* Mexico: Universidad Nacional Autónoma de México. Retrieved from http://bibliohistorico.juridicas.unam. mx/libros/libro.htm?l=2702

Brun, E., & Louault, F. (2013). Brésil – Chine: una rélation qui s'enracine. In Couffignal, G. (dir.), *Amérique latine: 2012, l'année charnière.* Paris: La Documentation française.

Cervo, A. (2009). La construcción del modelo industrialista brasileño. *Revista DEP. Diplomacia Estrategia y Política,* 10, 74‑86.

Christensen, S. (2014). La estrategia brasileña de política exterior a partir de 2003. In R. Bernal‑Meza & L. Bizzozero (Eds.), *La política internacional de Brasil: de la región al mundo.* Cruz del Sur: Montevideo.

Gabriel, J. P. N., Mandelbaum, H. G., Sanches, A., & Carvalho, C. E. (2019). Bolsonaro, China and the Indo‑Pacific: Challenges in sight. *Mural Internacional, 10.* Rio de Janeiro. ISSN: 2177‑7314.

Goldstein, A. (2002). Embraer: de campeón nacional a jugador global. *Revista de la CEPAL,* 77, 101‑121. Retrieved from www.cepal.org/publicaciones/xml/8/19288/lcg2180e_Goldstein.pdf

Hearn, A. (2015). ¿Confucio versus Zeus? China, Brasil y la producción alimentaria. *Revista Nueva Sociedad,* 259, 55‑68. Retrieved from http://nuso.org/articulo/confucio‑versus‑zeus/

Hirst, M. (2009). La perspectiva Sur‑Sur: la importancia del vínculo con Brasil. In G. Paz & R. Roett (Eds.), *La presencia de China en el hemisferio occidental. Consecuencias para América Latina y Estados Unidos.* Libros del Zorzal: Buenos Aires.

Khanna, P. (2013). *El segundo mundo. Imperios e influencia en el nuevo orden mundial.* Barcelona: Paidós.

Klinger, J. (2015). Minerales estratégicos: cambio de escala de las relaciones entre China y Brasil. *Revista Nueva Sociedad,* 259, 106‑116. Retrieved from http://nuso.org/media/articles/downloads/7.TC_Klinger_259.pdf

Malamud, C. (2018). ¿Qué política exterior tendrá Brasil? *Real Instituto Elcano* ARI 119/2018. Retrieved from http://www.realinstitutoelcano.org/wps/wcm/connect/4ca37764‑8904‑4061‑8ee5‑37b2993adfdb/ARI119‑2018‑Malamud‑que‑politica‑exterior‑tendra‑Brasil.pdf?MOD=AJPERES&CACHEID=4ca37764‑8904‑4061‑8ee5‑37b2993adfdb

Mercadante, A. (2013). *Brasil: de Lula a Dilma (2003–2013).* Clave Intelectual: Madrid.

Nedal, D. (2014). La presencia de China en América Latina y sus implicancias para Brasil. In B. Sorj & S. Fausto (Org.), *Brasil y América Latina: ¿Qué liderazgo es posible?* Plataforma Democrática. IFHC-Centro Edelstein. Retrieved from http://www.plataformademocratica.org/Arquivos/Brasil_y_America_Latina_Que_Liderazgo_es_Posible.pdf

Oviedo, E. (2014). Principales variables para el estudio de las relaciones entre Brasil y China. In R. Bernal-Meza & L. Bizzozero (Eds.), *La política internacional de Brasil: de la región al mundo*. Cruz del Sur: Montevideo.

Pereira, C., & Neves, J. (2011). Brazil and China: South-South Partnership or North-South Competition? *Foreign Policy at Brookings*, Policy Paper Number 26, 4. Retrieved from http://www.brookings.edu/~/media/research/files/papers/2011/4/03-brazil-china-pereira/03_brazil_china_pereira.pdf

Raggio, A. (2016). Economías de enclave sudamericanas, extractivismo y el rol chino en la region. *Serendipia*, 2(2), 73 – 77. Retrieved from https://p3.usal.edu.ar/index.php/serendipia/article/view/4105/5078

Ramón-Berjano, C., Malena, J., & Velloso, M. (2015). *El relacionamiento de China con América Latina y Argentina. Significado de la Alianza Estratégica Integral y los recientes acuerdos bilaterales* (Documento de Trabajo no. 96). Buenos Aires: Consejo Argentino para las Relaciones Internacionales. Retrieved from http://www.cari.org.ar/pdf/dt96.pdf

Reyes, M. (2018). *A Projeção Política da República Popular da China: O caso da América do Sul, 2002–2015*. Rio de Janeiro: Universidade Federal do Rio de Janeiro.

Silva, P. (2014). *Brasil-China e a parecería estratégica em ciencia e tecnología: o programa CBERS e as novas oportunidades de cooperação*. Tesis. Programa de Pós-graduação em Relações Internacionais – PPGRI) – Universidade Estadual da Paraíba, João Pessoa. Retrieved from http://tede.bc.uepb.edu.br/jspui/ handle/tede/2359

기타 참고자료

The Atlas of Economic Complexity. Website. Retrieved from http://atlas.cid.harvard.edu

UN Comtrade Database. Website. Retrieved from http://comtrade.un.org

Asociación Latinoamericana de Integración. Foreign Trade Information System. Website. Retrieved from http://consultawebv2.aladi.org/sicoexV2/jsf/home.seam

Rede Nacional de Informações sobre o Investimento. Website. Retrieved from http://investimentos.mdic.gov.br

제5장

키르치네르 정권과 마크리 정권의 아르헨티나-중국 관계(2003-2018)

라울 베르날-메사(Raúl Bernal-Meza),
후안 마누엘 자나브리아(Juan Manuel Zanabria)[*]

서론

아르헨티나와 중국의 경제 관계는 중국의 도시 및 산업 발전전략의 필요성에 기초한 중국의 대중남미 정책의 일환이다. 중국 측에 따르면 양국 관계는 상호 이익을 위한 협력, 내정 불간섭, 무역 성장, 그리고 중국의 금융 및 기술적 요구와 중남미 국가들의 우선순위를 결합한 외국인 직접투자(FDI) 흐름의 구축에 기반한다(Creutzfelt, 2017). 중국은 아르헨티나를 포함한 중남미와의 관계는 상호 보완성에 기초한 남남 협력 정신에 기초하고 있다고 주장한다. 그러나 아르헨티나 사례에서 알 수 있듯이 중국의 공공정책 담론의 뿌리에는 '윈-윈 수사학'(Bernal-Meza, 2016a)이 있다.

양국 관계는 중국 성립 이전부터 시작되었으나, 중국의 유엔 신국가 인정에

* R. Bernal-Meza (*)
아르헨티나 National University Center, 국제관계학과
칠레 Arturo Prat University, 국제관계연구소

J. M. Zanabria
아르헨티나 메르코수르 문화정보시스템(Mercosur's Cultural Information System)

© The Author(s) 2020 111
R. Bernal-Meza, Li Xing (eds.), 21세기 중국-중남미 관계, 국제정치경제시리즈
https://doi.org/10.1007/978-3-030-35614-9_5

따라 정치적·경제적 유대관계가 발전하였다(Oviedo, 2010). 유엔 총회는 중국 정부를 중국의 합법적인 정부로 인정하는 것을 승인했다. 아르헨티나는 대만을 중국의 일부로 인정하면서 결의안을 승인했다. 중국은 분쟁기간 동안 아르헨티나에 대한 지지를 표명했다. 따라서 두 인식 사이에는 관계가 있다는 지적이 제기되었다(Vadeell, 2011). 그것은 대만 문제에 대한 아르헨티나의 중국 지지와 인정, 또한 포클랜드제도 전쟁에 대한 중국의 아르헨티나 인정과 관련된 상호 인정 행위였다. 이러한 상호 인정은 카를로스 메넴(Carlos Saúl Menem)의 대통령 재임 기간인 1990년대에 상호 외교적 성명과 함께 공식적으로 이루어졌다. 이러한 관계가 심화되면서 아르헨티나와 대만의 관계는 악화되었다. 아르헨티나는 점점 더 하나의 중국 원칙을 존중하고자 했다(Oviedo, 2015). 1983년 12월 아르헨티나의 민주주의 복귀 이후 모든 아르헨티나 대통령들이 중국을 공식 방문했다.[1] 그러나 1972년 중국이 중화인민공화국이 되면서 아르헨티나 정부가 베이징 정부를 중국 국가의 유일한 대표자로 인정하면서 동시대의 관계가 시작되었다는 점을 주목해야 한다. 이후 양국은 2003년 네스토르 키르치네르(Néstor Carlos Kirchner) 정부(2003-2007)가 서방 열강을 대체할 상업적·금융적 동반자로 중국을 선택한 이후 심화된 외교·경제적 협력의 시기로 접어들었다. 이때부터 중국은 크리스티나 키르치네르와 마우리시오 마크리(Mauricio Macri)[2] 정부하에서 지속되고 심화된 관행 중 하나인 통화 스와프 제도[3]를 통해 중요한 투자자이자 금융 대출자가 되는 등 점점 더 중요한 역할을 하기 시작했다.[4]

중국-아르헨티나 관계에 있어 협력관계 심화의 정치적 출발점은 아르헨티나가 중국을 브라질 다음으로 가장 중요한 경제 파트너로 만들기로 결정한 것으로, 이는 국제정치, 특히 국제경제 관계에 관한 우연에 근거한 생각이었다. 상호 이익의 인정은 포클랜드제도를 둘러싼 아르헨티나의 주장에 대한 중국의 지지, 중국의 일부로서 대만을 인정하는 아르헨티나의 승인, 중국의 인권침해 또는 티베트 상황에 대한 의문 제기의 부재, 다자간무역, 보호주의 감소, 경제 발전에 대한 기여와 같이 개발도상국이 관심을 가질 만한 이슈에 대한 합의 등을 포함했다.

아르헨티나는 중국을 개발도상국으로 암묵적으로 인정했는데, 이는 항상 "개발도상국이자 제3세계의 일부"로 간주되기를 추구해 온 중국의 정치적 이점을 고려했기 때문이다(Bernal-Meza, 2016a, 2016b, 2017). 게다가, 중국을 시장경제로 인정하는 아르헨티나의 결정은 WTO에서 중국의 이익에 중요했다. 이 관계는 브라질에 이어 중남미 지역에서 정치적·경제적·국제적·양자적 이해관계가 수렴된 두 번째 사례가 되었다.

양자관계를 지지하는 요소들

정치경제적인 측면에서 중국과 아르헨티나의 관계는 조화로운 상업적 이익(주로 콩과 콩기름, 중국은 공산품과 자본을 공급), 브레튼우즈 체제 개혁에 대한 합의, 개발도상국 경제에 더 큰 이익을 제공하는 협력, 평화, 무역보호주의 거부 등 국제질서 원칙의 공통된 준수 등 세 가지 주요 요소를 기반으로 한다.

2014년 7월 크리스티나 키르치네르 대통령이 이끄는 '통합 전략적 동반자 관계'가 체결되면서 양국 관계는 더욱 깊어졌다. 이는 중국이 남미의 브라질과 베네수엘라에만 부여한 입장이다. 그러나, 경제 관계의 상당한 성장에도 불구하고, 무역 의제는 갈등에서 자유롭지 못했다. 중국은 키르치네르 대통령 방문이 취소된 것에 대해 불쾌감을 표시하고 아르헨티나 수출에 영향을 미치는 경제적 보복을 취했다.

중국은 중국의 정치적 힘의 영향을 고려하지 않은 키르치네르의 결정의 결과로 대두와 대두유와 같은 중국의 수요에 매우 의존하는 아르헨티나의 수출에 보복 조치를 부과했다.[5] 여러 학자 키르치네르 정부가 적용한 반덤핑 정책이 중국 정부의 중국 인권침해와 관련해 아르헨티나 사법제도가 내린 결정과 함께 중국 보복의 주요 원인이었다고 지적하고 있으며, 아울러 장쩌민 전 주석이 인권침해 혐의로 아르헨티나 법원에 의해 체포영장이 발부된 것 또한 주요 원인으로 꼽는다.

아르헨티나는 다른 지역과 마찬가지로 중국이 광물, 농산물, 식품 및 에너지를 안전하게 접근할 수 있는 곳이 되었고, 이는 2008년 금융위기까지 안정적인 수입을 보장했다. 동시에, 더 낮은 비용으로 산업상품에 접근할 수 있는 기회와 중국의 직접투자는 이익의 수렴으로 이어졌고, 따라서 중남미 경제는 중국의 생산 구조에 쉽게 통합되었다. 중국의 식품과 에너지, 석유와 가스의 산업 생산과 소비는 중남미의 수출을 필요로 한다. 그것이 중남미 경제가 중국의 생산 구조에 통합되는 이유이다. 그 후, 중국의 공공사업과 인프라 자금 조달은 상업적 · 재정적 의존의 틀을 완성했다.

염소와 호랑이[6]

아르헨티나와 중국의 외교 관계 강화의 근본적인 이정표는 WTO에서 중국의 시장경제 지위를 인정하겠다는 아르헨티나의 약속이었다. 이때 무역협력조약, 국제금융지원을 포함하여 중국이 아르헨티나로부터 직접 구매하는 등 양국 관계의 순환이 시작되었다. 정치적 관계는 상업적 교류의 기초가 되었다. 그러나 남북 모델을 재현한 무역 체제에서 중국이 아르헨티나의 전략적 파트너로 등장한 것은 네스토르 키르치네르와 크리스티나 키르치네르 정부의 재산업화 목표에 영향을 미쳤다. 오히려 중국이 아르헨티나 국내 시장에 보다 경쟁력 있는 가격으로 공산품을 공급함에 따라 메르코수르 파트너인 브라질의 산업을 대체하기 시작했다.

아르헨티나는 2003년과 2015년 사이에 1,962개의 양자 조약을 체결했는데, 이 중 76개는 중국과 체결했다. 양국의 외교 관계[7]를 공식화하는 데 있어 가장 역동적이고 생산적인 시기는 크리스티나 페르난데스의 두 번째 정부와 마크리 정부의 첫 2년이었다. 2003년부터 2009년까지의 기간은 아르헨티나에 더 유리한 무역 관계의 강화를 주요 특징으로 한다. 경제 관계의 복잡성의 두 번째 단계는 크리스티나 페르난데스 데 키르치네르의 두 정부에 해당한다.

조약의 내용을 분석하기 위하여 저자들은 다음과 같은 범주를 적용하였다. 경제 측면에 있어서는 대외무역과 FDI[8]에 영향을 미치는 협정을, 정치 측면에서는 국제정치와 군사 문제[9]에서 일치하는 입장을 창출하는 것을 목표로 하는 조약을, 영사(consular) 부문은 양국에 속하는 영토에서 아르헨티나와 중국 시

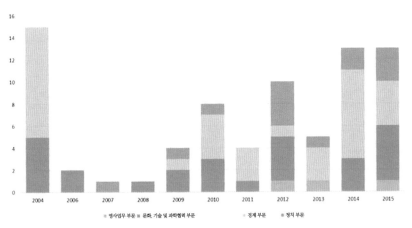

그림 5.1. 아르헨티나와 중국 간 범주별 양자 조약(2004–2015) (아르헨티나 국제무역 데이터를 기반으로 저자 직접 작성)

민의 이동을 선호하고 규제하는 문서,[10] 그리고 문화, 기술 및 과학협력에 관한 조약[11]이 각각 그것이다. 이 분류는 양국 관계의 심화가 어디에 집중되어 있는지를 식별하는 데 도움이 되었다(그림 5.1.).

협정의 진화

1970년대와 1980년대에 양국 관계의 설립 단계는 무역, 해상 운송, 경제 협력, 과학 기술에 관한 최초의 필수적인 협정의 체결로 시작되었다. 2004년부터 우리가 "제2의 토대(second foundation)"라고 부르는 관계 강화 단계에서, 중국의 전략은 상호 관심사 중 하나였다. 투자 프로젝트는 철도 운송과 에너지에 대해 합의되었으며, 이는 키르치네르 행정부가 상당한 투자가 필요하다고 인식한 분야였다. 그 대가로, 중국은 대두와 그 파생물(대두유)의 공급과 소비재를 위해 아르헨티나 시장으로의 접근을 위한 메커니즘을 확보했다. 따라서 2004년은 아르헨티나와 중국이 전략적 협력의 기반을 구축한 해였다(Bernal-Meza, 2012a: 84). 2001년 말 아르헨티나가 최대의 사회, 정치, 경제 위기에서 벗어나고 있는 상황에서 협정의 결과에 대한 긍정적인 기대가 있었다. 중국은 중남미에 전략을 구사하기 시작했다. 이를 위해 일련의 합의는 윈-윈 상황을 대변했다. 이후 몇 년 동안, 그러한 관계는 권력 관계의 논리 아래 발전했다.[12] 아르헨티나는 중국과 우호적인 관계를 추구한다. 그러나 중국은 자국의 이해관계가 있으며, 중국이 아르헨티나가 제안하는 것에 동의하지 않을 때 아르헨티나는 힘을 사용하곤 한다. 하지만 중국은 그들만의 이익이 있고 그들이 제안한 것에 동의하지 않을 때, 아르헨티나는 그들의 힘을 사용한다. 그것이 본 저자가 관계 발전의 모호성을 표현하는 방식으로 양자 관계를 "계속 발전하고 있는 관계"라고 말하는 이유이다(그림 5.2.).

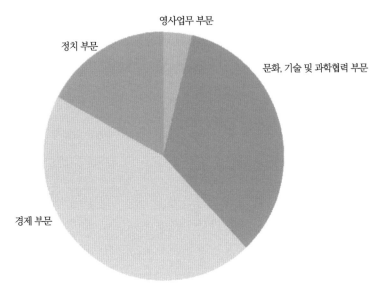

그림 5.2. 아르헨티나와 중국의 양자 조약 범주별 분포(2004-2015년) (아르헨티나 국제무역 데이
터를 기반으로 저자 직접 작성)

국제 가격의 하락과 중국의 수요 감소로 인한 원자재 위기는 2008년 아르헨
티나를 매우 심하게 강타했다. 이 위기는 중국-아르헨티나 교역에 부정적인 영
향을 미쳐 아르헨티나에 손실을 끼쳤다. 그러나 중국-브라질 교역의 경우 위기
가 브라질에 영향을 미치지 않았다. 아르헨티나 정치권의 내부 갈등이 최고조
에 달하자 아르헨티나 대통령이 잠시 뒤로 예정된 중국 공식 방문을 중단했다.
그럼에도 불구하고, 아르헨티나 대통령의 방문 취소가 중국 정부에 의한 것임
을 암시하는 몇 가지 징후가 있다.[13] 분명한 것은 방문 취소가 중국 당국에 특히
불쾌감을 유발했다는 것이다. 게다가, 양쪽 모두 영사 업무에 약간의 복잡함이
있었다. 부에노스아이레스에 있는 중국 영사관은 아르헨티나 대중의 관심을 끌

지 못했으며 아르헨티나는 중국 시민에게 비자를 발급하는 것을 어렵게 만들었고(Bernal-Meza, 2012a: 88), 2010년 아르헨티나가 일부 중국산 제품의 수입에 반덤핑 조치를 적용했을 당시 양국관계는 소용돌이 속으로 빠져들었다. 중국은 대두유의 수입에 대해 비관세 조치를 취함으로써 콩 가공품의 수출을 일시적으로 중단하였다(Bernal-Meza, 2012a: 86). 이러한 대내외적인 조건들은 양국 관계에 긴장을 조성했고, 서명된 협정들의 이행에 영향을 미쳤다.

그럼에도 불구하고 이 시기에 이루어진 양국 관계의 질적 도약은 중국 정부가 아르헨티나와의 관계에 '통합적 전략 연합(Integral Strategic Association)'[14] 지위를 부여한 것과 그에 따른 상설 양자위원회의 설립이었다. 이것은 두 나라 사이의 제도화된 협상 공간을 보장했다.

국제정치적 측면에서 볼 때 양국의 관계는 상호 호혜적인 것처럼 보였다. 그러나 키르치네르 정부가 소극적인 태도를 취했던 중국의 인권침해 혐의와 관련된 더 복잡한 문제가 발생했다. 2003-2015년 기간, 아르헨티나는 위구르 공동체 또는 티베트의 주장에 거의 관심을 보이지 않았다. 후자의 경우 아르헨티나 정부는 대부분의 국제사회 회원국들과 마찬가지로 인권 문제를 상업적 관계에 종속시키기로 결정했다(Bernal-Meza, 2012a: 57; Oviedo, 2015).[15] 즉, 아르헨티나의 외교적 노력은 상업적·재정적 관계에 초점을 맞추고 있었다.

2003-2015년 사이 수출액은 622억 4,010만 달러로, 2003년 25억 8,080만 달러를 기점으로 2008년 65억 6,230만 달러로 최고치를 기록했다. 2015년 12월 페르난데스 데 키르치네르 2기 정부 말에 중국으로의 수출은 53억 8,750만 달러[16]에 달했다. 전체 기간 동안, 중국은 아르헨티나 수출의 목적지로서 5위에서 2위로 올라섰다. 중국의 수출은 아르헨티나보다 훨씬 더 역동적이었다. 2003년에 아르헨티나는 중국으로부터 3억 4,210만 달러의 수입을 기록했고, 2015년경까지 수입액은 연평균 107억 3,720만 달러였다. 따라서 2003년과 2015년

사이에 아르헨티나는 753억 5,030만 달러에 달하는 중국산 상품을 수입하여 약 131억 1,020만 달러의 무역수지 적자를 기록했다. 게다가, 중국은 아르헨티나에서 미국을 대체하며 두 번째로 큰 수입대상국으로 등극했다.

그림 5.3.에 나타난 바와 같이 아르헨티나의 수출은 2003년에서 2007년 사이에 증가하였고, 2007년부터 2015년까지 정체기를 맞이하였다. 오비에도(Oviedo, 2015)는 아르헨티나가 높은 대두 가격에도 불구하고 대두와 파생상품의 수출을 늘리지 못했다고 지적한다. 중국은 대두 측면에서 세계에서 네 번째로 큰 생산국이고, 두 번째로 큰 가공국이며, 세계에서 가장 큰 대두 소비국이자 수입국이다. 대두유는 중국인들이 가장 많이 소비하는 식물성 기름이며, 펠렛(pellets)과 함께 동물 사료에 사용된다. 2010년까지 아르헨티나는 중국의 대두 원유 수입의 80%를 기여하며 중국에 대한 대두 원유 공급 1위를 차지했다(Sevares, 2012: 338 – 9). 이러한 통계는 양국 간 상업적 관계가 깊어지고 있음을 나타낸다. 그럼에도 불구하고, 중국은 현재 대두유의 수입량을 최소한으로 줄였다. 중국 정부는 곡물 가공 공장에 투자를 했고, 중국 영토에서 대두유를 생산할 수 있도록 박차를 가했다. 이 사실은 중국이 대두 산업화 과정과 같이 부

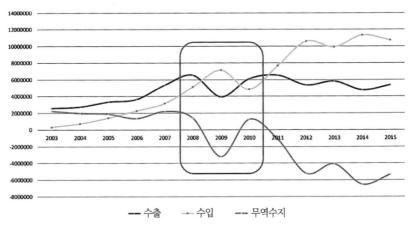

그림 5.3. 2003–2015년 사이의 수출, 수입 및 총 무역수지 (ALADI의 데이터를 사용하여 저자 작성)

가가치 활동을 자국 영토로 이전함으로써 아르헨티나의 1차 산업 전문화 추세가 악화되고 있음을 재확인시켜 준다.

중국의 대두 수요가 증가함에 따라 아르헨티나의 대두 재배 면적은 2002/2003년 12,566,885헥타르에서 2015/2016년 20,479,094헥타르로 약 63% 증가했다. 아울러 2002/2003년 작물 생산량 34,706,662톤에서 2015/2016년 58,799,258톤으로 69.5% 증가했다. 이러한 대두 생산량 증가는 헥타르당 평균 생산성 증가로 설명될 수 있다. 2002/2003년 수확량은 헥타르당 2,803kg이었으나,[17] 이 기간 말에 기록된 수확량은 헥타르당 3,015kg이었다.[18] 표 5.1.에서 제시된 수치는 중국과의 무역이 촉발한 아르헨티나 농업 부문의 특화 과정을 보여주고 있다.

양국 관계가 진전되고 앞서 언급한 2010년에 발생한 정치적 사건 이후 중국은 대두유와 같은 가공품의 수입 대신 대두를 수입하는 것을 선호했다(Bernal-Meza, 2012a: 59). 따라서, 중국은 아르헨티나 수출의 부가가치를 악화시키는 수입대체 전략을 개발하기 시작했다. 오비에도(Oviedo, 2015)는 키르치네르 정부가 끝날 무렵 수출의 "콩의 1차 산품 집중화"가 일어났다고 주장한다. 이러한 상황은 2008년에 시작된 무역수지 적자를 되돌리기 위해 2008년 말에 발생한 "다각화된 농업 1차 산품 집중화" 경로와 대조된다.

표 5.1. 아르헨티나 대두 파종 면적, 생산량 및 수확량

파종 기간	파종 면적(헥타르)	생산량(톤)	수확량
2002/2003	12,566,885	34,706,662	2803
2003/2004	14,526,606	31,576,752	2207
2004/2005	14,400,002	38,300,006	2728
2005/2006	15,393,474	40,537,368	2679
2006/2007	16,141,338	47,482,787	2971

파종 기간	파종 면적(헥타르)	생산량(톤)	수확량
2007/2008	16,608,935	46,238,890	2821
2008/2009	18,042,895	30,989,474	1848
2009/2010	18,343,940	52,676,218	2905
2010/2011	18,883,429	48,878,774	2607
2011/2012	18,670,937	40,100,197	2281
2012/2013	20,035,572	49,306,202	2539
2013/2014	19,799,462	53,397,720	2774
2014/2015	19,809,300	61,446,556	3175
2015/2016	20,479,094	58,799,258	3015

출처: 농업부 오픈데이터

오비에도(Oviedo)의 주장을 평가하기 위해 우리는 심슨 지수(Simpson Index)[19]를 사용해 분석했다. 이 지수는 수출의 다양화 또는 집중도를 관찰할 수 있게 해 준다. 2003-2015년 기간 아르헨티나는 1차 산품 수출의 다변화가 이루어지지 않았다. 아르헨티나는 2007년까지 중국과의 무역 흑자를 유지한 반면, 1차 산품 수출은 낮은 수준의 다각화를 유지했다. 그러나 무역 적자가 증가하기 시작하면서 중국으로의 아르헨티나 수출은 중국 시장으로 향하는 대두 생산 특화로 설명되는 1차 산품 부문 내의 1차 산품 집중화 과정을 겪었다. 아르헨티나와 중국은 1차 산품 수출의 다변화로 전환할 수 있는 규제 틀을 공고히 하는 데 진전을 이뤘지만, 실제 이러한 다변화가 발생하지 않았다. 아르헨티나는 중국과 상업적인 보완성을 가지고 있지만 아르헨티나 농산물 수출국의 다른 나라들과 보완성이 더 크다.

중국으로부터의 수입과 관련하여 아르헨티나는 중남미의 나머지 지역과 비슷한 사정이다. 중국은 비즈니스 파트너의 포트폴리오를 다양화하는 것 외에도 고부가가치 제조를 선호하며 이 지역에 수출하는 제품도 다각화했다. 관계가 발전함에 따라 중국은 철도, 기계와 같은 내구재에서 텔레비전, 컴퓨터 및 휴대전화와 같은 소비재에 이르기까지 고부가가치 시장을 지배하기 시작했다. 이러한 상업적 연계는 산업 내 보완성이 아닌 비교우위에 기반한 경제적 보완성의 논리에 따라 구성된다(Bolinaga & Slipak, 2015).[20]

산업화를 촉진하기 위해 노력해 온 키르치네르 정권에서 가장 복잡한 내부 갈등이 도출되었다. 이 기간 동안 지역협약은 메르코수르를 통해 아르헨티나의 생산적 매트릭스를 보호하는 데 초점이 맞춰졌다(Bernal-Meza, 2012a: 83). 그러나 아르헨티나가 중국과의 상업적 관계를 증진하는 동시에 산업의 재건을 추진하기 시작하면서 모순이 발생했다(Bolinaga & Slipak, 2015). 이것이 중국과 아르헨티나 정부의 대화와 남남 협력 논리의 모순이 명백해진 시점이다. 중국이 강대국으로서의 지위를 공고히 함에 따라 1차 산품과 그 파생상품에 대한 수요가 증가했다. 결과적으로 아르헨티나와 중국 간의 상업적 관계는 가치 사슬에서 상호 보완성을 창출하지 못했다(Bernal Meza, 2012: 67; Bolinaga & Slipak, 2015; Sevares, 2012: 334).

오비에도(Oviedo, 2015)는 양국 간 FDI 흐름과 관련하여 아르헨티나에 대한 중국 투자의 흐름에 변화가 있었다고 지적한다. 2007년 아르헨티나에 대한 중국의 총 직접투자가 중국에 대한 아르헨티나의 총투자를 처음으로 넘어섰다. 이러한 흐름 구조는 2010년에 중국해양석유총공사(CNOOC), 페트로차이나(Petro China) 및 중국공상은행(ICBC)과 같은 여러 중국 기업이 아르헨티나에 투자하면서 공고화되었다.[21] 이 시점에서 아르헨티나에 대한 중국 투자는 양국 관계의 새로운 측면으로 나타났다. 이 기간 아르헨티나에 대한 중국 투자는 조세피난처, 외국인 직접투자, 그리고 해당 지역에 영향을 미치는 지역 외 국가에 대한 투자를 포함하는 세 가지 방식으로 진행되었다. 이러한 방식 외에도, 통화스와프 및 중국 상품의 구매를 위한 대출, 그리고 인프라 및 서비스 개선을 수행하기 위해 국가 혹은 하위 국가 기관(지방자치단체)에 대한 대출을 아우르는 두 가지 형태의 대출이 시작되었다. 중국과의 외국인 직접투자와 관련된 협정의 일부로 아르헨티나 정부는 2013년 중국 회사 게조우바그룹(Gezhouba) 계열사에 두 개의 댐 건설을 승인했다. 오비에도(Oviedo, 2015)는 2011년 기준 외국인 직접투자의 흐름이 마비되었고, 중국 기업들은 여전히 "두고 보자(wait and see)"는 태도를 취하고 있다고 지적한다. 하지만 유엔무역개발회의(UNCTAD) 데이터는 이 진술을 확증하지 않는다. 2011년 중국과 홍콩에서 유입된 자금은 총 1억 3천2백만 달러였으며, 2012년에는 3억 8천만 달러의 국가 주식을 보유하고 있었다. 2012년 자본 유입은 1억 9천5백만 달러에 달했으며, 아르헨티나에서 보고된 주식 보유액은 6억 4천9백만 달러에 달했다(UNCTAD, 2017). 그러나 오비에도(Oviedo, 2017)가 지적했듯이, 자료의 출처가 서로 다를 경우 다른 결론이 도출될 수 있다. 유엔무역개발회의(UNCTAD)와 유엔중남미카리브경제위원회(ECLAC)가 사용하는 아르헨티나가 보고한 데이터는 중국이 보고한 데이터와 매우 상이하다. 아르헨티나에 대한 일부 중국인 투자는 외국인 직접투자가 아닌 조세피난처를 통해 이뤄지는 투자이기 때문에 직접투자, 간접투자, 인프라 대출, 스와프 등이 포함된 중국 자본(Chinese Capital)이라 지칭하는 것이 적절할 것이다.

스와프는 양국의 재정적 관계에서 중요한 경제적 요소였다. 2014년 아르헨티나 중앙은행(Central Bank of the Argentine Republic, BCRA)은 중국인민은행(Bank of the PRC)과 약 1,100만 달러, 최대 3년간 통화스와프 계약을 체결했다. 이 협정에 따르면 아르헨티나 중앙은행은 중국에 최대 7천만 위안의 지급을 요청할 수 있으며, 그 대가로 최대 12개월의 상환 기간과 함께 해당하는 금액을 아르헨티나 페소로 예치할 수 있다. 선례는 2009년에 102억 달러 상당의 통화스와프에 서명한 것이었다. 두 협정의 목표는 미래의 유동성 부족 시 국제 통화에 대한 접근을 보장하는 것이었다. 2009년의 통화스와프는 실제로 행해지지 않았지만, 선례를 만들었다. 그러나 아르헨티나 중앙은행의 국제준비금 규모가 취약했던 2014년에는 상황이 달랐다. 이 협정은 2014년 10월 아르헨티나 중앙은행이 첫 번째 트랑슈(8억 1,400만 달러)를 요청하면서 활성화되었다. 그 시점에서, 아르헨티나 중앙은행의 준비금은 2,734만 6천 달러로 떨어졌다. 이 스와프는 시장의 신뢰를 강화하는 데 도움이 되었고 페소에 대한 달러의 상승을 막았으며 양국 무역의 균형을 안정시켰다. 2015년 1월까지 5개의 트랑슈가 추가로 활성화되었으며, 총금액은 3억 1,400만 달러에 달했다. 같은 해 10월 아르헨티나 부채 채권 지불(BODEN, 2015) 이후 중국과의 스와프는 아르헨티나 중앙은행 준비금의 40%를 차지했다. 2015년 말, 양국 정부 관계자들은 포괄적·전략적 파트너십의 일환으로 두 기관이 발전시켜 나가고 있는 스와프 협정 및 기타 협정에 대한 "정책의 진전과 지속성 제공" 원칙에 합의했다(Gentile & Jara Musurana, 2015). 이처럼 중국은 자금 조달의 원천으로서 점점 더 중요한 역할을 하기 시작했다.

키르치네르 정부 시기(2003–2015) 분석

21세기 초부터, 중국은 아르헨티나의 두 번째로 중요한 무역 상대국이 되었다. 마우리시오 마크리(Mauricio Macri) 정부가 IMF와 합의하기 전까지, 2018년 8월 중국은 우고 차베스(Hugo Chávez) 베네수엘라 정부가 매입한 아르헨티나 채권을 제외하고 가장 큰 대출국이었다. 아르헨티나는 중국의 WTO 가입을 지지했고 중국 시민들의 입국에 대해 더 관대한 조치를 취했다.[22]

중국은 브라질에 이어 아르헨티나의 두 번째로 큰 무역 상대국이지만 크리스티나 페르난데스 데 키르치네르(Cristina Fernández de Kirchner) 대통령 행정부 시절 중국과의 무역흑자는 단 한 해도 발생하지 않았다. 아르헨티나는 반덤핑 조치의 수가 증가함에 따라 무역 적자 또한 증가했다(Oviedo, 2016: 286).

이처럼 중국이 중요한 상업 및 금융 파트너가 된 과정을 이해하기 위해서는 특정 핵심 요소가 고려되어야 한다. 아르헨티나는 중국과의 상업적 관계 과정에서 광범위한 경제 관계(무역, 투자, 대출)를 경험했다. 이러한 관계의 초기에는 양국 간 상업적 관계가 성공적이라 평가될 수 있으며 아르헨티나의 무역에서 흑자를 창출했다. 하지만 결국에는 심각한 적자를 기록해 아르헨티나의 근대화에 부정적인 영향을 미친 역내에서 가장 명확한 사례를 보여주었다. 게다가, 중국과 아르헨티나의 경제적·재정적 관계는 아르헨티나가 겪고 있는 구조적 재정 적자의 상당 부분을 설명한다.

2003년부터 시작된 아르헨티나와 중국의 경제관계 발전에 대한 설명은 크게 두 가지로 분류된다. 첫째, 이러한 관계는 중남미를 세계정치 및 경제관계의 구조에 포함시키려는 중국의 전략의 일부이다(Bernal-Meza & Quintanar, 2012; Dusel Peters, 2016; Ellis, 2009; Prieto, Figueredo, & Rodriguez, 2017). 두 번째는 아르헨티나의 공공 및 민간 부문에 대한 외부 자금 조달 필요성 증가이다(Oviedo, 2016; Sevares, 2015, 2016). 아르헨티나의 재정적 자원 부족의 원인은 무역 적자[23]와 내부 자금 조달의 어려움, 그리고 미국, 유럽연합의 몇몇 국가들, IMF, 그리고 파리 클럽(Paris Club)과 같은 전통적인 자본 공급자들의 포트폴리오의 일부인 파트너들, 국가들, 그리고 조직들과의 관계에 영향을 준 정부에 의한 정치적 결정들 때문이었다. 네스토르 키르치네르(Néstor Kirchner)와 크리스티나 페르난데스 데 키르치네르(Cristina Fernández de Kirchner) 정부 시절 아르헨티나는 미국, 유럽연합, 일본 등이 주도하는 국제적 고립에 직면했고,

이들 국가와의 상업적·금융적 유대가 악화되었다. 이러한 고립은 아르헨티나가 2001년 디폴트에서 벗어나기 시작하고 채무 재협상이 극도로 복잡했던 시기에 아르헨티나가 오랜 역사를 가진 국가들과의 상업 및 금융 관계를 약화시켰으며, 경우에 따라서는 이 관계가 중단되기까지 이르렀다. 그해 아르헨티나의 부채는 1억 4천4백만 달러에 달했다.[24]

세바레스(Sevares, 2016)에 따르면, 2005년과 2014년 사이에 아르헨티나는 중국 기업으로부터 미화 1,900만 달러에 달하는 10건의 대출을 받았으며, 이는 대부분 인프라 공사 및 철도 장비 구입에 사용되었다. 중국은 일반적으로 상품과 생산 투입물의 독점적인 공급자였다. 중국의 대출 및 투자 계획은 양자 협정의 촘촘한 네트워크로 구성되었다. 2014년 시진핑 국가주석의 아르헨티나 방문과 관련해 17개 개별합의서가 포함된 기본합의서가 체결됐다. 그중 5개가 댐 건설, 선박 인수, 철도 공사, 관개 시스템, 아투차(Atucha) III 원자력 발전소 건설을 위한 광범위한 중국 자금 조달을 포함했다. 계약의 총가치는 8억 5만 4천2백만 달러에 달했다. 양국 사이의 전략적 동반자 관계는 시 주석의 아르헨티나 방문 기간인 2014년 7월에 수립되었다.

세바레스(2016: 263-266)에 따르면 2015년 2월 크리스티나 페르난데스 대통령의 중국 방문 당시 아르헨티나에서 15건의 협정이 체결되었는데, 이 협정들이 아르헨티나 기업들의 이익을 해친 것으로 알려져 아르헨티나에서 의문이 제기되었다. 하지만 이 협정들은 2015년 10월 대통령 선거를 얼마 남기지 않고 서명되었다는 점, 그리고 따라서 새 정부의 향후 정책에 영향을 미칠 수 있다는 점 때문에 반대의 목소리도 있었다. 일부 협정들은 위헌이라고 이의가 제기되었으며, 환경 문제나 투명성 부족과 같은 다른 이유로 비판받기도 했다. 이 협정들은 아르헨티나 기업들을 외국 기업들과의 경쟁으로부터 보호하는 "바이 내셔널(Buy National)" 시스템에 영향을 미쳤다. 또한 아순시온 조약(Asunción

Treaty)과 그 프로토콜에 의해 보호받는 메르코수르의 주요 상업적 · 정치적 파트너인 브라질의 기업에도 영향을 미쳤다. 중국과 체결한 댐 건설 계약은 이전에 브라질 기업들이 이끄는 컨소시엄에 입찰을 통해 이미 체결된 것이었으며, 아르헨티나의 주요 기업들도 파트너로 참여하기로 되어 있었으나 중국 기업의 투자를 위해 파기되었다. 새로운 계약은 중국계 직원을 고용하는 내용을 포함하고 있었으며 양국 간 이견이 있을 경우 영국 법원을 활용하는 것을 포함했다. 즉, 국가 간에 분쟁이 발생할 경우 아르헨티나는 정치적 또는 상업적으로 밀접하거나 우호적인 관계가 없는 국가의 판결을 받게 되었던 것이다. 정부가 공공구매를 규제하는 제도적 채널을 사용하지 않았기 때문에 이러한 협상은 아르헨티나에서 수많은 의문점이 제기되었다. 그럼에도 불구하고, 이 협정은 국제 신용 시장에 대한 접근성이 부족하고, 중국이 제공한 자금 조달 조건이 아르헨티나에 필적할 수 없었던 일반적인 상황의 맥락에서 분석되어야 한다.

아르헨티나는 브라질과 멕시코 다음으로 중남미에서 세 번째로 산업화된 국가이다. 그러나 아르헨티나와 중국의 무역은 다른 아르헨티나의 무역 부문보다 더 고도로 원시화되어 있다. 즉, 1차 산품의 수출을 기반으로 한다는 것이다. 이 사실은 아르헨티나와 중국 간 양자 무역이 중심부-주변부의 맥락에서 이해가 가능하다는 것을 시사한다. 또한 2008년 이후 아르헨티나의 대중국 수출이 정체되고 있으며, 중국산 공산품 수입으로 인해 무역수지가 점점 더 적자를 기록하고 있다.

오비에도(Oviedo, 2012)는 중국이 중남미에서 중국의 성공적인 권위주의적 근대화 모델과 민주주의의 근대화를 위한 중남미의 미완성 노력 사이의 "근대화의 충돌(clash of modernizations)"의 예를 대표한다고 주장했다. 아르헨티나의 근대화 불능과 중국과 심화되고 있는 경제관계 발전은 아르헨티나와 중국의 근대화 사이의 갈등에서 핵심적인 문제 중 하나인 "식량 역설(food paradox)"

을 야기했으며, 이는 중국-아르헨티나 관계를 중심부-주변부 관계로 특징짓게 한다. 오비에도(Oviedo, 2016: 273)에 따르면,

> 아르헨티나는 농산물의 수출국이고 중국은 식료품의 주요 수입국이지만, 아르헨티나는 무역 적자를 통해 막대한 양의 외화를 중국으로 이전하여 국제 비축량의 감소와 아르헨티나 페소의 불안정을 야기시켰다. 동시에 중국은 단기적으로 재정 상황을 안정시킨 통화스와프 협정과 차관 제공을 통해 문제를 해결할 수 있는 핵심적인 행위자로 등장했다. 이러한 방식으로, 이미 통상 부문에서 통합된 중심부-주변부 모델 외에도, 아르헨티나는 중국 자본에 대한 의존성을 심화시켜, 양자 비대칭성을 확대하고 아르헨티나의 근대화 초기 과정에 영향을 주었다.[25]

2008년과 2014년 사이, 전 세계적으로 농산물 가격이 상승하는 가운데, 이러한 호황의 혜택을 받았다고 알려진 아르헨티나는 무역 적자로 인해 2,400만 달러 이상의 돈이 중국으로 유입되었다(Oviedo, 2016: 275). 어떻게 이런 상황까지 도달했을까?

국제정치경제학적 관점에서 보면 '남남'(개발도상국 간 협력)이라는 우산 아래 협력으로 시작된 양국 관계는 남북관계로 변질되었다. 아르헨티나는 대두와 대두유 수출을 전문으로 하는 주요 수출국이 되었고, 제조업, 기계, 도구, 자본재의 수입국이 되었다. 아르헨티나로의 자본 흐름을 창출하고자 하는 중국은 통화스와프 협정을 수립하고 인프라 프로젝트에 대한 대출을 승인하기로 결정했다. 이것의 한 가지 예는 아르헨티나 네우켄(Neuquén) 지방에 있는 중국 우주정거장의 건설, 설립, 운영이다. 이를 신설하기 위한 협약은 2014년 페르난데스 데 키르치네르 대통령의 중국 순방 당시 체결된 이른바 '통합적 전략적 동반자 관계(Integral Strategic Partnership)' 이전에 체결된 것이다(Oviedo, 2017b).

크리스티나 페르난데스 정부는 통화스와프를 통한 중국 대출을 통해 무역

적자를 해결하려 했다. 따라서 아르헨티나는 역사적으로 채권국이 아니었던 중국에 빚을 지게 되었는데, 이는 전통적으로 채권국은 파리 클럽의 회원이었기 때문이다. 아르헨티나가 통화스와프를 통해 중국 자금 조달에 관심을 갖는 이유 중 하나는 외환 보유고 감소와 더불어 특히 중국과의 무역 적자 증가였다. 스와프를 통한 대출만이 부채를 발생시키는 유일한 수단은 아니다. 위안화는 수출 대금을 지불하는 데 사용되지만 중장기 투자를 위한 대출도 있다. 이러한 프로젝트는 투자로 기록되지만, 실제로는 중국 은행이 부여한 대출이며 (Oviedo, 2016), 중국 공급 독점 제공 및 중국 근로자의 존재와 관련이 있다 (Bernal-Meza, 2012a, 2012b).

2003년부터 아르헨티나의 대중국 정책은 중국의 이해관계에 의해 형성된 경제적 관계를 수용하는 것이었다. 이후 아르헨티나는 다른 출처의 자금과 투자 부족을 보완하기 위해 대출과 투자를 찾기 시작했다. 이 정책은 아르헨티나를 농산물 수출과 공산품 구매에 기초한 주로 수동적인 행위자로 만들었다 (Sevares, 2015).

크리스티나 키르치네르 정부는 아르헨티나가 다른 파트너들에게 부여하지 않은 유리한 조건을 중국에 부여했고 중국 투자는 더 유리한 입찰 과정을 누렸다. 즉, 중국이 공공조달 과정을 생략한 채 자금 조달을 제공할 때 중국 기업에 프로젝트가 제공되며, 중국 근로자 또한 진입이 허용된다(Sevares, 2015). 대통령으로서 중국을 처음 방문한 마크리는 이러한 조건들 중 일부를 바꾸려고 노력했지만 거의 성공하지 못했다. 그러나 오비에도(Oviedo, 2017b)에 따르면, 중국 정부는 아르헨티나의 정권 교체에 따른 양국 관계의 미래에 대해 매우 우려하고 있었다. 구체적으로, 그들은 마크리가 서방 파트너들에게 우호적 제스처를 보냄으로써 중국에 손해를 입힐 가능성에 대해 걱정했다.

키르치네르 정부의 유산

2015년 정부가 바뀌었을 때(크리스티나 페르난데스가 마크리 대통령으로) 재정 대차대조표에 따르면 아르헨티나는 2008년과 2015년 사이에 무역 적자를 통해 중국에 30,815,000,000달러를 지불했으며, 통화스와프 계약과 철도 및 인프라 투자에 대한 대출금 지불에 대해 8억 달러(이자 포함)를 상환해야 했다. 아르헨티나는 중국에 대한 의존적 구조를 고착화시키며 무역·통상 부문에서 중심부-주변부 체계를 공고히 했으며, 이는 통화를 주변부에서 중심부로 이전시키며 양자 비대칭의 확장으로 귀결되었다. 아르헨티나의 디폴트 상황을 고려할 때, 중국과의 통화스와프는 단기적으로 환율을 안정시키기 위해 고안된 메커니즘이었다. 오비에도에 따르면 크리스티나 페르난데스 데 키르치네르 정부는 중국과의 관계를 강화함으로써 정치적 비대칭, 중심부-주변부 관계, 무역 적자를 확대하고 대출을 통해 아르헨티나의 중국 자본 의존을 배가시켰다. 아르헨티나-중국 양국 관계의 역사는 2008년 글로벌 경제위기가 시작되기 전까지 대출과 투자의 '레이더'에도 등장하지 않았던 중국과 페르난데스 데 키르치네르 정부를 대외채무의 발단으로 볼 것이다(Oviedo, 2016, 2017b).

마우리시오 마크리 정부(2015-2017)의 변화[26]

아르헨티나와 중국의 관계는 이전 아르헨티나 정부의 외교정책과 현재의 외교정책 사이의 몇 안 되는 연속성을 보여준다. 네스토르 키르치네르와 크리스티나 페르난데스 데 키르치네르 정부 기간 동안 중국은 아르헨티나의 미국 및 유럽연합과의 관계를 상업적·재정적·정치적으로 대체하는 역할을 수행하여 이러한 전통적인 파트너의 중요성을 감소시켰다. 마크리 정부하에서 중국은 아르헨티나의 국제경제 관계 측면에서 배타적이지는 않지만 중요한 파트너이다. 새 정부가 아르헨티나 내 중국 자본의 영향력을 강조하며 중국에 대한 아르헨티나의 외교정책을 수정했다고 볼 수 있다. 외환 통제 철폐, 보유 대금 지급, 국제 자본 시장 복귀 등으로 중국 자본에 대한 의존도가 점점 더 희석되고 있다. 그럼에도 불구하고 아르헨티나의 대외 경제 관계에서 중국 자본과 그 시장의 영향력은 지속되고 있다(Oviedo, 2017b: 12).

마크리 정부는 아르헨티나가 이전의 부채와 투자에 묶여 중국의 경제 및 비즈니스 결정에 의존하는 외교 관계를 유지하는 것을 선택했다. 마크리는 통화 스와프 협정을 갱신하고 100억 달러 이상 연장하는 협정을 체결했다. 이 합의는 총 700억 위안, 즉 약 87억 5천만 달러에 대한 기존 스와프의 연장이었다. 추가 대출은 약 600억 위안, 즉 약 102.1억 달러로, 이로써 총 대출액은 189.6억 달러가 되었다.[27] 이는 페소의 평가절하의 효과가 반영된 것이다.

1990년대 카를로스 메넴(Carlos Menm) 정부 시절 펜타곤 참모의 부에노스아이레스 방문[28] 등과 같은 아르헨티나와 미국의 정치적 관계 개선은 중국이 중남미 경제에 미치는 영향과 역내 국가들의 주권상실에 대한 두려움 등과 같은 양자적 (그리고 지역적) 의제가 도마 위에 오르게끔 했다. 아르헨티나의 경제적 · 재정적 상황은 마크리 대통령으로 하여금 도널드 트럼프 대통령의 폭넓은 지지를 받았던 2018년 9월에 IMF와 5,700만 달러 규모의 구제금융 융자에 합의하도록 강요했다.[29]

마크리 행정부가 취한 중국과의 관계에 영향을 미친 첫 번째 조치는 중국 국영기업이 참여한 인프라 공사 중단이었다. 이것은 중국이 이전에 확립한 조건의 결과였다. 키르치네르 정부 전반에 걸쳐, 협정은 "크로스 디폴트(cross default)" 조항에 의해 주도되었다. 마크리 정부는 2016년 중 아르헨티나 내 공공

사업 대부분의 집행을 중단함으로써 중국 정부가 크로스 디폴트 조항을 활성화할 수 있는 여건을 조성했다. 특히 기술적인 측면의 우려에 따라 아르헨티나 남부의 두 댐 건설 프로젝트가 중단됐다. 공식 문서는 환경 영향의 문제를 지적했다. 언론은 또한 중국이 이러한 프로젝트를 위해 제공한 기술이 전 세계에서 중국이 자금을 조달하는 이러한 유형의 대부분의 프로젝트에서 최첨단 기술이 아닐 것이라고 지적했다. 따라서 아르헨티나에 중국 FDI를 들여오는 데 있어 안정성과 예측 가능성을 창출하기 위해 수립된 비상 조항이 표면화되었다. 공사 중단에 대한 베이징의 반응은 더욱 강해져서 아르헨티나 정부에 건설 기한 및 자금 조달 조건 연장과 함께 미화 7억 달러 이상의 프로젝트 검토를 위한 문호를 개방하고 있음을 상기시키는 공식 통지를 보낼 정도였다. 이러한 주제들은 핵안보정상회의(2016년) 동안 워싱턴에서 열린 양자회담과 G20 정상회의(2016년) 동안 항저우에서 열린 양국 정상회담에서 대통령들이 논의했으며, 2017년 5월 아르헨티나 대통령의 중국 공식 방문에서도 논의되었다.

양자 관계에 긴장을 조성한 또 다른 주제는 아르헨티나 투자에 대한 비상 보험으로 중국 당국이 제안한 금융 도구인 "스와프"와 관련이 있다. 아르헨티나 새 정부는 위안화를 보유하는 대신 통화 당국을 장악한 직후 스와프의 30% 이상을 미국 통화로 전환했다. 중국 통화로 1,100만 달러 상당의 국제 준비금을 기여한 이 도구는 부채 만기에 직면할 목적으로 이를 미국 달러로 전환하는 데 사용되었다. 이 금액의 3분의 2는 크리스티나 페르난데스 행정부에서, 나머지는 마크리 정부에서 전환되었다.

마크리 정부의 첫 1년 반 동안 국제 대두 가격은 2017년 6월 시카고 시장에서 톤당 336달러의 바닥에 도달하는 하향 국면에 접어들었다. 아르헨티나산 대두 구매가 계속 증가하고 있음에도 불구하고 공급 과잉과 이 시장의 직접적인 경쟁자인 브라질 등에 의해 글로벌시장을 포화시켰다(Gasala, 2017). 댐을 둘러싼 문제로 인한 긴장감은 아르헨티나산 대두유에 대한 중국의 구매에 영향을 미쳤지만, 이미 설명했듯이 중국은 매우 적은 양의 대두유를 수입하고 있다. 중국은 곡물 분쇄 공장을 건설하기 위해 국내에서 대규모 투자를 했고, 이는 중국이 주로 콩을 수입하는 이유를 설명한다.

2016년 동안, 중국은 실질적으로 대두유를 전혀 구매하지 않았으며, 오직 대두만 수입했다. 이는 2010년 덤핑 제소에 대응하기 위해 채택된 전략이 반복된 것이다. 중국은 아르헨티나가 중국의 이익에 영향을 미치는 사안에 대해 협상을 해결하지 않자 대두유 구매를 취소하는 등 보복을 가했다(LPO, 2016; Super Campo, 2016). 2017년 중반까지 아르헨티나 정부는 자금 조달처를 다양화하는 데 성공했다. 아르헨티나의 새로운 외교 전략은 워싱턴에 더 가까워졌고, 정부가 베이징으로부터의 자금 조달에 의존하지 않았기 때문에, 정부가 더 편안하게 협상할 수 있는 여건이 조성되었다. 베이징에서 열린 마크리 대통령 정상회담의 주요 승자는 중국이었다.

익명의 회의 참석자는 중국 정부가 아르헨티나 대통령의 공식 방문을 위해 마크리 대통령이 크리스티나 페르난데스 대통령 재임 기간에 체결한 협정을 재협상할 수 있는 날짜를 단 한 번만 제공했다고 확인했다. 사실 국가의 공식 청문회는 일대일로 포럼 다음 날에 열렸다. 이 포럼 동안, 시 주석은 외국 참가자들로부터 폭넓은 지지를 얻기 위해 노력했다. 그 지원은 재선이라는 그의 목표를 위한 내부적 전략이었다.

2004년에 체결된 양해각서에는 중국을 시장경제로 인정하는 내용이 포함되어 있었다. 중국의 WTO 체제 진입에 따라 2016년은 WTO 회원국들이 중국을 시장경제로 인정하는 기한으로 설정되었다. 이것은 중국이 상품을 제3시장에서 더 낮은 가격으로 수출되었다는 것을 증명한다면 세계의 나머지 국가들은 반덤핑 조치를 적용할 수 있다는 것을 의미했다.

아르헨티나는 실제로 덤핑 관행과 관련된 중국의 조건을 받아들였다. 아르헨티나는 중국 제품의 시장 진입 장벽을 낮추고 WTO에 대한 중국의 입장을 지지함으로써 중국의 국제적 위치를 선호했다. 이 조치는 중국의 산업 생산을 위협으로 인식한 아르헨티나 기업들로 하여금 큰 좌절에 직면하게끔 만들었다 (Rebossio, 2017).

전략적 · 국제적 영향 등으로 인해 양국 간 중요한 프로젝트 중 하나는 중국 국가가 사용하고 운영하기 위해 설계된 우주관련 시설인 딥 스페이스 스테이션(Deep Space Station)의 건설이었다. 이 프로젝트는 크리스티나 키르치네르 대통령의 임기 중에 합의되었다. 아르헨티나는 중국에 50년간 남서쪽에 우주시설을 건설하고 관리할 수 있는 권리를 부여했는데, 이는 남반구에 설치된 중국의 이런 유형의 첫 번째 시설이다. 아르헨티나는 칠레 국경 인근 외딴 지역에 50년간 우주시설을 짓고 운영할 수 있도록 208헥타르에 달하는 전용공간을 마련했다. 비록 이러한 시설의 설치가 중국의 달 탐사 프로그램을 위해 사용될 것이고, 따라서, 순수하게 과학적인 목적을 위해 사용될 것이라고 발표되었지만, 이 프로젝트는 군사적이고 지정학적인 의미 때문에 매우 논란이 많다. 이 시설의 주요 자산은 지름 35m의 안테나로 위성 등 장치와 통신이 가능하지만, 안테나의 이중 활용 기술 때문에 군사적으로 이런 설치를 배제할 수 없다는 지적이 나오고 있다. 이 협정은 중국에 부여된 매우 예외적인 시설이었기 때문에 아르헨티나에서 강력한 비판에 직면했다. 2016년 마크리 대통령의 항저우 방문 동안, 시설의 개발을 위한 협정의 수정 부록이 만들어졌다.

대중 무역 적자를 반전시키는 것은 마크리 대통령 정부의 주요 과제이다. 아르헨티나 통계 · 인구조사청(National Institute of Statistics and Census of Argentina, INDEC)의 자료에 따르면 2007년과 2015년 사이에 누적 적자는 미화 307억 3,900만 달러에 달한다. 2015년에는 양국 간 무역 적자가 6억 5천7백만 달러에 달했고 2016년에는 중국으로의 이전이 5억 8천2백만 달러를 차지했다. 이것은 마크리의 정부 시절에 기록된 아르헨티나가 무역을 하는 모든 국가들과 비교해 봤을 때 가장 큰 적자였다(Oviedo, 2017b: 30).

요약하자면, 2017년 5월 대통령 양자 회담에서 중국은 아르헨티나의 시장경제로서의 인식을 재확인하는 데 성공했다. 파타고니아 댐의 계약 검토로 제기된 "크로스 디폴트" 문제도 해결되었다. 금융 채권이 강화되면서 더 많은 의문이 제기되고 있는데, 이는 중국이 아르헨티나에서 주요 외국인 투자자가 될 것이기 때문이다.

또 다른 관심 분야는 외교이다. 다만 아르헨티나와 중국이 137개의 국제조약을 체결했는데 모두 비교적 짧은 기간에 체결한 것이지만 아르헨티나가 브라질과 체결한 703개 조약이나 칠레와 체결한 688개 조약과 비교하면 그 수는 상대적으로 적다.[30]

결론

글로벌 행위자로 부상한 중국은 아르헨티나 경제와 그 구조에 큰 영향을 미쳤다. 중국은 중남미, 특히 아르헨티나에 접근하여 자국의 도시화와 산업화의 내부 과정을 지속할 수 있는 자원을 끝없이 모색했다. 키르치네르 행정부는 중국을 워싱턴 컨센서스 위기에 직면한 지역 외 파트너이자 국제 자본 시장에서 재원 조달이 어려운 상황에서 외부 자금 조달을 제공할 수 있는 동맹국으로 보고 1차 산품 수출을 위한 중국 시장을 중요하게 고려했다. 아르헨티나는 중국에 대한 수출 다변화를 원했고 이를 중국 정부에 요청했다. 하지만, 그 뒤 벌어진 일은 중국이 공산품 수출에 새로운 프로젝트의 자금 조달, 엔지니어링 서비스의 판매, 에너지 인프라 및 철도를 추가한 것이었다.

정치 외교 분야에서는 상대적으로 양자관계의 균형이 잘 잡혀 있다. 아르헨티나는 미국을 비롯한 워싱턴 컨센서스 기관들과 소원한 시기에 중국과의 역사적 유대를 강화하고 다른 개발도상국에 의존하기 시작했다. 외교 분야에서 아르헨티나와 중국은 주로 경제적이지만 기술적·문화적·과학적·정치적·영사적 관계를 강화하기 위해 수많은 양자 협정을 체결했다. 그러나 강대국으로서 중국은 아르헨티나를 상대로 불리한 현실정치 관행을 펼쳐왔다(Bernal-Meza, 2012b).

정치경제적 측면에 관한 한, 아르헨티나와 중국의 관계는 중국이 반주변부 및 주변부에 대한 중국의 영향을 설명하기 위해 리 밍치(Li Mingqi, 2005)와 리 싱(Li Xing, 2010)이 제공한 일반적인 분석에 적합하다(즉, 아르헨티나, 멕시코 및 브라질과 같이 산업화 및 현대화 과정에 있던 국가와 같은 반주변부 및 일반적으로 나머지 라틴아메리카, 카리브해 및 아프리카를 포괄하는 주변부).

중국은 중남미와 국제경제 관계의 구조를 창출해 냈고, 그중 아르헨티나는 주요 행위자 중 하나이다. 이는 남미 국가들을 중국에 의존하게 만들었으며 중국이 기존의 남미 파트너들을 대체하기 시작하며 남미통합 전략에 영향을 미쳤다(Dussel Peters, 2016). 이로 인해 중국은 국제경제 관계에서 지배적인 위치에 놓이게 되며, 이는 지역주의에 대한 부정적인 영향을 초래했다. 아울러 중국으로의 달러 이전 결과 아르헨티나 중앙은행의 국제 준비금은 2008년에서 2014년 사이에 미화 190억 달러나 감소했다(Oviedo, 2016: 276).

그러나 근현대화(인프라, 기술, 산업, 수출)가 필수 요건인 경제발전 목표 측면에서 중국은 전략적 걸림돌이 됐다. 키르치네르 정부가 끝날 때까지 아르헨티나는 반덤핑 조치를 중국 수입품에 대한 아르헨티나 산업 보호 수단으로 사용했다. 이에 반해 마우리시오 마크리는 아르헨티나 페소화의 평가절하를 기준으로 환율을 사용했는데, 이는 아르헨티나 통화가 1년 만에 100% 이상 평가절하되는 결과를 낳았다.[31]

아르헨티나의 영토, 생산, 시장, 이미지 및 지역적 영향력은 비록 브라질보다 작지만 아르헨티나를 중국의 중요한 파트너로 만들고 전략적 이점을 제공했다.[32] 파타고니아에 심우주 관측소를 설치하면 중국은 군사 위성 추적을 개발할 수 있다.[33] 이 문제는 전술한 바와 같이 마크리 대통령의 중국 방문 기간 해결되었다. 이 계약은 중국이 38억 달러를 투자한 네 번째 원자력 발전소 건설을 위한 광범위한 계약의 틀 내에서 2014년에 체결되었다.[34] 이 계약은 중국이 세금을 면제하고 중국 기술자와 노동자를 데려올 수 있는 자유를 부여했으며, 아르헨티나 노동법이 아닌 중국법이 적용되게 되었다(Sevares, 2015: 127). 다만, 2018년에 약관이 수정되었다.

마크리 대통령이 중국을 방문하는 동안 양국은 두 개의 열원자력 발전소 건설에 합의했다. 2018년 주요 변경 사항은 아투차(Atucha) IV 건설을 취소하고 아투차 V 발전소를 추진한 것이다. 또한 아르헨티나의 부패 문제로 인해 아르헨티나 정부는 엘레트로잉헤니에라(Electroingenieria)사가 수행해야 할 작업을 중국 회사 거저우바(Gezhouba)에 인수하도록 요청했다. 2018년 12월 시진핑 주석의 아르헨티나 방문 시 합의 의제가 됐을 법한 이 문제들이 아르헨티나 언론에 보도됐다. 그러나 Atucha IV 프로젝트의 취소를 요청한 것은 아르헨티나 정부였다.

이 장의 분석은 아르헨티나의 중국 간의 상업적 · 금융적 관계가 아르헨티나 경제에 어떤 영향을 미쳤는지를 보여주며, 심지어 농업의 전문화 과정에도 영향력을 끼쳤음을 알 수 있다. 역사적으로, 아르헨티나는 세계적인 대규모 밀 생산국으로 알려져 있었고, 덕분에 "세계의 헛간"으로 알려져 있었다. 오늘날, 아르헨티나는 아르헨티나 사람들의 식단에 결코 포함되지 않은 음식인 콩의 생산과 수출로 알려져 있다.

아르헨티나가 수출, 수입, 투자, 금융 등 모든 것을 주요 자본주의 경제권(미국, 유럽, 일본, 한국 등)과의 관계에서 얻을 수 있는데도 중국에 지나치게 의존하는 것은 역설적이다. 이것은 미국, 스페인, 프랑스 또는 심지어 일본과 한국과 같은 파트너와의 관계가 점점 악화되어 중국을 보상적 행위자로 간주하게 됨으로써 정당화되었다. 마크리 대통령이 아르헨티나와 서방 간의 국제관계를 재구성함에 따라 이 입장은 역전될 수 있다. 또한, 중국의 경제적 파트너로서의 이미지는 수년 동안 의문이 제기되어 왔다.[35] 왜냐하면 중국이 상업적 관계가 발전하는 중심부-주변부 구조 내에서 상대국이 중국에 의존하게끔 만들기 때문이다. 국제경제 및 금융 분야에서도 유사한 상황이 발생한다. "중국은 하위 지역에 대한 아르헨티나의 대외무역 정책의 축이었고, 나머지 동아시아 국가들은 아르헨티나 상업 레이더에서 멀리 떨어져 있다. 상업적 정책과 재정적 정책 모두 하위 지역의 모든 국가에 대한 통합적 접근 방식과 모순된다"(Oviedo, 2017a: 7).

아르헨티나는 역사적으로 낮은 생산성과 높은 산업 생산 및 서비스의 내부비용으로 어려움을 겪어왔기 때문에 아르헨티나 통화의 악화가 전적으로 중국과의 상업적 거래의 책임이 아님을 이해하여야 할 것이지만, 중국이 아르헨티나 경제위기의 상당한 부분에 책임이 있다는 것은 사실이다. 중국과의 통화스와프는 중국 당국의 허가 없이는 위안화를 자유롭게 환전할 수 없고, 반환되지 않더라도 중국 제품을 사는 데만 사용할 수 있기 때문에 중국은 아르헨티나와의 관계에 있어 경제적 존재감을 강화했다(Sevares, 2016: 268 - 9).

아르헨티나의 1차 수출품(주로 대두 및 대두유)과 중국으로부터의 산업 수입품 사이의 양국 간의 상업적 이익의 상호성은 산업 간 및 부문 간 교류의 상업적 관계를 형성했으며, 그것이 현재 그들 사이에 존재하는 복잡한 경제적·재정적 상황의 기원이었다. 아르헨티나의 정치경제에서 중국의 관계가 깊어지고 중국의 역할이 커지는 것은 두 가지 과정에서 비롯되었다. 첫 번째는 양국 간 중심부-주변부 무역 관계 확립이다. 두 번째는 네스토르 키르치네르와 크리스티나 페르난데스 데 키르치네르 아르헨티나 정부가 아르헨티나를 미국, 유럽연합, 그리고 그들이 이끄는 IMF 및 파리클럽과의 관계에 있어 서방의 영향권에서 멀어지기로 한 정치적 결정이다. 이는 결국 중국의 경제 및 금융 정책에 대한 의존도를 증가시키는 과정으로 귀결되었다.

아르헨티나의 모든 대외무역 중 1차 산품 수출 비중이 가장 큰 것은 중국과의 통상관계가 깊어지기 시작하면서부터이다(Sevares, 2015: 129). 아르헨티나가 남미에서 두 번째로 큰 산업구조를 가진 나라라는 점을 고려하면 중국과의 양자관계가 초래한 막대한 경제발전 비용을 파악할 수 있다.

아르헨티나는 2015년 12월 마우리시오 마크리 정부 출범 이후 2018년 10월까지[36] 페소화 가치가 달러 대비 75.3% 평가절하되는 등 심각한 경제 · 금융 위기를 겪고 있다. 결과적으로, 수출경쟁력이 곤두박질쳤다. 증가하는 무역 적자와 스와프를 통한 부채의 결과로 중국은 2018년 아르헨티나 경제위기에 큰 영향을 미쳤다.

마크리 대통령은 아르헨티나 이익의 국제적 지향점을 중국에서 서방으로 바꾸려고 노력했고 주로 국제 자본 시장으로의 회귀 및 서방 세계의 주요 경제국들과의 정치적 유대를 정상화함으로써 크리스티나 페르난데스 데 키르치네르 정부가 취한 대외 지향점을 바꾸려고 노력했다. 투자 측면에서도 중국을 포함한 모든 국제 행위자들과의 관계에 영향을 미치는 중요한 변화가 있었다(Oviedo, 2017b: 13).Oviedo

분명히, 중국의 대두, 투자 및 자금 조달에 대한 수요는 아르헨티나 경제에서 중국의 입지를 강화했다. 중국에 대한 대두 수출이 생산량의 20%를 넘지 않음에도 불구하고 2018년 10월 1일부터 전 세계 대두 수입을 약 12% 줄이기 시작할 것이라는 중국 정부의 공헌은 아르헨티나에 장기적으로 영향을 미칠 것이다.[37] 이러한 상황은 아르헨티나의 무역 적자를 심화시키고 결과적으로 중국에 대한 부채를 심화시킬 것이다.

따라서 아르헨티나가 주요 수출품목을 다각화하기 위해 노력하고 국제 시장에서 입지를 바꾸기 위한 산업 패턴으로 전환하여 자본주의 강대국과의 경제적·금융적 연계를 회복하는 과정을 시작하지 않는 한 아르헨티나는 중국에 대한 주변부적 조건을 유지할 것이다. 이것의 부정적인 영향은 아르헨티나의 경제 및 산업 발전에 영향을 미쳐 의존성과 저개발을 야기할 것이다. 한편으로는 두 나라 사이에 무역이 창출되었지만, 이러한 무역은 이 지역에서 중국의 목표인 1차 산품 확보가 주요 특징이었다. 이런 의미에서 아르헨티나는 고전적인 비교우위를 바탕으로 농산물 수출 기간(1880-1940)과 유사한 무역 패턴을 반복했다. 일부 저자들은 중국과의 다각적인 1차 무역 구조로의 전환을 제안하지만, 우리는 이 추세에 대한 경험적 증거를 찾지 못했다. 중국에 대한 수출 다변화를 위한 수단을 찾는 것은 아르헨티나 공화국 당국의 과제이다.

키르치네르 정권 시기 아르헨티나는 산업화 과정을 유지하기 위해 노력해야 하는 딜레마에 빠졌고, 중국은 중국의 도시와 산업 발전에 보조적인 아르헨티나의 산업 구조를 개발해야 한다고 압박했다. 마크리 대통령은 점점 복잡해지고 있는 관계의 부정적인 측면을 수정하려고 노력했다.

중국과의 중심부–주변부 관계의 발전과 심화는 두 가지 원인이 있다. 첫 번째는 중국의 과학 기술 관련 우위이다. 둘째, 생산성 측면에서 큰 격차이다. 주지하다시피 중국은 매우 높고 아르헨티나는 낮다. 어떤 의미에서 중국은 아르헨티나뿐만 아니라 중남미 지역의 나머지 국가들에도 경제 구조의 근대화 실패와 산업화에 의한 국제적 삽입 과정을 악화시켰다. 그것은 또한 민주주의의 사회경제적 근대화의 실패와 함께 진행되었다. 아르헨티나의 사회 발전 수준은 악화되었고, 빈곤 수준은 증가했으며, 부의 분배의 불평등이 심화되었을 뿐 아니라 취약한 민주주의와 부패가 만연했다.

2018년 말 부에노스아이레스에서 개최된 G20 정상회의가 끝난 후 마크리 대통령과 시진핑 주석은 30개의 새로운 상업·투자·금융협정 체결, 6천만 위안(8억 7천만 달러)의 통화스와프 확대를 발표했다. 아르헨티나는 "일대일로"를 위시한 인프라 계획의 중요성을 인식했지만 참여하지 않았다. 협정문에는 2019-2023년 공동행동계획, 경제협력 및 조정을 위한 전략적 대화체제 구축을 위한 양해각서 유효기간 연장, 이중과세방지협약, 재정 및 금융 협력 강화를 위한 양해각서, 최대 9억 달러에 대한 통화스와프 확대, 문화, 과학, 기술 협력 및 고등 교육 인정 등이 포함되었다. 중국은 아르헨티나의 주요 자금원이자 주요 투자국 중 하나가 되고 있다.[38]

중국이 아르헨티나와 협상한 조건은 아시아 국가에는 이점이 엄청나다.[39] 왜냐하면 그들은 중국의 생산사슬과 연결되어 있지만 아르헨티나의 생산 구조와는 연결되어 있지 않기 때문이다.

세계체제론[40]에 의거해서 살펴보면 중국과 아르헨티나는 중심부-주변부 형태[41]에 기초하고 있으며, 중국은 자국을 아르헨티나에 있어 필수적인 국가로 만들었다.

주

1 라울 알폰신(Raúl Alfonsín), 카를로스 메넴(Carlos Saúl Menem), 페르난도 데 라 루아(Fernando De la Rúa), 네스토르 키르치네르(Néstor Kirchner), 크리스티나 페르난데스(Cristina Fernández), 그리고 마우리시오 마크리(Mauricio Macri) 대통령.

2 스와프는 두 주체(정부, 은행, 기업)가 화폐나 돈을 특정한 날짜에 교환하기로 약속하는 메커니즘이다. 이 작업은 즉시 이루어지지 않고 "분할"되어, 합의된 기간 동안 일정한 양과 날짜로 진행된다. 2014년

10월, 아르헨티나는 중국 위안화로 된 110억 달러 상당의 신용을 협상했다. 이는 해당 금액이 즉시 국내 경제로 흘러 들어간 것을 의미하는 것은 아니며, 아르헨티나 중앙은행이 이러한 화폐를 국내 필요에 따라 점진적으로 통화에 편입시킨 것이다. (원문 출처: http://chequeado.com/el-explicador/que-es-el-swap-chino/)

3 마크리 정부의 방향은 아직 명확하지 않다. 일부 저자들은 그가 키르치네르 정부(2003-2015)의 정책을 중단했다고 보고 있다. 다른 사람들은 그가 후견주의적 관행을 계속하고 있다고 보고 있다. 일부는 마크리 정부를 자유주의 정부로 보지만, 그의 모든 행동이 이 이념과 일치하는 것은 아니다. 예를 들어, 금융 소득에 대한 세금 부과, 대두 및 산업 수출에 대한 세금 부과 등이 있다. 일부는 그를 보수적으로 보지만, 전임자의 정책과 비교하여 변화를 인정하고 있다. 그러나 모두 그를 개발주의자로 간주하고 있다. 마크리 정부에서 채택된 사회정책은 그의 정부가 우익 포퓰리스트라는 것을 보여준다.

4 정부는 통화스와프를 확대하고 중앙은행의 국제적 재무보유액을 강화하기 위해 당시 중국과의 협상을 개시했다고 확인했다. 출처: https://www.infobae.com/economia/finanzas-y-negocios/2018/06/06/el-gobierno-busca-ampliar-el-swap-de-divisas-con-china-para-reforzar-the-reserves-of-bcr

5 이것은 크리스티나 데 키르치네르의 중국 공식 방문이 연기된 문제이다. 이는 국내 정책 이유로 며칠 전에 결정되었다. 출처: Bernal-Meza (2012a, 2012b). 그러나 중국의 보복을 설명할 수 있는 또 다른 문제가 있다. 중국의 전 주석 장쩌민(Jiang Zemin)과 기타 중국 공산당 지도자들에 대한 인권침해에 대해 아르헨티나가 문제 제기를 한 것이다. 아르헨티나 내에서는 이 문제가 거의 언급되지 않았으며, 주요 문제는 크리스티나 페르난데스의 중국 방문 날짜가 연기된 사실이었다.

6 중국의 띠(12간지)에 따르면, 염소의 해였던 2003년은 네스토르 키르치네르 대통령의 임기 시작과 일치한다. 한편 2010년, 호랑이의 해, 이른바 크리스티나 페르난데스 데 키르치네르 대통령의 임기 동안 양국 간 양립과 관계의 재활성화가 이루어졌다.

7 1947년, 아르헨티나와 중국은 우호 조약을 체결했다. 외교 관계는 1972년 2월에 복원되었다. 1947년부터 2015년까지 132개의 양자 협정이 체결되었으며, 그중 76개는 키르치네르 행정부에서 이루어졌다.

8 예시: 아르헨티나 경제부와 중국 상무부 간의 투자에 관한 협정서(2004). 아르헨티나 농림수산부와 중화인민공화국 곡물국가행정국 간의 협정서(2012). 아르헨티나 내 압력수 반응로 공사 협력에 관한 아르헨티나 정부와 중화인민공화국 정부 간의 협정서(2015) 등이 있다.

9 예시: 아르헨티나 국방부와 중국 국방부 간의 교류와 협력 강화에 관한 협정서(2007), 중국 정부와 아르헨티나 정부 간의 공동 선언(2012), 아르헨티나 정부와 중국 정부 간의 영구적 양자위원회 설립을 위한 협정서(2013).

10 예시: 아르헨티나 정부와 중국 정부 간의 비즈니스 여행자용 비자 용이화를 위한 협정서(2012). 아르헨티나와 중국 간의 인도법조약(2013). 아르헨티나와 중국 간의 관광 비자 발급 용이화를 위한 협정서(2015).

11 예시: 아르헨티나 정부와 중국 정부 간의 시민 항공 운송에 관한 협정서(2004). 아르헨티나 연방 계획, 공공투자 및 서비스부와 중국 국가에너지행정국 간의 핵에너지 협력에 관한 협정(2012). 아르헨티나 정부와 중국 정부 간의 2015-2018년 문화 협력 실행 프로그램(2015).

12 첫 번째 키르치네르 정부가 구축한 핵심 정책을 더 포괄적으로 분석하려면 Varesi(2010)를 참고할 것.

13 6번을 참고할 것.

14 아르헨티나는 중국에 의해 전략적 동반자로 평가되었으며, 이 특별한 지위는 브라질, 멕시코, 그리고 베네수엘라와 공유하고 있다(Bernal-Meza, 2012a: 59).

15 분석에서 누락된 중요한 사실이 있는데, 그것은 국제기구와 포럼에서의 연합이다. "아르헨티나는 지정학적 전략의 일환으로 브라질, 중국 및 인도와의 조정을 통해 미국, EU 및 일본에 반대하는 연합에 참여했다"(Bernal-Meza, 2012a: 82).

16 출처: ALADI

17 1970년에는 대두의 헥타르당 수확량이 약 1,600kg/ha였다. 생산성은 1990년대 중반에 급격히 증가하여 기술 도입으로 헥타르당 대두 수확량이 최소 2,500kg/ha를 기록했다. 그 이후로, 특히 연구 대상 기간 동안 생산성 증가는 미미해졌다. 즉, 여러 혁신을 했음에도 불구하고 1980년대와 1990년대와 같이 큰 생산성 차이를 만들어내지 못했다.

18 자료는 아르헨티나 농업부(2017)를 참고하였음.

19 심슨 지수는 다음과 같은 공식으로 구성된다.

$$D = \frac{\sum_{s} n(n-1)}{N(N-1)}$$

여기서 D는 다양성을 나타내며, S는 관세 항목의 총수를 나타낸다. N은 해당 연도에 선택된 관세 항목의 총수출 가치이고, n은 해당 연도의 각 항목별 총수출액을 의미한다.

20 볼리나가와 슬리팍(Bolinaga and Slipak, 2015)은 그루벨-로이드 지수(Grubel-Lloyd Index)를 사용하여 아르헨티나와 중국 간의 무역에서 산업 간 상호 보완성 여부를 검토했다. 경험적 증거는 양국의 산업 간 상호 보완성이 없이 발전했음을 보여주고 있다.

21 또한 고려해야 할 사항은 2016년 COFCO에 의한 Nidera의 인수이다.

22 중국 국적자의 증가 문제는 추가적인 분석이 요구된다. 아르헨티나에서 중국 국적자의 수가 늘어난 것은 특정 협정의 결과로는 나타나지 않았다. 그러나 최근 몇 년간 중국 기업의 설립 및 아르헨티나에서의 프로젝트 개발로 인해 이주가 증가했다. 이와 관련해서, 프로젝트 개발을 위한 자격 있는 기술 직원들의 필요성이 분명히 존재한다. 예를 들어 철도 분야의 투자 및 공사는 중국 기술자, 즉 엔지니어, 시스템 전문가 등의 많은 수의 중국인 기술자를 필요로 한다. 이러한 작업은 중국인 직원들만이 수행할 수 있다. 이들을 지원하기 위해 기업들은 중국에서 요리사를 데려오거나 현지 중국 레스토랑에서 중국 요리사를 고용한다. 결과적으로 부에노스아이레스에서 중국 레스토랑의 수가 감소하는 것을 관찰할 수 있었다. 왜냐하면 요리사들은 더 높은 급여, 때로는 달러로 지급하는 기업이나 기관에서 일하기 때문이다. 더 자세한 정보는 이 책의 에두아르도 오비에도(Eduardo Oviedo)의 장에서 확인할 수 있다.

23 수십 년 동안 아르헨티나는 주요 무역 파트너인 브라질과 지속적인 무역 적자를 유지해 왔다.

24 Smink, Verónica(2011): "A diez años del 'default'. ¿Cuánto sigue debiendo la Argentina?" BBC Mundo, December 23, 2011.

25 원문은 스페인어로, 번역가들에 의해 번역되었음.

26 2018년 12월 초, 부에노스아이레스에서 열린 G20 회의에서 시진핑 주석은 두 번째로 아르헨티나를 공식 방문했다. 이 장은 그 분석을 2018년 10월로 마무리한다.

27 http://www.ambito.com/934601-bcra-renueva-swap-con-china-por-mas-de-us-10000-millones

28 미국 국방장관 제임스 매티스(James Mattis)가 2018년 8월 15일에 아르헨티나를 방문했다.

29 https://www.infobae.com/economia/2018/09/04/mauricio-macri-hablo-con-donald-trump-antes-de-la-reunion-del-equipo-economico-con-el-fmi/

30 출처: 저자들은 Virtual Treaty Library 및 아르헨티나 외교부(2017)를 기반으로 작성함.

31 https://www.infobae.com/economia/2018/08/30/en-el-transcurso-de-2018-el-peso-argentino-perdio-mas-de-la-mitad-de-su-valor/

32 아르헨티나는 중국에 남반구에서의 첫 번째 시설인 중국의 우주시설을 건설하고 관리할 50년 재산권을 부여했다. 칠레 국경 부근의 원격 지역에 208 헥타르의 전용 지역이 제공되어 중국은 50년 동안 운영되는 우주시설을 건설하고 운영할 수 있게 되었다. 이 시설은 중국의 달 탐사 프로젝트에 사용될 것이라고 발표되었으며, 따라서 순수한 과학적 목적을 가진 것이라고 하나, 이 프로젝트는 군사 및 지정학적 의미로 인해 매우 논란이 되고 있다. 이 시설의 주요 자산은 인공위성과 같은 장치와의 통신이 가능하게 하는 지름 35미터의 안테나이다. 그러나 비판가들은 이와 같은 시설의 이중 용도 기술 때문에 군사적 용도의 가능성을 배제할 수 없다고 경고하고 있다(Cardenal, 2018: 49).

33 https://www.nytimes.com/es/2018/07/28/china-america-latina-argentina/

34 이에 따라 아르헨티나 상원은 우주시설의 설치를 승인했다.

35 Cfr. Bernal-Meza and Quintanar(2012), Guelar(2013), Sevares(2015), Oviedo(2016), Bernal-Meza(2016a), Moneta and Cesarín(2016), Pastrana and Gehring(2017), Cardenal(2018).

36 https://www.infobae.com/economia/2018/08/30/en-el-transcurso-de-2018-el-peso-argentino-perdio-mas-de-la-mitad-de-s

37 Cfr. "China confirmó que comprará menos soja", La Nación, September 13, 2018, Section 'Economía': 22.

38 Clarin.com, "Con 30 nuevos acuerdos, China es uno de los mayores inversores de Argentina", 12-03-2018. https://www.clarin.com/politica/30-nuevos-acuerdos-china-mayores-inversores-argentina_0_vOM-WyJ4KU.htm

39 "마크리(Macri)의 의도는 아르헨티나 남부에 있는 수력발전 댐 '키르치네르(Kichner)'와 '세페르닉(Cepernic)'의 건설 조건을 재검토하는 것이었다. 이 프로젝트는 47억 달러에 이르는 대출을 수반했으며, 중국 베이징이 이 프로젝트의 취소가 이루어진다면 이전에 주어진 21억 달러의 대출을 취소하게 될 것임을 분명히 밝혔다. 중국 개발은행의 2017년 3월 아르헨티나 정부에 보낸 편지에는 '키르치네르-세페르닉 댐과 벨그라노(Belgrano) 프로젝트는 [중국 공산당]이 촉진한 대규모 프로젝트'이며 각 계약에는 교차 불이행 조항이 포함되어 있다고 말했다. 이후 양국은 두 댐의 용량을 줄이기로 합의하였다. 이 두 댐은 중국 기업이 해외에서 가장 큰 규모로 건설한 것으로 추정된다."

Rubén Rabanal, "La Argentina acordó con China ante amenaza de cross default", Ámbito Financiero, March 24, 2017, www.ambito.com/833726-laargentina-acordo-con-china-ante-amenaza-de-cross-default. Cardenal(2018: 51).

40 Wallerstein(1974a, 1974b). Arrighi(1985, 1998)도 참고할 것.

41 Prebisch(1949, 1951).

참고문헌

Agencia Telam. (2017, July 31). China financiará obras de infraestructura por US$ 25,000 millones en Argentina. Retrieved from http://www.telam.com.ar/notas/201607/157164-china-argentina-diego-guelar.html

Arrighi, G. (1985). *Semiperipheral development: The politics of southern Europe in the twentieth century*. Beverly Hills: Sage Publications.

Arrighi, G. (1998). *A ilusão do desenvolvimento* (4th ed.). Petrópolis, Rio de Janeiro: Editora Vozes.

Bernal-Meza, R. (2012a). China y la configuración del nuevo orden internacional: las relaciones China-Mercosur. In R. Bernal-Meza & S. V. Quintanar (Eds.), *Regionalismo y Orden Mundial: Suramérica, Europa, China*. Buenos Aires: Nuevohacer and Universidad Nacional del Centro de la Provincia de Buenos Aires.

Bernal-Meza, R. (2012b). China – MERCOSUR and Chile relations. In L. Xing & S. F. Christensen (Eds.), *The rise of China. The impact on semi-periphery and periphery countries*. Aalborg: Aalborg University Press.

Bernal-Meza, R. (2016a). China and Latin America relations: The win-win rhetoric. *Journal of China and International Relations*. Special issue (2016), 27–43.

Bernal-Meza, R. (2016b). Las relaciones entre China y América latina y la retórica 'ganadores-ganadores'. In C. Moneta & S. Cesarín (Eds.), *La tentación pragmática. China-Argentina/América Latina: lo actual, lo próximo y lo distante*. Buenos Aires, Sáenz Peña: Editorial de la universidad Nacional de Tres de Febrero.

Bernal-Meza, R. (2017). China en América Latina. Política exterior, discurso y fundamentos: diplomacia pública y percepciones en la región. In E. P. Buelvas & H. Gehring (Eds.), *La proyección de China en América Latina y el Caribe*. Bogotá: Editorial Pontificia Universidad Javeriana y Konrad Adenauer Stiftung.

Bernal-Meza, R., & Quintanar, S. (Eds.). (2012). *Regionalismo y Orden Mundial: Suramérica, Europa, China*. Buenos Aires: Nuevohacer and Universidad Nacional del Centro de la Provincia de Buenos Aires.

BODEN. (2015). National Government Bonds 2015.

Bolinaga, L., & Slipak, A. (2015). El Consenso de Beijing y la reprimarización productiva de América Latina: el caso argentino. *Problemas del desarrollo*, 46(183), 33–58.

Cardenal, J. (2018). *El 'poder incisivo' de China en América Latina y el caso argentino*. Buenos Aires: CADAL.

Creutzfeldt, B. (2017, March 13). China and the U.S. in Latin America. *Revista Científica General José*

María Córdova, 14(17), 5 – 6. Retrieved from http://www.scielo.org.co/scielo.php?script=sci_arttext&pid=S1900-65862016000100003&lng=en&tlng=en

Dussel Peters, E. (Coord.) (2016). *La nueva relación comercial de América Latina y el Caribe con China. ¿Integración o desintegración regional?* México, DF: Red Académica de América Latina y el Caribe sobre China, Universidad Nacional Autónoma de México, Unión de Universidades de América Latina y Caribe y Centro de Estudios China-México.

Ellis, R. (2009). *China in Latin America: The whats & wherefores*. Boulder, CO and London: Lynne Rienner Publishers.

Gasalla, J. (2017, May 30). La soja cayó a sus precios más bajos en 14 meses. Retrieved from http://www.infobae.com/economia/2017/05/30/la-soja-cayo-a-sus-precios-mas-bajos-en-14-meses/

Gentile, P., & Jara Musuruana, L. (2015, November 5). Radiografía del Swap Argentina – China. *Observatorio Económico y Social de la UNR*. Retrieved from http://www.observatorio.unr.edu.ar/radiografia-del-swap-argentina-china/

Guelar, D. (2013). *La invasion silenciosa. El desembarco chino en América Latina*. Buenos Aires: Debate.

Li, M. (2005). The rise of China and demise of the capitalist world-economy: Exploring historical possibilities in the 21st century. *Science & Society*, 69(3), 420 – 448.

Li, X. (Ed.). (2010). *The rise of China and the capitalist world order*. Surrey and Burlington: Ashgate.

LPO. (2016, October 6). China bloqueó las importaciones de aceite de soja porque Macri frenó las represas en Santa Cruz. Retrieved from https://www.lapoliticaonline.com/nota/100727-china-bloqueo-las-importaciones-de-aceite-de-soja-porque-macri-freno-las-represas-en-santa-cruz/

Moneta, C., & Cesarin, S. (Eds.). (2016). *La tentación pragmática. China-Argentina/América Latina: Lo actual, lo próximo y lo distante*. Sáenz Peña: Universidad Nacional de Tres de Febrero.

Oviedo, E. (2010). *Historia de las Relaciones Internacionales entre Argentina y China, 1945–2010*. Buenos Aires: Editorial Dunken.

Oviedo, E. (2012). Puja de modernizaciones y relaciones económicas chino latinoamericanas en un mundo en crisis. In R. Bernal-Meza & S. V. Quintanar (Eds.), *Regionalismo y Orden Mundial: Suramérica, Europa, China*. Buenos Aires: Nuevohacer and Universidad Nacional del Centro de la Provincia de Buenos Aires.

Oviedo, E. (2015). El ascenso de China y sus efectos en la relación con Argentina. *Estudios internacionales*, 47(180), 67 – 90.

Oviedo, E. (2016). Déficit comercial, desequilibrio financiero e inicio de la dependencia argentina del capital chino. In C. Moneta & S. Cesarín (Eds.), *La tentación pragmática. China-Argentina/*

América Latina: Lo actual, lo próximo y lo distante. Sáenz Peña: Universidad Nacional de Tres de Febrero.

Oviedo, E. (2017a). Introducción. In E. D. Oviedo (Ed.), *Inversiones de China, Corea y Japón en Argentina: análisis general y estudio de casos*. Rosario: UNR Editora.

Oviedo, E. (2017b). Alternancia política y capitales chinos en Argentina. In E. D. Oviedo (Ed.), *Inversiones de China, Corea y Japón en Argentina: análisis general y estudio de casos*. Rosario: UNR Editora.

Oviedo, E. (Comp.) (2017). *Inversiones de China, Corea y Japón en Argentina: análisis general y estudio de casos*. Rosario: UNR Editora.

Pastrana, E. B., & Gehring, H. (Eds.). (2017). *La proyección de China en América Latina y el Caribe*. Bogotá: Editorial Javeriana.

Prebisch, R. (1949). *El desarrollo de América Latina y algunos de sus principales problemas*. Santiago: Economic Commission for Latin America.

Prebisch, R. (1951). *Problemas teóricos y prácticos del crecimiento económico*. Mexico City: Economic Commission for Latin America.

Prieto, G., Figueredo, A., & Rodríguez, L. (2017). El comercio de China con América Latina: panorama de reprimerización. In E. P. Buelvas & H. Gehring (Eds.), *La proyección de China en América Latina y el Caribe*. Bogotá: Editorial Javeriana.

Rebossio, A. (2017, May 30). La UIA se enteró por NOTICIAS de que Macri benefició a China. Retrieved from http://noticias.perfil.com/2017/05/30/la-uia-se-entero-por-noticias-de-que-macri-beneficio-a-china/

Sevares, J. (2012). El ascenso de China y las oportunidades y desafíos para América Latina. In R. Bernal-Meza & S. V. Quintanar (Eds.), *Regionalismo y Orden Mundial: Suramérica, Europa, China*. Buenos Aires: Nuevohacer and Universidad Nacional del Centro de la Provincia de Buenos Aires.

Sevares, J. (2015). *China. Un socio imperial para Argentina y América Latina*. Buenos Aires: Edhasa.

Sevares, J. (2016). Préstamos e inversiones de China en América Latina. In C. Moneta & S. Cesarín (Eds.), *La tentación pragmática. China-Argentina/ América Latina: Lo actual, lo próximo y lo distante*. Sáenz Peña: Universidad Nacional de Tres de Febrero.

Super Campo. (2016, October 10). China paralizó la compra de aceite de soja a la Argentina. Retrieved from http://supercampo.perfil.com/2016/10/china-paralizo-la-compra-de-aceite-de-soja-a-la-argentina/

UNCTAD. (2017). Bilateral FDI statistics. Retrieved from http://unctad.org/en/Pages/DIAE/FDI%20Statistics/FDI-Statistics-Bilateral.aspx

Vadell, J. (2011). A China na América do Sul e as implicações geopolíticas do Consenso do Pacífico. *Revista de Sociologia e Política*, 19(Suppl. 1), 57 −79.

Varesi, G. (2010). Las políticas fundacionales del modelo post-convertibilidad. *Anuario de Investigaciones*. Buenos Aires: Fundación de Investigaciones Sociales y Políticas (FISyP) y Rosa Luxemburg Stiftung (RLS-Alemania), N° 1.

Wallerstein, I. (1974a). The rise and future demise of the world capitalist system: Concepts for comparative analysis. *Comparative Studies in Society and History*, 16(4), 387 −415.

Wallerstein, I. (1974b). *The modern world system I: Capitalist agriculture and the origins of the European world-economy in the sixteenth century*. New York: Academic Press.

제6장

변화 속의
중국-베네수엘라 관계

호세 브리세뇨-루이스(José Briceño-Ruiz),
노르베르트 몰리나 메디나(Norbert Molina Medina)[*]

서론

베네수엘라와 중국의 외교 관계는 1936년 상하이에 베네수엘라 총영사관이 설립되면서 시작되었고, 이후 1941년 8월 카라카스에 중국의 특사 겸 전권대사가 임명되었다. 그리고 1943년 4월, 중국이 임명한 외교관 리디쥔(Li Dijun)이 당시 베네수엘라 대통령이었던 이사이아스 메디나 안가리타(Isaías Medina Angarita) 대통령에게 신임장을 전달하면서 베네수엘라 수도에 중국 공사관이 설치되었다. 이후 수십 년 동안 베네수엘라와 중국의 관계는 모택동의 중국 공산주의 운동의 부상에 영향을 받았다. 다른 중남미 국가와 마찬가지로 베네수엘라도 유일한 중국 정부로 대만(Taiwan)만을 인정했으나, 이러한 상황은 1974년 베이징 정부를 인정하면서 마침내 변화하기 시작했다(Molina Medina, 2015 참조). 1974년부터 1999년까지 중국과 베네수엘라의 관계는 그렇게 활

* J. Briceño-Ruiz (*)

멕시코자치대학교(Universidad Autónoma de México) 중남미연구소(CIALC)

N. Molina Medina

베네수엘라 University of the Andes 아프리카 · 아시아학센터(Center of African and Asian Studies)

© The Author(s) 2020

R. Bernal-Meza, Li Xing (eds.), 21세기 중국-중남미 관계, 국제정치경제시리즈

https://doi.org/10.1007/978-3-030-35614-9_6

발하지 않았다.

양국 간의 관계가 새롭게 시작된 것은 1998년 대선에서 우고 차베스(Hugo Chávez)가 승리하면서부터이다. 1999년까지의 양국 관계는 19개의 협정만이 체결되는 등 크게 주목할 만한 바가 없었다. 하지만 1999년 이후부터 양국은 400개 이상의 협정을 체결하였고, 이 중 200개 정도는 아주 잘 운영되고 있다. 따라서 '차베스 시대'는 전례 없는 수준의 정치 및 경제 협력이 이루어진 새로운 시대였다. 글로벌 및 지역 리더십에 대한 차베스의 열망과 특히 중남미를 포함한 글로벌 남반구에서 중국의 참여 증가는 최근 중국과 베네수엘라 관계를 이해하는 데 가장 중요한 요소들이다.

이 장에서는 1999년 차베스 권력이 부상하면서 시작된 중국-베네수엘라 관계를 세 가지 분리된 영역으로 나누어 평가해 보고자 한다. 첫 번째 영역에서는 최근 몇 년 동안 중국과 베네수엘라가 추진한 다양한 협정들과 정치 · 경제적 조치들을 설명하고 평가하고자 한다. 두 번째 영역에서는 중국과 베네수엘라 사이의 다양한 양자 이니셔티브의 결과를 분석한다. 마지막으로 중국-베네수엘라 관계 회복에 대한 사항은 이 장의 마지막에서 설명하고자 한다.

중국-베네수엘라의 다양한 교류 활동들

중국-베네수엘라 관계 회복의 시작은 1999년 10월 차베스 대통령의 아시아 국가 순방으로부터 시작된다. 당시 차베스는 중국의 베이징과 상하이, 홍콩을 방문하였고(MRE, 2000: 144, 193 – 4; Molina Medina, 2009), 중국의 장쩌민(1993-2003) 주석과 함께 주권과 자결권 존중에 기반한 다극 체계 건설의 메커니즘을 촉진해 나가기로 합의하였다. 차베스는 또한 '에너지 연합위원회(Joint Commission on Energy)' 창설에 관한 양해각서와 유화유(emulsified oil) 공급 의향서에도 서명하였다. 이와 더불어 학술협력과 기반시설, 에너지, 광산, 금융을 비롯해 총 3,000만 달러 규모의 농기계 계약도 체결하였다(MRE, 2000: 194 - 6, 570 - 9). 2000년 9월, 무역공동위원회(Joint Commission on Trade)가 개최되었을 때, 베네수엘라는 중국과의 양자 간 협약에 의거하여 중국의 WTO 가입을 적극적으로 지지했으며, 경제와 기술협력 관련 협정에도 서명하였다. 또한 베네수엘라 정부가 중국 정부를 중국 인민의 유일한 법적 대표체로 인정한다는 성명을 발표하면서, 중국의 '하나의 중국 및 두 체제(one china and two system)' 원칙 지지를 재확인하였다(MRE, 2001: 217 - 18, 616 - 18, 713).

장쩌민은 2001년 중남미 순방 기간 중 베네수엘라를 방문하여 전략적 파트너십에 서명하였다. 전략적 파트너십의 핵심 주제는 에너지였는데, 여기에는 베네수엘라에서 실행하는 농업 프로젝트 및 합작 투자에 대한 중국의 지원이 포함되어 있었다. 이 외에도 당시 다양한 협정이 체결되었는데, 특히 고위급공동위원회(Joint High-Level Commission)의 창설과 우대 신용(미화 2,000만 달러) 등도 체결되었다. 차베스는 이때 체결한 10년간의 전략적 파트너십을 강화하기 위해 2001년 두 번째로 중국을 방문하였다(MRE, 2002: 212 - 13). 2002년과 2003년은 베네수엘라의 사회적 불안정과 정치적 위기로 인해 베네수엘라 정부의 국제 전략을 비롯해 중국과 같은 국가와의 화해와 협력에 상당한 위협이 존재하던 시기였다. 하지만 이러한 상황에도 불구하고 다수의 중국 관리들은 양국 간의 협력을 강화하기 위해 2002년 베네수엘라를 방문하였고, 동시에 5월에는 카라카스에서 고위급 정치 자문회의(High-Level Political Consultation), 그리고 10월에는 제2차 고위급 공동위원회를 개최하였다(MRE, 2003: 251 - 2, 391 - 2, 689, 691 - 8, 700 - 2).

베네수엘라의 정치적 불안정은 2004년 8월 차베스가 주민소환 국민투표에서 승리하면서 적어도 부분적으로는 종료되었다. 이에 발맞추어, 유가 상승으로 인한 경제 호황 정국은 차베스로 하여금 훨씬 더 공격적인 외교정책을 재개할 수 있도록 하였다. 차베스의 공격적 외교정책의 목적은 2004년 11월 카라카스에서 개최된 고위급 워크숍(High-Level Workshop)에서 재확인할 수 있다. 워크숍에서는 중국 관련 경제, 기술, 상업 관계를 위한 위원회를 설립하고, 이 위원회에서 양국이 진전시키려는 협상 건에 대한 연구와 평가, 조언, 모니터링을 일정 기간 동안 책임지도록 하였다.

차베스 대통령의 세 번째 중국 방문은 2004년 12월에 이루어졌고, 이때 에너지와 광업, 상환 불가능한 기술 지원(1,000만 위안), 농업 기계(4,000만 위안), 투자, 철도 건설, 군사 부문 기술 협력, 주택과 같은 다양한 분야에서 상호 간 공식적 협의에 합의하였다(MRE, 2005: 246 – 7, 331, 359 – 60). 2005년 초 베네수엘라 외무부 개편의 일환으로, 해당 지역에 대한 외무부의 정책을 관리, 조정, 감독하기 위해 아시아와 중동, 오세아니아 차관 자리가 신설되었다. 중국에 대한 외교정책의 견지에서, 이러한 구조 조정은 특히 2006년 차베스 대통령의 재선 이후 매우 중요했으며, 양국 관계의 심화에 크게 기여했다.

차베스는 2006년 8월 중국을 방문했고, 이때 베이징에서 제5차 고위급공동위원회가 개최되어 31개의 새로운 협력안에 서명하였다. 이 해에 상하이에 베네수엘라 영사관이 설립되기도 하였다(MRE, 2007: 234, 305, 308 – 10, 314). 2007년 제6차 고위급공동위원회 회의 이후에는 에너지와 금융협력, 통신, 기술, 기반시설, 광업, 농업, 교육, 관광 등의 분야에서 총 45건의 협정이 체결되었다. 정치적 최고위층의 대화가 지속적으로 확대되면서 다양한 분야에서의 협력도 늘어갔다. 차베스는 2008년 9월, 제9차 공동고위급회담이 열릴 때 중국을 재차 방문하였다. 베네수엘라-중국 공동 기금의 갱신을 포함한 새로운 계약이 2007년에 미화 60억 달러 규모로 체결되었고, 2008년 11월에는 군사 협력을 위해 중국과 베네수엘라 대표가 회담을 가졌다(MPPRE, 2009: 196, 198, 389, 392 - 3, 475; MPPEUCT, 2008).

차베스의 6차이자 마지막 중국 방문은 2009년 4월에 이루어졌으며, 이 당시 20개국 고위급 회담도 함께 열렸다. 이 회담의 결과로는 2013년까지 중국에 대한 석유 공급을 매일 백만 배럴로 늘린 것이었다. 이 회담이 있기 몇 달 전인 2009년 2월, 중국 국가 부주석인 시진핑(Xi Jinping)은 카라카스를 방문하여 베네수엘라와의 우호와 전략적 동맹을 강화하고자 하였다. 이 방문 기간 동안 중국과 베네수엘라 공동기금 조성을 위한 기본 협정이 체결되었다. 제8차 고위급 공동위원회는 2009년 12월 카라카스에서 열렸는데, 이때 에너지와 과학, 기술, 항공우주, 경제, 무역, 사회문제와 같은 분야에서 총 29개의 협정이 체결되었다(MPPRE, 2010: 25, 141 - 5).

차베스가 병에 걸려 사망(2013년 3월)하기 직전인 2010년부터 2012년까지, 베네수엘라 외교부는 베트남, 말레이시아, 중국과 같은 아시아 국가에 더욱 밀접한 관계 형성을 요구했다. 당시 베네수엘라가 목표로 둔 것은 a) 양국의 경제적 · 사회적 · 문화적 · 과학적 · 기술적 통합과, b) 기존 세계 무역의 패권 중심지와 단절하면서 새로운 틀을 만드는 것, c) 민간기업과 국가의 투자 촉진, d) 프로젝트 자금 조달을 위한 양국 간 개발 기금 설립이었다(MPPRE, 2011: 73; 2012: 68; 2013: 73). 중국 개발은행(Development Bank of China)과 베네수엘라 간 40억 달러 규모의 거대한 장기 금융 지출이 이루어진 2010년, 양국은 48건의 협정을 체결하였다. 총 자금 조달 규모는 미화 100억 달러와 700억 위안(총 미화 200억 달러)이었다. 고위급공동위원회 9차 회의는 2010년 11월에 개최되었고, 이때 광업, 과학기술, 산업, 상업, 문화 교류, 농업 개발, 공동체, 주택 등의 39개 분야에서 협정이 체결되었다(MPPRE, 2011: 84, 218 - 20).

제10차 고위급공동위원회는 협력 프로젝트의 진척 정도를 점검하는 것을 목표로 2011년 카라카스에서 열렸다. 페르난도 소토 로하스(Fernando Soto Rojas) 베네수엘라 국회의장과 자오 룽셴(Zhao Rongxian) 중국 대사가 이끄는 베네수엘라 의회 친선단(A Venezuelan Parliamentary Friendship Group)이 카라카스에 설치되었다(MPPRE, 2012: 72, 198‒211).

1999년부터 2011년까지 베네수엘라와 중국의 관계를 평가한 결과 약 430개의 협정이 체결되었으며, 이 중 171개는 에너지, 광산, 농업, 과학 및 기술, 인프라, 산업, 항공우주, 문화, 사회 및 경제, 무역 이슈의 협력을 포함하는 프로젝트였다. 마찬가지로 중국 관리들이 베네수엘라로 여러 번 방문하는 기간 동안 철과 알루미늄, 식량생산, 주택, 버스와 차량 수입, 보건 및 의료 용품 공급, 전력 등의 분야에서 프로젝트가 협상되고 실행되었다. 2012년에도 협력은 계속되었는데, 특히 2011년 4월 차베스가 특정지역 인구에게 주택을 제공하기 위해 시작한 프로그램인 'Great Housing Mission'에 대한 중국의 재정 지원이 계속되었다. 마찬가지로 여러 중국 대표단이 다양한 분야에서 협정을 논의하기 위해 그해 베네수엘라를 방문하였다. 제11차 고위급공동위원회는 2012년 11월 베이징에서 개최되었다. 이 회의는 광산(광물 매장량의 인증과 탐사, 지질탐사)과 석유(공급과 석유플랫폼), 금융(베네수엘라 국영 석유회사, Petróleos de Venezuela S.A-PDVSA와의 공동기금), 전기 및 학술협력 부문과 같은 신규 프로젝트를 논의하기 위한 목적을 가지고 있었다(MPPRE, 2013: 141‒7).

2013년 우고 차베스 대통령이 사망하고, 4월에 소집된 임시 선거에서 니콜라스 마두로(Nicolás Maduro)가 승리했다. 하지만 이전까지 '차베스 주의(Chavism)'에 유리했던 정치적 상황은 변화하였다. 마두로의 선거 승리를 놓고는 싸움이 있었고, 석유 가격은 폭락했다. 또한 베네수엘라 내부 사회 곳곳에 부패와 정치사회적 불안정이 심각해지면서, 2014년 상반기에는 강력한 정치적 시위가 발생했다. 인권침해와 식량 및 의료 부족, 인플레이션, 제도적 혼란의 악화 등과 더불어 베네수엘라는 공화주의 역사상 최악의 위기 상황으로 돌입하였다. 이러한 위기 상황에도 불구하고, 마두로 정부는 '제2의 사회주의 계획(Second Socialist Plan 2013 – 2019)'을 채택하였다. 이 계획에는 집권 기간 동안 개발 예정이었던 행동 방침이 포함되어 있었다. 중국과 연관된 목표는 '국가의 과학기술과 경제, 사회발전을 통합하고, 베네수엘라가 수행하는 다양한 개발 프로젝트를 구체화하기 위한 자금 조달 협정을 강화하고 심화하는 것'이었다(MPPRE, 2014: 247).

아르켄 이미르바키 전중국인민대표회의 상무위원회 부위원장(Arken Imirbaki, Vice-Chairman of the Standing Committee of the National People's Congress)과 리위안차오 중국 국가부주석(Li Yuanchao, Vice-President of China)은 2013년 5월 카라카스를 방문하여 탄화수소와 석유화학 및 광업, 통신, 기술 이전, 금융 분야에서 일련의 협정을 진행하였다. 마찬가지로 디오스다도 카베요(Diosdado Cabello) 베네수엘라 국회의장도 2013년 6월 중국을 방문하였다. 마두로 대통령은 2013년 9월에 제12차 고위급공동위원회 참석차 중국에 입국했다. 이 자리에서 인프라와 사회개발, 농업, 광업, 에너지, 기술, 석유화학, 산업통합, 기술지원, 경제특구 협력 등에 관한 협약을 체결하였다(MPPRE, 2014: 248 – 55).

시진핑은 2014년 7월 베네수엘라를 방문하여 마두로 대통령과 함께 제13차 고위급공동위원회 회의를 주재하였고, 이 기간 동안 양국 관계를 '통합 전략적 동반자 관계' 범주로 격상시키는 것에 합의하였다. 또한 다양한 분야에서 33개의 새로운 협약이 체결되었다. 다자 차원에서 베네수엘라는 2014년 7월 브라질 포르탈레자(Fortaleza)에서 열린 BRICS-UNASUR 정상회의와 2014년 7월 17일 브라질리아에서 열린 중국-CELAC(라틴아메리카 카리브 국가 공동체) 정상회의에도 참석하였다. 이러한 새로운 지역 기관들은 2015년 1월 베이징에서 개최된 CELAC-중국 포럼 제1차 각료회의를 위한 기반을 구축함으로써, 중국과의 보다 긴밀한 관계를 가능하게 했다(MPPRE, 2015: XXI-XXII).

마두로는 두 차례나 중국을 방문했다. 첫 번째는 2015년 1월에 200억 달러 이상의 협력 및 자금 조달 프로젝트가 협상된 때였다(El Universal, 2015sus 1월 17일). 두 번째 방문은 2015년 8월 31일부터 9월 2일까지, 제15차 고위급 공동위원회 회의를 계기로 이루어졌다. 이때 '베네수엘라와 중국 간 공동발전계획(2015-2025)'과 '베네수엘라 경제특구 협력 기본협정'을 포함한 모두 11개의 협정이 체결되었다. 마찬가지로 최대 50억 달러(석유 부문)의 특별 금융시설을 위한 기본 협정도 논의되었다(MPPRE, 2016: 41, 106, 44-5, 105-6, 113, 165, 257, 261-4).

결과

중국과 베네수엘라의 무역 관계는 지난 25년 동안 많은 변화를 겪고 있다. 2000년 중국의 베네수엘라 수출액은 256,497.137달러였으나, 2015년에는 5,314,949.279달러로 베네수엘라 시장에서 중국 진출의 상당한 성장률을 볼 수 있다(그림 6.1. 참조). 하지만 베네수엘라가 경제 위기를 겪은 2012년 이후 중국 수출은 감소했다. 그렇지만 중국의 대베네수엘라 수출의 점진적 회복은 2014년에 분명히 드러났다.

베네수엘라 또한 중국에 대한 수출을 늘렸다. 새로운 세기의 전환기에 베네수엘라의 대중국 수출액은 단지 94,785,737달러였지만, 2015년에는 남미 국가의 대중국 수입액은 6,888,273,198달러에 달했다(그림 6.2. 참조). 그러나 중국의 수출과 마찬가지로, 베네수엘라의 대중국 수출은 남미 국가에서 경제위기가 시작된 2012년 이후 상당히 불규칙적으로 변동하고 있다.

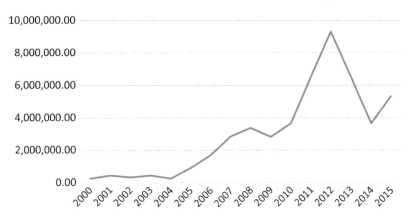

그림 6.1. 중국의 대베네수엘라 수출 현황

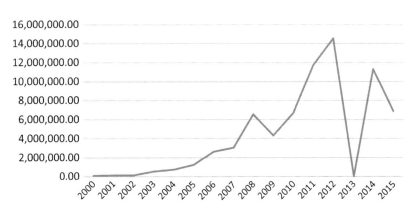

그림 6.2. 중국의 대베네수엘라 수입 현황. 단위: 백만 달러

다양한 합작 사업의 결과로, 베네수엘라는 에너지 수출을 증가시켰다. 세계은행의 자료에 의하면, 중국의 베네수엘라 연료 수입은 2000년 이후 증가했다. UN Comtrade의 자료 역시 베네수엘라의 대중국 석유제품(석유, 유연광물, 원유) 수출이 증가했음을 보여주고 있다(그림 6.3.과 6.4. 참조). 이 경우 2012년 이후 에너지 거래의 변동이 뚜렷했다. 베네수엘라와 중국은 석유 탐사와 채굴뿐만 아니라 드릴 조립과 건설 및 시운전, 매장량의 정량화 및 인증(후닌(Junín) 4와 후닌 8로 불리는 지역과 베네수엘라 남부 오리노코 오일 벨트의 보야카(Boyacá) 3블록), 그리고 베네수엘라 국영 석유회사 PDVSA와 중국 회사들의 전략적 활동과 관련한 자금 조달을 추진했다. 여기에 해당하는 중국 회사들로는 중국국영석유회사(China National Petroleum Corp, CNPC), 중국석유기술개발공사(China Petroleum Technology & Development Corporation, CPTDC), 중국석유화학공사(China Petroleum & Chemical Corporation or Sinopec), 중국석유총공사(Petro China and China National Offshore Oil Corporation) 등이 있다(Cornejo & Navarro, 2012: 304–10). 후닌 4의 경우, 중국 CNPC가 미화 16,300만 달러를 투자하였고, 2016년의 생산량이 하루 40만 배럴에 이를 것으로 예상했다(Ríos, 2012: 55). 베네수엘라는 또한 중국에 최소 3개의 정유공장 건설 계획이 있으며, 그중 첫 번째 정유공장은 광둥성에 건설될 예정이다. "이것은 PDVSA와 중국석유천연가스공사인 페트로 차이나(Petro China Company)의 합작회사이고, 하루 40만 배럴의 정제능력을 갖추게 될 것이다"(Rios, 2012: 56). 2016년 11월까지 중국과 베네수엘라는 약 18개의 석유생산 분야 프로젝트를 개발하였고, 50억 달러에 가까운 투자를 진행했다(Panorama, 2017).

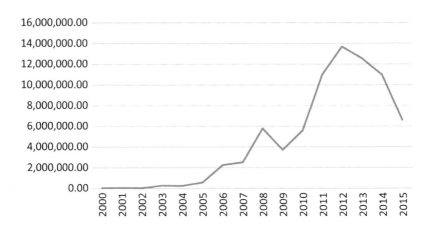

그림 6.3. 중국의 대베네수엘라 연료 수입, 단위: 1,000 달러

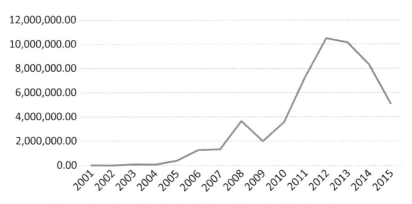

그림 6.4. 중국의 대베네수엘라 석유(석유, 유연광물유, 원유) 수입, 단위: 백만 달러

금융 협력은 양국 협력의 주력 분야 중 하나이다. 2007년에 헤비 펀드(Fondo Pesado)로 알려진 조인트 펀드(Joint Fund)가 만들어졌다. 이 기금에는 3가지 트랙이 있다. 트랙 A는 2007년 60억 달러의 초기 자본금으로 만들어졌고, 중국 개발은행(CDB)이 40억 달러를 대출하고 베네수엘라 경제사회개발은행(스페인어로 Fonden)이 20억 달러를 대출했다. 이 트랙은 2010년에 갱신되었고, 추가적으로 40억 달러의 중국 기부금과 20억 달러의 베네수엘라 기부금이 추가

되었다. 비슷한 조건으로 2014년 7월에도 새로운 갱신이 합의되었다. 공동기금에 대한 중국의 분담금은 매일 10만 배럴의 석유를 인도받아 상환해야 한다. 그러나 이 상환은 국제 유가 시장의 가격에 따라 결정된다(소위 오일 모델 대출). 2009년 트랙 B는 미화 60억 달러(CDB 60%, Fonden 40%)의 추가 출연금으로 설립되었다. 이는 2012년에 비슷한 조건으로 갱신되었다. 중국 측 분담금은 하루 13만 배럴의 원유 인도분으로 상환하고, 이 금액은 국제시장의 가격에 따라 결정된다. 트랙 C는 2013년에 설립되었고, CDB의 분담금은 미화 50억 달러로 증가한 반면 Fonden의 분담금은 미화 10억 달러로 감소하였다. 중국 분담금은 하루 10만 배럴의 원유 인도분으로 상환해야 한다(El Universal, 2014. 7. 23.).

2010년 9월, 기본적으로 사회기반시설과 주택 설립을 위한 GVF(Great Volume Fund) 기금이 만들어졌다. 중국은 매일 10만 배럴의 석유를 인도하면서 10년간 상환해야 하는 200억 달러의 차관을 승인했다.

베네수엘라는 적절한 투자가 이루어지지 않아 심각한 전력 부족을 경험했다. 중국은 60억 달러 이상을 투자하여 최소 12개의 전력 프로젝트(열전기 발전 5개, 나머지는 자동화 시스템과 기술 기여)를 개발하고 있다. 이 프로젝트 중 가장 중요한 것은 중부 지역의 카라보보(Carabobo)주에 위치한 센트로 발전소(Planta Centro)와 서부 메리다(Mérida)주의 엘 비히아(El Vigia)시에 위치한 루이스 삼브라노(Luis Zambrano) 열전기 발전소이다. 중국은 동부 가이아나(Guyana)에 있는 구리 댐(Guri Dam)의 수리에도 참여했다.

베네수엘라에서 광업은 잠재적인 환경적·사회적 비용으로 인해 상당히 민감한 정치사회적 이슈이다. 중국은 금, 콜탄(Coltan), 다이아몬드, 철, 보크사이트 등 전략 광물이 풍부한 오리노코 광업 아크(Arco Minero del Orinoco) 개발에 약 7억 달러 규모의 자금 조달 프로젝트를 승인하였고, 여러 중국 기업이 매장량 인증 및 개발에 참여할 예정이다(Pérez, 2016).

중국은 또한 농기계 생산과 증여를 통해 농업에 자금 및 기술적 조언을 제공했다. 바리나스(Barinas)주의 시범농장 추진과 베네수엘라 직원들의 개별적 직업훈련은 이와 연관된 사업들이다. 중국은 베네수엘라의 국가 관개 시스템 건설을 지원하고 있다. 바리나스의 산토도밍고 강으로부터 23킬로미터에 이르는 관개수로를 복구하기 위해 약 850만 달러가 투자되었다.

베네수엘라의 농식품 주권 전략을 담당하는 PDVSA의 자회사인 PDVSA Agricola(PDVSA 농업 부문)는 2008년 국가의 농산업 발전을 지원하기 위해 양해각서를 체결했다. 이 양해각서를 통해 중국 회사인 Heilongjiang Xinling Grains & Oil Group은 베네수엘라 농업 부문의 발전, 오리노코 오일 벨트 토양 개선과 보다 나은 활용방안, 동식물 생산의 활성화, 생산된 제품의 국제화를 위한 산업 및 기술 컨설팅 등을 제공할 수 있게 되었다(Sun, 2012: 229-30).

사회적 인프라에 대한 중국 투자와 관련하여 가장 특별한 유형은 국가철도 시스템 복구 건을 들 수 있다. 중국은 '북-라네로 축(North-Llanero axis)'과 '티나코-아나코(Tinaco-Anaco section)' 구간의 복구를 위한 투자를 하였다. 중국은 항구의 확장과 현대화에도 투자했는데, 과리코(Guárico)주에 있는 카베요(Cabello) 항구와 강의 관개 시스템을 복구한 사례이다. 중국은 카라카스와 미란다주의 지하철시스템(Metro)과 카라보보(Carabobo)주의 발렌시아(Valencia) 지하철, 줄리아(Zulia)주의 마라카이보(Maracaibo) 지하철 확충에도 부분적으로 투자했다(Cornejo & Navarro, 2012: 312).

중국은 또한 미시온 바리오 누에보(Msión Barrio Nuevo), 바리오 트리콜로르(Barrio Tricolor)로 알려진 프로그램을 통해 베네수엘라 도시 가운데 가장 가난한 지역의 도시 재편을 도왔다. 이와 유사하게 중국은 카라카스의 푸에르테 티우나(Fuerte Tiuna) 군사복합단지(벨라루스, 러시아와 협력)에 20,000호의 주택과, 바리나스주의 팔마(Palma) 주택복합단지에 4,537호의 주택을 건설하는 데 협력하고 있다(Cornejo & Navarro, 2012: 310 – 14; Telesur, 2015).

교통과 통신 분야에 있어서도, 베네수엘라는 중국과의 협력으로 3개의 인공위성을 궤도에 올려놓았다. 첫 번째 위성은 2008년 10월에 발사한 베네사트-1(Venesat-1, 시몬 볼리바르로 명명됨), 두 번째 위성은 2012년 9월에 발사한 베네사트-2(프란시스코 데 미란다로 명명됨), 세 번째 위성은 2017년 10월에 발사된 안토니오 호세 데 수크레(Antonio José de Sucre)이다. 이 같은 연유로 중국 회사 ZTE는 2010년 베네수엘라 통신회사(VTELCA) 설립과 휴대전화 생산에 협력하였다. 또한 저비용 컴퓨터 조립을 전문으로 하는 VIT(Venesolana de Industria Tecnológica C.A.) 설립을 위한 중요한 합작 사업도 시행하였다. 중국은 베네수엘라 회사인 시라곤(Siragon)에 컴퓨터와 서버 조립을 위한 부품을 수출했다. 도시교통 분야에서 중국 회사인 유통(Yutong)은 대중교통 개선을 위한 사회적 프로그램인 미션 트랜스포트(Mission Transport)를 위해 베네수엘라 버스를 수입해 조립했다. 중국은 국가 안보대와 군병력을 위한 체리(Chery) 자동차 등을 판매하였다. 중국은 또한 베네수엘라의 각종 중요한 사회적 프로그램에도 참여하였다. '미 카사 비엔 에키파다(Mi Casa Bien Equipada)'는 베네수엘라 국민들에게 중국 가전제품인 하이어(Haier)를 제공하는 사회적 프로그램으로서 중국이 참여한 것이다. 베네수엘라는 하이어와 협정을 체결하고, 2010년 8월부터 중국 브랜드 전기제품 229,000세트를 수입하고 있다(Sun, 2012: 30). 협약의 일환으로 미란다주의 로스 바예스 델 투이(Los Valles del Tuy)에 하이어 생산 시설이 설립되었다.

베네수엘라는 2013년 군사안보 협력 차원에서 K-8W 군용기, 시위진압용 차량, 트럭, 장비 24대뿐만 아니라 기술 서비스, 새로운 시스템, 예비 부품 등도 구입했다. 이 투자액은 미화 2억 7천9백만 달러에 달한다. 이것은 최근 몇 년간 중국-베네수엘라 간 특별 자금 조달 프로그램에 의해 부분적으로 지출되었다. 문화적 측면에서도 양국 간의 교류 증가는 매우 중요하다. 특히 중국의 여러 대학과 기술 기관에 많은 베네수엘라인들이 있다는 것은 양국 학술교류 증가를 보여주는 대표적 지표이다. 2016년 중국에서 147명의 베네수엘라 공무원이 교육을 받았다(MPPRRE, 2017: 89 – 90). 2016년 12월, 카라카스의 볼리바르 대학(Bolivarian University)에 공자 연구소가 개원하였다. 이후 2017년 팔콘(Falcón)주의 볼리바르 대학과 오리노코 오일 벨트의 기술학교에도 3개의 연구소가 추가로 설치될 예정이었다(Cabrera & Alarcón, 2016). 이것은 총 338개 설립 프로젝트 중 일부에 불과하다. 하지만 2010년 12월 위키리크스가 베네수엘라 석유를 중국에 특혜 판매한 사실을 폭로하는 등 비리 의혹도 적지 않았다. 이와 유사하게 중국-베네수엘라 기금 및 경제사회개발은행(Bandes)과 관련한 불법행위에 연루된 공무원들이 체포되기도 했다(Cornejo & Navarro, 2012: 310). 마지막으로 중국과 체결한 협정의 '불투명성'이나 투명성이 부족한 것에 대한 비판도 제기되고 있다. 그럼에도 불구하고 공식적인 수치로 중국과 베네수엘라가 양국의 협력사업 개발에 미화 620억 달러 이상을 투자한 것으로 나타난다. 이 금액 중 200억 달러는 2007년에 만들어진 공동기금이고, 나머지 420억 달러는 2010년 시작된 중장기 기금이다(Navarro, 2017). 모든 자료들은 베네수엘라에서 중국의 입지가 계속 굳건할 것이라는 전망을 가지게 하고, 그 결과로 발생할 수 있는 결과와 좌절은 좀 더 관찰의 시간이 필요할 것으로 보인다.

양국 관계의 이해: 국내 및 국제 변수를 중심으로

중국-베네수엘라 양국 관계의 평가는 두 국가 모두 외교정책 목표의 추진과 명확한 연관성을 가지지만, 국내적 요인도 상당히 중요하다. 베네수엘라는 미국과의 관계를 균형 있게 유지하면서 다극 체계(multipolar)를 구축한다는 정치적 목표를 전략으로 설정하였다. 또한 석유 수출을 위한 새로운 시장을 찾고 개발 모델 자금을 조달할 새로운 자원을 확보하려는 경제적 목표도 중국과의 외교 전략에 포함되어 있었다. 하지만 중국은 좀 더 실용적인 접근법을 취했다. 중국은 다른 중남미 국가에서 보인 행보와 마찬가지로 '비이데올로기적으로 상업적 유대'를 공고히 하는 차원에서 베네수엘라를 대했다(Sun, 2014: 653).

얀란 수(Yanran Xu)는 중국과 베네수엘라의 양국 관계는 2008년 발표된 대중남미 정책 문서에 기인하고 있다고 말한다. 여기서 중국 지도자들은 중국과 베네수엘라를 하나로 묶는 유대를 강조하고 있다. 그러나 이 말의 이면에는 중국이 베네수엘라와 돈독한 관계를 갖는 이유에는 석유 사업을 통한 이윤 증진의 목표가 있다. 이것은 중국 정부뿐만 아니라 다국적 기업까지 참여하고 있는 "저우추취(走出去, Going Out)"정책과 연관이 있다. 이 정책의 목표는 두 가지이다. 하나는 석유공급을 다양화하는 것이고, 또 다른 하나는 중국 기업의 국제화를 촉진하는 것이다(Xu, 2016: 67).

순홍보(Sun-Hongbo)는 (1) 고위급 공동위원회의 존재, (2) 양국 관계의 중심축으로서 석유, (3) 금융 메커니즘으로서의 공동기금이라는 세 가지 전제를 바탕으로 중국과 베네수엘라 간 협력 모델을 제안하고 있다(2012: 224). 이러한 전제들은 중국 외교정책 목표와 밀접한 관련이 있다. 에너지 안보를 극대화하고 중국 석유기업들의 '저우추취(走出去, Going Out)' 전략을 돕는 상황에서, 석유의 중심적 역할이 상당히 중요하다. 앞 절에서 설명한 바와 같이, CNPC, CPTCD, CNOOC, or Sinopec은 PDVSA와 합작 투자에 참여하여 석유 탐사 및 오리노코 벨트를 개발한다. 중국은 또한 PDVSA에 드릴과 탱커(Tankers)를 판매하고, 석유의 운송과 정제, 기술, 금융 등에서 상호 협력하고 있다. 금융 메커니즘으로서 공동기금은 중국의 석유 외교정책과 상당히 밀접한 연관성을 가진다. 왜냐하면 그것이 상품(보다 정확히 석유)을 보장하기 때문이다. 즉 "석유대출" 논리에 따라 자원이 부여된다. 게다가 베네수엘라에 대한 중국의 관여는 다른 중남미 국가와 비교해 현저히 깊다. 안툴리오 로살레스(Antulio Rosales, 2016: 8-9)에 따르면, "2005년부터 베네수엘라는 중남미에서 가장 경제 규모가 큰 브라질, 멕시코, 아르헨티나보다 중국으로부터 더 많은 차관을 받았다. 베네수엘라는 중국에서만 이미 650억 달러 이상의 차관을 받았다. 하지만 중국의 두 번째 거대 채무자인 브라질은 단지 218억 달러 규모의 차관을 받았을 뿐이다."

중국은 또한 베네수엘라를 "전략적으로 중요한 고부가가치 부문"의 수출 시장으로 인식한다(Elis, 2010: 2). 하이어(Haier)와 유통(Yutong), ZTE와 같은 기업들의 존재는 베네수엘라 시장 내 중국 전자제품을 증가시켰고, 버스와 휴대폰 시장은 베네수엘라가 중국 공업 부문의 중요한 시장이 되었음을 보여준다.

대만 요인도 변수이다. 차베스는 2007년 '하나의 중국 정책'에 적극 동의했고, 카라카스의 대만 상업 대표단의 비자를 중단시켰다. 여기서 카리브해 지역이 중요한 역할을 한다. 왜냐하면 카리브해 지역에서 대만은 여전히 중요한 외교적 입지를 지니고 있고, 중국이 정치적 입지를 재건하려는 서반구(Western hemisphere) 지역이기 때문이다. 베네수엘라 정부는 많은 회원국이 존재하는 페트로카리브(Petrocaribe)와 카리브해 유역에서 상당히 영향력이 있다. 라틀리프(Ratliff, 2006: 80)가 지적한 바와 같이, 중국이 "카리브해 유역의 석유강국(베네수엘라)을 중국 편에 두는 것은 좋은 일"이다.

베네수엘라의 전략은 1999년 시작한 다극체제 구축 목표와 석유 수출에서 미국 시장의 의존도를 줄인다는 목적이 존재한다. 또 다른 목적은 베네수엘라 경제에서 미국 다국적 기업의 역할을 줄이는 것이다(Cheng & Shi, 2008: 113).

베네수엘라에 있어서 중국과 긴밀한 관계를 구축하는 것은 다극 체제에 대한 열망과 반제국주의 목표를 성취하기 위한 방법이기도 하다. 카라카스는 중국을 미국에 도전하고 서반구에서 워싱턴의 균형추 역할을 할 수 있는 신흥 강국으로 인식하고 있다. 따라서 중국은 단지 대안적 시장이 아니라, 투자의 원천이자 정치 및 안보 파트너, 기술의 원천, 배워야 할 경제 발전 모델이기도 하다 (Cheng & Shi, 2008).

중국은 차베스와 마두로가 조장한 반미 어구(rhetoric)를 지지한 적이 없다. 엘리스와 같은 전문가들은 중국이 "포퓰리즘 정권으로서 베네수엘라의 생존에 관심이 있다"고 주장하지만, 그 목표가 "베네수엘라와 중국의 중요한 관계를 전략적으로 훼손하지 않는 한"이라고 주장한다(Elis, 2010: 6). 중국의 중남미 전문가인 지앙(S. X. Jiang)은 "중남미가 미국의 뒷마당이라는 것을 중국이 알고 있다"면서, 중국이 그곳에서 미국의 영향력에 도전해서는 안 된다고 주장했다. 그는 이어 "중국과 중남미는 대외 개방 정책을 진행해 왔다. (⋯) 세계화 시대에 (⋯) 중국과 중남미의 협력은 아시아 태평양과 중남미 지역의 평화와 발전에 도움이 될 것"이라고 말했다. 이러한 결과는 확실히 미국에 유리하게 작용할 것이다(Ratliff, 2009: 12).

따라서 중국은 미국에 맞서는 것처럼 보이는 행동을 피한다. 이러한 태도를 보여주는 한 사례는 베이징에서 차베스가 볼리바르 동맹(ALBA)의 확대를 중국에 제안했을 때 보여준 중국의 냉담한 태도이다. ALBA는 2001년 차베스가 제안한 지역동맹 그룹으로서, 2004년 연대, 협력, 상호 보완에 기반을 둔 새로운 지역 통합 모델로서 설립되었다. ALBA는 전성기에 카리브해 유역과 안데스 지역에서 상당한 영향력을 발휘했고, 이에 미국 헤게모니에 도전하는 반체제적인 블록이 되었다. 차베스는 2008년 베이징을 방문했을 때, 카라카스와 아바나 사이에 카리브해와 중앙아메리카 지역에 영향을 미칠 수 있는 해저케이블을 설치하자는 프로젝트를 제안했다. 그러나 중국은 "프로젝트가 이념적이고 정치적 함의를 가지고 있으며 호전적"이라는 이유로 주저했다(Ríos, 2012: 60).

중국은 그들의 국가 간 관계가 이념에 기초해 있지 않고, 제3자를 적대화하지 않으며, 다른 나라에 나쁜 영향을 미칠 의도가 없음을 강조하고 있다. 중국은 차베스가 주도하는 외교정책 중 이념을 내포하는 어떠한 형태의 정치적 약속도 회피하는 것으로 보인다(Ríos, 2012: 60). Hi Li(2007: 857)가 주장했듯이, "과장된 차베스의 반미 수사 사랑은 이 지역에서 미국을 공격하지 않는다는 중국의 전략과 배치"된다. 공식 입장과는 다르겠지만, 내가 인터뷰한 몇몇 중국의 중남미 전문가들은 베네수엘라 지도자의 '비외교적이고 비합리적'인 행동을 지적했다. 일부는 그를 향해 "미쳤다"고도 했다. 리오스(2012: 62)에 의하면, "차베스가 베이징을 마지막으로 방문한 2009년 4월, 그의 체류에 대한 공식 정보는 수도인 베이징을 떠날 때만 배포되었다. 이것은 중국이 반제국주의 주장의 대변자가 되는 것을 피하고, 차베스 체류의 전반적인 전망을 감소하기 위함이다."

그러나 베네수엘라 정권에 대한 중국의 영향력은 매우 중요하다. 앨리스는 중국이 차비스트(Chavist) 프로젝트의 경제적·정치적 생존력을 유지하는 데 도움을 주었다고 말한다. 중국의 도움은 다음과 같은 다섯 가지 요소를 포함하고 있다: (1) 단기 자금의 근원지, (2) 원자재 추출에 도움, (3) 수출 시장의 다양화, (4) 내수 소비를 위한 상징적 프로젝트 생성, (5) 2급 군수품의 대체 공급자(Ellis, 2010: 7). 로잘레스(Rosales)는 또한 중국이 베네수엘라 경제 모델의 안정자 역할을 했다고 생각한다. 특히 이것은 비합리적인 경제 정책과 유가 하락, 부패로 인해 베네수엘라가 심각한 경제 위기에 빠졌던 마두로 시대에 더 두드러진 사실이다. 그러나 중국의 존재가 베네수엘라 경제에 미칠 영향은 더 깊은 수탈주의를 비롯한 보복이 될 가능성이 높다. 가르시아 아구스틴(García

Agustín, 2016: 116)이 이 장 앞부분에서 설명한 바와 같이, 중국의 차관이 주로 석유로 상환되기 때문에 중국과의 관계로 인해 베네수엘라 원자재 의존도가 높아졌다는 점을 강조하면서 이 주장에 동의한다.

베네수엘라가 중국과의 관계 강화로 인해 겪게 될 정치적 결과는 새로운 의존에 대한 두려움이다. 특히 차베스가 2004년 국민소환투표에서 승리한 이후, 베네수엘라는 미국에 도전하는 반체제적 혹은 반헤게모니적 정치 프로젝트를 더욱 강화했다. 역설적인 측면은 투자와 기술 지원, 경제 지원 등에 있어서의 중국 의존도가 높아짐에 따라 기존 미국 의존성이 새로운 의존성(중국)으로 대체될 수 있다는 것이다(García, 2016 참조).

베네수엘라가 유사한 이념을 가진 정부들과의 정치적 연대를 맺는 것과 관련한 또 다른 설명이 있다. 그러나 중국은 이른바 21세기 사회주의로 불리는 베네수엘라식 '정치경제 모델'이 중국식 사회주의(사회주의 시장경제)와 차이가 있기 때문에 논란이 되고 있다. 이 두 모델은 서로 다른 이념에 기반하고 있으며, 이를 창조한 두 정당(베네수엘라 통합사회당과 중국 공산당)은 과거에도 현재에도 유사한 적이 없었다(Guelar, 2013: 190 – 1). 홍잉왕(Hongying Wang, 2015: 14)은 이 문제를 다음과 같이 표현한다:

중국은 베네수엘라의 정치적 · 이념적 연대에 대한 제안에 화답하는 데 신중을 기하고 있다. (…) 차베스가 중국을 반제국주의 투쟁의 중요한 동맹국이라고 말했을 때, 중국은 응답하지 않았다. (…) 중국은 민중민주주의와 경제적 독립, 평등을 추구하는 베네수엘라 좌파 사회운동인 볼리바르 혁명(Bolivarian Revolution)에 큰 관심을 보이지 않고 있다. 중국은 러시아와 달리 ALBA(Bolivarian Alliance of the Americas)의 옵서버 국가도 아니다. 한 학자의 말처럼, 중남미를 비롯한 '새로운' 개발도상국에서 중국은 혁명적 동맹이 아닌 무역 파트너를 찾고 있다.

사실 최근 사건들은 중국이 베네수엘라와의 관계를 재고려하고 있음을 보여준다. 케할 비야스(Kejal Vyas, 2016)에 따르면, "중국은 약 600억 달러의 대출을 받은 국가와의 동맹을 재고하고 있는 것으로 보인다." 비야스는 중국이 안보와 베네수엘라 부채 상환에 대한 우려를 표명하기 위해 카라카스에 특사를 보냈다고 지적한다. 그 특사들 중 일부는 "새로운 자금은 투자하지 않을 것이라는 합의가 있었다"고 주장했을 것이다. 더구나 "그들이 무너지게 그대로 놔두라"는 상부의 지시가 있었다고 특사는 말했다. 그는 중국 기업들이 개인 안전상의 문제로 직원들을 콜롬비아와 파나마로 이동시키고 있다고 말했다. 왜냐하면 많은 중국 주도 프로젝트들이 중단되었기 때문이다(Vyas, 2016). 마지막으로 어떤 기사에서는 "[2016년] 2월 이후부터 적어도 세 명의 베네수엘라 야당 국회의원, 경제학자, 석유 산업 컨설턴트가 과도기적 방안을 논의하기 위해 중국 공산당의 초청으로 베이징에서 과도정부와 세계 최악의 경제 상황을 반전시키기 위한 회복계획을 논의했다"고 이 회담에 대해 잘 알고 있는 중국과 베네수엘라 관계자들의 말을 실었다(Vyas, 2016).

바바라 호겐붐(Barbara Hogenboom, 2014: 636)은 중국의 또 다른 관심사를 설명하고 있다. '석유 대출(loans for oil)' 논리에 따라 베네수엘라는 수천 배럴의 석유를 중국 기업에 판매하기로 장기적으로 약속했지만, PDVSA는 부채가 너무 많아 결과적으로 새로운 투자가 이루어지지 않았다는 것이다. 따라서 "국가의 석유 매장량을 활용하는 회사의 미래 능력을 위태롭게" 할 위험이 있으며, 이 문제는 "은행과 다른 중국 관계자들에게도 우려를 불러일으키는" 문제이다(Hogenboom, 2014: 66).

중국 학자들조차 현재 양국 관계의 문제점을 인식하고 있다. 예를 들어 니우 하이빈(Niu Haibin)은 베네수엘라의 상황 악화가 중국과의 경제 협력에 있어서 가장 큰 문제라고 말한다. 2013년 이후 베네수엘라는 저유가로 인해 대출

상환을 위해서 중국에 대한 수출을 늘려야 했다. 하지만 석유 국유화와 고관세 정책은 국가 석유 산업 분야 내 외국인 자본과 기술, 관리의 부족으로 이어졌다. 이 경우 생산 비용이 제품 가격보다 높아 석유 생산량을 늘리기가 어렵다. 니우 (Niu)는 두 국가 간의 경제협력과 우호관계 때문에 관계 악화는 피해야 하겠지만, 현재 국제 상황에서는 자금 조달 조건을 조정해야 한다고 말한다. 장기적으로 자금 조달 메커니즘을 강화하는 방안도 모색할 필요가 있다(Niu, 2016: 86).

결론

이 장에서는 차베스 시대 중국-베네수엘라 양국 관계의 급속한 변화를 살펴보았다. 세기 전환기에 베네수엘라의 무역과 투자 부문에서 중국의 존재는 매우 미비했다. 하지만 현재 아시아 국가는 남미 국가의 주요 무역 파트너이자 중요한 투자 원천이다. 양국 대통령이 상대국을 방문하고, 외교와 경제 사절단이 파견되었으며, 400개 이상의 협정이 체결되었다. 이 모든 것은 지난 수십 년 동안 양국 관계가 새로운 국면에 진입했음을 의미하는 것이다. 중국과 베네수엘라 관계의 발전 상황을 이해하기 위해서는 국내 요인과 국제 요인 모두를 이해해야 한다. 베네수엘라의 경우, 차베스 세력이 권력을 잡으면서 국제사회에서의 행동이 재구성되었다. 한때 베네수엘라는 서구식 민주주의를 공고히 하였고 미국의 신뢰할 수 있는 동맹이었다. 하지만 현재 베네수엘라는 서구식 국제질서와 미국에 대한 비판자가 되었다. 강한 반미 경향에도 불구하고 베네수엘라 경제가 미국 경제와 긴밀히 연결되어 있고, 베네수엘라 석유 수출의 전통적 행선지가 미국이라는 역사적인 요소가 큰 문제이다. 차베스는 시장이자 투자 원천지로서 미국을 대체할 국가로 중국을 선택했다. 베네수엘라의 다극체제 추진

목표를 고려한다면, 베이징과 보다 긴밀한 관계를 가지려는 의도는 명확했다.

중국의 입장에서 볼 때, 원유 확보 필요성과 중국 기업들의 '저우추취(走出去, Going Out)' 전략을 지원하겠다는 의지가 베네수엘라와의 친선에 결정적 원인이 되었다. 남미 국가는 중국의 새로운 수출 시장이기도 했다. 마찬가지로 다극체제 구축과 같은 특정 외교정책 목표로의 명확한 집중은 양국 관계를 발전시키는 데 도움이 되었다.

그 결과는 너무나 분명했다. 이 장에서 언급했듯이, 2000년 이후 양국 간 무역은 기하급수적으로 성장했다. 중국의 투자도 증가했다. 헤비 펀드(Heavy Fund)와 같은 혁신적 메커니즘과 '석유 대출'은 양국 간 '전략적 동반자 관계'의 주요 기둥이 되었다. 그래서 어느 정도 중국과 베네수엘라의 관계는 성공 사례로 볼 수 있다.

그럼에도 불구하고, 최근의 여러 사건은 양국 관계의 미래에 대한 우려를 제기하고 있다. 중국-베네수엘라 관계의 새로운 시대는 차베스 운동에 의해 발생한 베네수엘라 정치체계의 정치적 통제라는 국내 요인과 상품의 호황으로 특징되는 세계적 맥락에서 발생했다. 현재 상황은 상당히 다르다. 베네수엘라 정권은 2015년 12월 총선 패배 이후 하이브리드 민주주의 특성을 버리고 점점 더 권위주의적인 모습을 보여주고 있다. 이러한 특징은 베네수엘라 공화국에 최악의 경제위기와 더불어 정치적 불안을 가져왔다. 또한 전 세계적으로 유가 하락으로 인해 베네수엘라의 석유를 기반으로 한 외교적 영향력이 상실되었다. 중국과 체결한 협정의 투명성 부족, 헤비 펀드 운용 비리 의혹, 중국으로의 '새로운 종속국' 형성 우려 등도 양국 관계의 현주소를 설명할 때 부각되는 요소들이다.

중국은 이러한 상황을 알고 있다. 중국 정부는 베네수엘라에서 말하는 반제국주의, 반미 담론을 지지한 적이 없지만, 남미 국가와의 경제적 연계는 활발히 추진했다. 중국의 투자와 석유 대출을 받기 위한 사업은 매우 크다. 그러므로 현재 베네수엘라의 정치적 · 경제적 불안정은 현실적인 우려의 대상이다. 결과적으로 최근 관계 양상이 재검토되고, 새로운 단계가 시작될 수도 있을 것으로 보인다.

참고문헌

Cabrera, G., & Alarcón, R. (2016, December 16). Inaugurado Instituto Confucio en Venezuela. *MPPP*, Caracas. Retrieved from http://www.mppp.gob.ve/2016/12/inaugurado-instituto-confucio-en-venezuela/

Cheng, J. Y. S., & Shi, H. G. (2008). Sino-Venezuelan relations: Beyond oil. *Issues & Studies*, 44(3), 99–147.

Cornejo, R., & Navarro, A. (2012). La presencia económica de China en Venezuela. In C. Moneta & S. Cesarín (Eds.), *Tejiendo redes. Estrategias de las empresas transnacionales asiáticas en América Latina*. Buenos Aires: Editorial de la Universidad Nacional de Tres de Febrero (EDUNTREF) – International University of Business and Economics – Beijing.

El Universal. (2014, July 23). El ABC del Fondo Chino Venezolano. *El Universal*, Caracas. Retrieved from http://www.eluniversal.com/economia/140723/el-abc-del-fondo-chino-venezolano

El Universal. (2015, January 17). Maduro anuncia acuerdos en China por más de 20,000 millones de dólares. *El Universal*, Caracas. Retrieved January 7, 2015, from http://www.eluniversal.com/noticias/economia/maduro-anuncia-acuerdos-china-por-mas-20000-millones-dolares_69479

Ellis, R. E. (2010). *Venezuela's relationship with China: Implications for the Chávez regime and the region*. University of Miami, Center for Hemispheric Policy.

García, A. Ó. (2016). Venezuela and China: Independency and dependency in the context of interdependent hegemony. *Journal of China and International Relations*, Special Issue, 104–127.

Guelar, D. (2013). *La invasión silenciosa. El desembarco chino en América del Sur*. Buenos Aires: Debate.

Hogenboom, B. (2014). Latin America and China's Transnationalizing oil industry: A political economy assessment of new relations. *Perspectives on Global Development and Technology*, 13, 626–647.

Li, H. (2007). China's growing interest in Latin America and its implications. *Journal of Strategic Studies*, 30(4–5), 833–862.

Molina Medina, N. (2009). La nueva política exterior de la Revolución Bolivariana: Un viraje hacia el continente asiático (1999 – 2008). *Revista Venezolana de Ciencia Política*, 35, 115 – 137.

Molina Medina, N. (2015). Venezuela y el reconocimiento de la República Popular China en la ONU. *Anuario GRHIAL*, 9(9), 20 – 46.

Ministerio del Poder Popular para Educación Universitaria, Ciencia y Tecnología. (2008, September 28). Visita de Chávez a China culmina con gran éxito. *MPPEUCT*, Caracas. Retrieved from http://www.mppeuct.gob.ve/actuali-dad/noticias/visita-de-chavez-china-culmina-con-gran-exito

Ministerio del Poder Popular para Relaciones Exteriores. (2009). *Libro Amarillo 2008*, tomo I. Caracas: MPPRE.

Ministerio del Poder Popular para Relaciones Exteriores. (2010). *Memoria y Cuenta 2009*. Caracas: MPPRE.

Ministerio del Poder Popular para Relaciones Exteriores. (2011). *Memoria y Cuenta 2010*, tomo I. Caracas: MPPRE.

Ministerio del Poder Popular para Relaciones Exteriores. (2012). *Memoria 2011*. Caracas: MPPRE.

Ministerio del Poder Popular para Relaciones Exteriores. (2013). *Memoria 2012*. Caracas: MPPRE.

Ministerio del Poder Popular para Relaciones Exteriores. (2014). *Memoria 2013*. Caracas: MPPRE

Ministerio del Poder Popular para Relaciones Exteriores. (2015). *Memoria 2014*. Caracas: MPPRE.

Ministerio del Poder Popular para Relaciones Exteriores. (2016). Venezuela y China avanzan hermanadas en la Asociación Estratégica Integral. *MPPRE*, Caracas. Retrieved from http://ecuador.embajada.gob.ve/index.php?option=com_content&view=article&id=1356%3Avenezuela-y-china-avanzan-hermanadas-en-la-asociacion-estrategica-integral&catid=3%3Anoticias-de-venezuela-en-el-m-undo&Itemid=19&lang=en

Ministerio del Poder Popular para Relaciones Exteriores. (2017). *Memoria 2016*. Caracas: MPPRE.

Ministerio de Relaciones Exteriores. (2000). *Libro Amarillo 1999*. Caracas: MRE.

Ministerio de Relaciones Exteriores. (2001). *Libro Amarillo 2000*. Caracas: MRE.

Ministerio de Relaciones Exteriores. (2002). *Libro Amarillo 2001*. Caracas: MRE.

Ministerio de Relaciones Exteriores. (2003). *Libro Amarillo 2002*. Caracas: MRE.

Ministerio de Relaciones Exteriores. (2005). *Libro Amarillo 2004*. Caracas: MRE.

Ministerio de Relaciones Exteriores. (2007). *Libro Amarillo 2006*. Caracas: MRE.

Navarro, I. (2017). Venezuela y China acuerdan inversiones petroleras por $ 4,250 millones. *El Universal*, Caracas, 13 de junio de 2017. Retrieved from http://www.eluniversal.com/noticias/economia/venezuela-china-acuerdan-inversiones-petroleras-por-4250-millones_656744

Niu, H. B. (2016). 中国经济新常态下的 中拉经贸关系展望 Prospects of Sino-Latin American economic and trade relations under the new normal of China's economy. *Journal of Latin American Studies, Chinese Academy of Social Science*, 38(4), 76–93.

Panorama. (2017). China y Venezuela suman 790 acuerdos de cooperación en áreas estratégicas. *Panorama*, Maracaibo, 13 de febrero de 2017. Retrieved from http://www.panorama.com.ve/politicayeconomia/China-y-Venezuela-suman-790-acuerdos-de-cooperacion-en-areas-estrategicas-20170213-0063.html

Pérez, A. (2016). El Arco Minero del Orinoco representa un extraordinario potencial para China. *MPPCI*, Caracas, 8 March de 2016. Retrieved from http://minci.gob.ve/2016/03/el-arco-minero-del-orinoco-representa-un-extraordi-nario-potencial-para-china/

Ratliff, W. (2006). Beijing's pragmatism meets Hugo Chavez. *The Brown Journal of World Affairs*, 12(2), 75–83.

Ratliff, W. (2009). In search of a balanced relationship: China, Latin America, and the United States. *Asian Politics & Policy*, 1(1), 1–30.

Ríos, X. (2012). China and Venezuela: Ambitions and complexities of an improving relationship. *East Asia*, 30, 53–65.

Rosales, A. (2016). Deepening extractivism and rentierism: China's role in Venezuela's Bolivarian developmental model. *Canadian Journal of Development Studies/Revue Canadienne D'Etudes du Développement*, 37(4), 1–18

Sun, H. B. (2012). Energy cooperation between China and Latin America: The case of Venezuela. In M. P. Amineh & Y. Guang (Eds.), *Secure oil and alternative energy. The geopolitics of energy paths of China and the European Union*. Leiden-Boston: Brill.

Sun, H. B. (2014). China-Venezuelan oil cooperation model. *Perspectives on Global Development and Technology*, 13, 648–669.

Telesur. (2015, June 29). Venezuela y China aumentan cooperación estratégica. *Telesur*. Retrieved from http://www.telesurtv.net/news/Venezuela-y-China-aumentan-cooperacion-estrategica-20150629-0024.html

Vyas, K. (2016, September 11). China rethinks its alliance with reeling Venezuela. *The Wall Street Journal*. Retrieved from http://www.wsj.com/articles/china-rethinks-its-alliance-with-reeling-venezuela-1473628506

Wang, H. Y. (2015). The missing link in Sino–Latin American relations. *Journal of Contemporary China*, 24(95), 922–942.

Xu, Y. R. (2016). *China's strategic partnerships in Latin America: Case studies of China's oil diplomacy in Argentina, Brazil, Mexico, and Venezuela, 1991–2015*. Lanham, MD: Lexington Books.

제7장

칠레와 중국, 2000-2016: 벌새와 판다

세사르 로스(Cesar Ross)*

서론

지난 40년간 칠레가 동아시아와 동남아시아 지역 국가들과 국제관계를 맺기 시작한 것은 1973년에서 1989년 사이 군사독재로 인한 국제사회로부터의 고립에 대한 반작용으로 시작된 것이었다. 수잔 스트레인지(Susan Strange)에 따르면 이러한 칠레의 국제관계 모델은 (실용주의와 비국가 행위자에 기반한) 국제관계 모델의 이점에 대한 신뢰에 기반하여 지속되었으며, 냉전 이후 칠레가 국제관계에서 20년간 우위를 차지하는 원인이 되었다. 이러한 외교적 성취는 동아시아 및 동남아시아에만 국한되지 않고 전 세계적 차원에서 이뤄졌다 (Strange, 1994).

칠레의 일반적인 외교정책, 특히 아시아에 대한 외교정책은 주로 경제 부문에 집중되어 있고, 신자유주의(neoliberal)와 신현실주의(neorealist) 사이에서

*   C. Ross

     칠레 산티아고대학교(University of Santiago de Chile), Institute of Advanced Studies(IDEA)

     e-mail: cesar.ross@usach.cl

     © The Author(s) 2020

     R. Bernal-Meza, Li Xing (eds.), 21세기 중국-중남미 관계, 국제정치경제시리즈

     https://doi.org/10.1007/978-3-030-35614-9_7

어느 위치를 차지하는지에 대한 태도를 견지하고 있다. 쉽게 예상할 수 있듯, 이러한 국제관계 모델로 인한 성과는 다음과 같다. 칠레는 지난 수십 년간 아시아 경제의 유례없는 성장으로 인해 큰 수익을 창출했다. 하지만 40년이 지난 현재 구조적인 약점을 낳았으며, 이로 인해 오늘날 칠레 외교정책이 중요한 과제에 직면하고 있다.

본 장의 연구 대상 기간은 소위 "원자재 슈퍼 사이클(commodities super cycle)"이라고 불리는 2000년에서 2016년 기간이다. 이 기간은 정치적 관계와 국가 간 협력 이니셔티브에 큰 영향을 미쳤으며, 비국가 기관에까지 영향을 확대했다. 원자재 슈퍼 사이클 기간 세계 다른 곳에서와 마찬가지로 칠레의 대아시아 국제관계에 있어서 중국이 가장 관련성이 높은 국가이기에 본 장에서 사례 연구로 채택되었다.

가설은 칠레와 중국의 관계가 역사적으로 실용주의적 관점, 즉 기능적 관점과 피상적 관점을 모두 포괄하고 있다는 것이다. 실용주의로 인해 양국 간의 관계는 냉전 시대와 같은 어려운 시기를 극복하는 데 도움이 되었으며, 원자재 슈퍼 사이클(2001-2013년)과 같은 호황기를 최대한 활용하여 중국이 칠레의 주요 무역 파트너가 되었을 뿐만 아니라 양국 관계가 더욱 복합적인 단계로 진입하는 데도 기여했다. 그러나 양국 관계는 세계 시장 위축 또는 칠레와 분쟁 관계가 있는 국가와의 전략적 동맹 가능성으로 인해 약화될 수도 있을 기회를 완전히 배제하는 수준에는 이르지 못했다.

본 연구의 연구 방법론은 내용 분석(해석학), 자체적인 방법론을 통한 양국 간 의제 분석, 글로벌 맥락과 아시아 지역 내 양자 간 교역 동향 재구성을 통한 통계 분석을 결합한다.

본 장은 세 부분으로 나뉜다. 1부에서는 '이중 비대칭' 다이어그램(double asymmetry diagram)을 기반으로 칠레 외교정책의 이론적 접근 방식을 다룬다. 이를 위해 사용된 방법론은 내용 분석(해석학)이다. 2부에서는 칠레-아시아 관계를 다루며, 칠레 외교정책에서 아시아의 위치(중요성)와 그 안에서 가장 관련성이 높은 행위자들의 위치를 설명한다. 3부와 마지막 부분에서는 칠레-중국 관계를 다루며, 칠레 외교정책 자체와 이 정책으로 인해 양국 관계에 미치는 영향을 자세히 살펴본다. 1부와 2부에서는 글로벌 맥락과 아시아 지역에서의 양국 무역 동향 재구성을 통한 통계적 분석과 자체적인 방법론을 통해 양국 의제를 분석했다.

이중 비대칭 속 칠레

나는 과거 '이중 비대칭'이라는 용어를 *Foreign Affairs*(Ross, 2006)에 실린 글에서 처음 사용했다. 이후 개념은 발전하여 더욱 복잡해졌고(Bernal-Meza, 2016; Ross, 2005c, 2009, 2012), '하향 비대칭(downward asymmetry)'이라고 부르는 사례에도 적용되었다. 여기서는 '상향 비대칭(upward asymmetry)'이 적용되는 사례로서 칠레 사례를 살펴볼 것이다.

비대칭이라는 개념은 기하학에서 유래한 것으로, 도형의 몸체 또는 도형의 점의 배열이 중심, 축 또는 평면을 기준으로 규칙적으로 배열되지 않은 것을 말한다. 이는 이 개념을 사용하는 거의 모든 다른 과학에서 동일한 방식으로 널리 이해되는 방식이다. 경제학, 특히 통화 분야에서 이 범주는 통화 간의 환율 고정을 지칭하는 데 사용됐으며, 통화 중 하나가 일반적 기준으로 언급된다. 정치학 분야에서 비대칭(개념 이상으로)은 관계의 각기 다른 측면에서 권력이 불균형하게 분포된 것을 설명하기 위해 사용한다. 특히 권력이 재편되는 과정에서 권력의 지점이 어디에 놓일 것인가를 설명할 때 사용한다. 국제관계 분야에서 비대칭 개념은 정치학에서와 같은 의미를 가지며 몇 가지 흥미로운 지점이 추가된다. 권력의 차이는 지배와 종속의 관계를 형성하며, 이는 오랫동안 국제정치에서 사용된 분석에 통합되었다.

이중 비대칭의 복잡성은 중간 국가(intermediate states) 자체의 특성과 관련이 있는데, 이는 중간 국가가 국제 권력 위계 속에서 자신의 위치로 인해 자신의 역할을 분리할 기회를 얻기 때문이다.

국제관계와 국제정치에서 비대칭 개념의 표준적 용법은 국제체제의 위계 속에서 국가를 분류하는 권력의 한 요소이다. 따라서 비대칭의 개념은 바뀔 것 같지 않은 현실을 묘사하는 데 사용되었다.

국제체제의 위계 속에서 상층부와 하층부의 위치는 국가의 행동을 수정하는 데 강력한 제한이 된다. 국제체제에서 최상위 위치를 차지한 지배 국가의 경우, 큰 노력 없이도 목표를 달성할 수 있으므로, 변화에 대한 인센티브와 위협이 낮다. 국제체제에서 최하위 위치를 차지한 약소국의 경우, 자국의 운명이 국가의 의지나 외교정책과는 괴리되어 있고 외부의 상황과 연계되는 것이 일반적이다.

반면, 국제체제의 상층부와 하층부 사이에 있는 중간 국가의 경우, 상황이 다르다. 중간 국가는 권력의 성격(경제력, 군사력, 기술력 등)과 관계없이 더 역동적인 현실에 노출되어 있다. 따라서 권력의 집중도와 국가의 역할에 따라 중간 국가가 얻을 수 있는 결과는 다를 수 있다.

연구자가 관찰한 바에 따르면 중간 국가에는 복종형(submissive), 저항형(rebel), 실용형(pragmatic)이라는 세 가지 유형이 있다.

복종형 국가는 자의 혹은 선택 때문에 대외 정책의 목표에 국가의 생존을 두는 국가로, 대외 정책에서 생존을 목표로 하므로 미니멀리즘적 현실주의(minimalist realism)로 간주할 수 있다. 이들의 공통 전략은 모방과 불가시(invisibility)이다.

저항형 국가는 수동적이거나 능동적일 수 있는데, 대외 정책의 원칙은 어떤 대가를 치르더라도 국가의 존엄성과 정체성을 지키고 보존하는 것이다. 이러한 유형의 국가는 최대주의(maximalist) 혹은 구성주의적 이상주의(constructivist idealist)로 분류할 수 있다.

마지막으로 실용주의 국가는 적극적이든 소극적이든 대외 정책에 거래할 수 없는 최소한의 원칙을 지키는 국가이다. 신현실주의(neorealist), 신자유주의(neoliberal), 구성주의(constructivist)로 분류할 수 있다. 실용주의 국가는 지배 국가의 의제 내에서 특정 주제를 선택하고 조정하는 것이 일반적이다. 그 전략은 일반적으로 헤징(hedging)과 밴드왜건(bandwagoning)과 같은 전략을 사용한다. 이러한 유형의 국가는 일반적으로 이중 비대칭 구조 내에서 성공적으로 생존하기 위해 상황에 더욱 유연하게 대처한다.

중간 국가인 칠레의 경우(그림 7.1. 참조), 이러한 이중 비대칭은 칠레가 세계 주요 경제 국가뿐만 아니라 지리적으로 인접한 국가들, 즉 칠레보다 국력이 현저히 낮은 국가들과 동시에 관계를 맺고 있다는 점에서 드러난다. 상향 비대칭은 큰 경제적 배당금을 가져왔지만, 하향 비대칭은 관계가 지속해서 변동하면서 나타났다.

첫 번째 비대칭 유형인 상향 비대칭은 선순환 비대칭(virtuous asymmetry)이라고도 부르는데(Ross, 2012),[1] 이를 통해 칠레가 실용적인(신현실주의) 관계를 구축하는 데 특별히 관심을 기울여 국제사회에 진입하는 데 성공을 거두었다. 특히 이 과정에서 칠레는 세 가지 형태의 개방(일방적, 양자 간, 다자간) 정책을 시행했다. 이러한 개방 정책은 수출과 외국인 직접투자라는 두 가지 수단을 통해 칠레가 경제 성장을 가속하는 데 기여했다. 첫 번째 단계(1975-1989)에서 이 과정은 좋은 결정과 좋은 해결책, 그리고 많은 조치들의 잠재적인 사회적 비용을 방지하는 내부 정치적 맥락에 의존했으며, 이는 이러한 결정을 뒤집을 수 있는 정치적 불안정으로 이어질 수 있었다. 두 번째 단계(1990-2016년)는 국제 경제로의 개방 모델을 지속, 확장, 개선함으로써 얻는 긍정적인 경제성과로 전반적인 개방 과정에 대한 정당성과 칠레 전략의 국제적 측면을 강화했다. 의심할 여지 없이, 후자는 주요 협정(AAPs,[2] ACEs,[3] and TLCs)[4]을 통해 칠레가 전 세계 주요 경제 지역과 국제관계를 강화하는 데 기여했기 때문에, 칠레 외교정책의 가장 빛나는 단계라고 볼 수 있다. 이는 경제적 선택이라기보다는 모든 국가의 의제가 국제적 의제가 된 세계화의 맥락에서 칠레가 존재하기 위한 전략이었으며, 다음과 같은 결과를 드러냈다. 칠레가 국제 경제로의 개방 모델을 채택한 지 30여 년이 지난 지금 칠레는 세계와 긴밀하게 연결되어 돌이킬

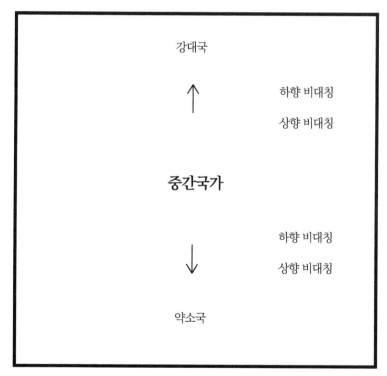

그림 7.1. 중간 국가의 이중 비대칭 (출처: 저자 작성)

수 없는 삶의 방식(경제, 기술, 정치, 사회, 문화 등)을 형성했다. 칠레와 더 강력한 이해관계자들과의 비대칭적 관계를 형성함으로써, 일련의 지표에서 드러나듯이 칠레가 국제적으로 인정을 받게 되었으며, 그 결과 칠레의 상대적 협상 능력이 점점 더 강화되고, 심지어 일부는 칠레가 지역 수준에서는 리더십을 발휘할 수 있는 능력을 갖추게 되었다고 주장하기도 한다.

두 번째 비대칭 유형인 하향 비대칭(퇴행적 비대칭(regressive asymmetry)이라고도 함)[5]에서 칠레는 강국의 위치를, 다른 국가들은 약소국의 위치를 차지한다. 하향 비대칭의 경우 여러 변수의 영향을 받기 때문에 상호 의존성의 관계가 더욱 복잡하다. 또한, 일부 이웃 국가들이 남반구 혹은 주변부에 있는 국가들과 같이 역사적으로 희생자의 역할을 담당하는 이데올로기적인 해석이 퍼지기 때문에 관계 형성이 더욱 어려운 측면이 있다. 대표적으로 칠레와 북쪽의 이웃 국가인 볼리비아 및 페루와의 관계에서 작동하는 비대칭 유형을 들 수 있다. 칠레는 깨끗하고 값싼 에너지로 성장을 촉진해야 할 자체적 필요성과 대양 간의 연결 통로로서 코노 수르(Cono Sur) 국가들과 세계의 다른 경제권, 특히 동아시아 국가 간의 "연결 국가(bridge country)"로서의 조정자 역할을 해야할 필요에 놓여 있다. 따라서 칠레는 현재의 하향적 비대칭 관계를 재정의하여 퇴행적 비대칭에서 선순환적 비대칭으로 전환해야 할 과제를 안고 있다(Ross, 2005a). 하지만 이를 위해서는 통합이 최대의 목표가 되는(Ross, 2005b)[6] 지배적인 통합의 정의를 대체하여 통합을 발전의 수단으로 보아야 한다(Di Filippo & Franco, 2000).

따라서 칠레 외교정책의 주된 과제는 민주화 이후 확장하고 개선해 온 전략을 넘어 복잡한 상호 의존성의 관계를 고려하여 새로운 외교 전략을 짜는 것이다. 물론 칠레의 새로운 외교 전략은 기존의 외교 전략 위에 형성되어야 할 것이다.

칠레-아시아 관계(2000-2016)

2000-2016년 사이 칠레의 대아시아 외교정책의 특징은 지속과 변화였다. 다시 말해, 칠레는 과거 아시아 지역과 맺어온 관계 구조를 지속하는 한편, 새롭게 부상한 아시아 경제라는 변화에 대응하고자 했다.

역사적 패턴

이 기간 칠레의 아시아 외교정책은 경제 관계 형성에 집중되었다. 칠레의 대아시아 정책과 관계는 전통적인 정치적 실용주의, 경제적 신자유주의, 경제적 이해관계와 연관된 저강도의 정치적 관계로 특징지어진다.

이러한 큰 틀에서 칠레 외교 관계에서 아시아 국가들의 우선순위는 경제적 잠재력과 연관된다. 즉, 외교 관계는 칠레의 원자재 수출과 아시아의 공산품 수입이라는 각국의 강점을 강화하고 약점을 최소화한 협력적인 무역 통합의 형태라는 "선순환 비대칭"이라는 도식에 국한된다. 이러한 선순환 비대칭 도식이 칠레와 아시아 관계의 성취이자 한계이다.

1990년대에는 칠레와 100년 이상 관계를 맺어온 일본이 1순위를 차지했다. 좀 더 자세히 살펴보면, 이미 선행연구들에서 설명했듯이 양국 관계는 깊고 오래 지속되어 왔으며, 높은 수준의 양국 간 이해와 충성도가 특징이다. 양국 관계의 결과가 불확실한 역사적 순간에도 관계가 유지될 수 있었던 가장 주된 이유는 경제적인 것이었지만, 경제적 요인에 국한되지만은 않는다.

아시아 금융위기 이후, 칠레의 대아시아 국제 무역과 정치적 의제에서 중국이 2위에서 1위로 올라섰다. 중국의 글로벌 영향력은 특히 중국의 높은 원자재 수요와 값싼 공산품 생산이라는 측면에서 칠레와의 양국과 무역 역학 관계

변화를 통해서도 드러났다. 3위는 NICs(신흥공업국가 혹은 NIEs 신흥공업경제)로 분류된 한국, 홍콩, 싱가포르, 대만이 차지했다. 이들 국가는 각기 다른 특징을 가지고 있음에도 불구하고, 일본 및 중국과 유사하게 경제적 통합계획과 저강도의 정치적 관계를 유지한다는 점에서 비슷한 외교 관계의 기저를 유지하고 있다.

4위는 인도와 ASEAN 4개국이 차지한다. 인도는 자체의 발전 경로와 중국과의 관계로 인해 향후 몇 년 이내 역동적인 중요성을 확보하게 될 것이므로, 곧 4위의 자리를 차지하게 될 것이다. 더욱이 인도는 아시아 지역 내에서 독특한 특징을 차지하는데, 칠레(독립 이후 시기)와의 관계 형성 이후 정치적 아젠다와 가치가 다른 동아시아 및 남아시아 국가들과 비교할 때 다른 위치를 차지하기 때문이다. 특히 외교정책에서 "민주주의 조항"의 무게를 고려할 때 더욱 그러하다. 한편, ASEAN 4개국의 경우 그 규모로 인해 더욱 오랫동안 현재 자리를 유지해 왔다. 칠레가 APEC에 가입하는 과정(2005a)과 같은 더욱 긍정적인 시기도 있었고, 이때 말레이시아가 중요한 동맹 역할을 했다. 이때 양국 간의 관계에서 단기적으로 정치적 국면이 중요하게 작용했지만, 양국 관계가 구조적으로 변화한 것은 아니었다.

5위는 동남아시아의 신흥 경제 국가인 캄보디아, 라오스, 베트남[7]으로, 이들 국가는 칠레의 외교 의제에서 차지하는 비중이 여전히 작다. 하지만, 이들 국가는 중소규모의 수출국으로 성장 잠재력을 보유하고는 있지만, 아시아의 다른 경제 대국의 장벽과 경쟁 조건을 아직 극복하진 못했다.

칠레–아시아 관계 패턴의 지속과 변화

1997년 아시아 금융위기 이후, 중국은 칠레의 국제 무역 매트릭스에 유례없는 변화를 가져왔으며, 외교정책도 예외는 아니었다. 지난 16년간 칠레-아시아 관계에서 양자 간의 관계는 지속과 변화라는 특징을 나타낸다. 이미 앞 절에서 언급한 특징들과 관련해서 양자 간의 관계는 구조적으로 지속성을 보여준다. 반면, 세계의 다른 지역과 마찬가지로 변화는 원자재 슈퍼 사이클(2000-2013년)과 관련이 있으며, 이로 인해 중국의 존재와 영향력이 크게 부상했다. 중국의 부상에 관해 2013년 7월 7일 이코노미스트지(The Economist)는 다음과 같이 언급하고 있다.

2000년부터 아주 최근까지 중국은 빠른 산업화와 도시화 과정을 겪으면서 원자재 수요가 급격하게 증가했으며, 결과적으로 원자재 수요의 증가에 공급이 부응하지 못하면서 공급 부족과 유례없는 가격 상승을 경험했다(Flood, 2013).

아시아는 칠레의 해외 무역에서 중요한 위치를 차지하는데 전체 무역의 40%

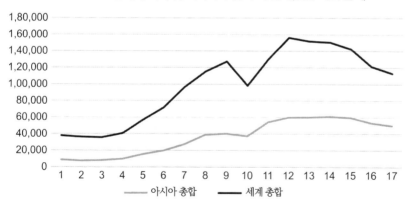

그림 7.2. 2000-2016년 칠레의 세계 및 대아시아 총무역 집계 (출처: 칠레중앙은행에서 발행하는 월간 뉴스레터 정보와 해외 무역 지표 정보를 바탕으로 저자 재구성. (1) 2000-2003년, 홍콩을 중국에 포함; (2) 2016년 1-8월 실질 수치. 9-12월 사이는 (월/8) x 12 공식을 이용해 이전 달의 평균으로 계산한 수치)

를 차지한다. 이는 글로벌 무역의 트렌드와 연계된 패턴을 보여준다(그림 7.2. 참조).

특히, 본 장을 작성한 2016년의 통계에 추정치가 포함되지만, 2011년 이후에는 감소세를 보이며 안정화 추세를 보여준다.

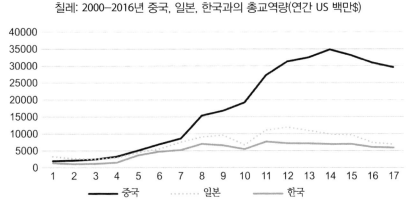

칠레: 2000–2016년 중국, 일본, 한국과의 총교역량(연간 US 백만$)

그림 7.3. 2000–2016년 칠레의 대중국, 일본, 한국 총교역량 현황 (출처: 칠레중앙은행에서 발행하는 월간 뉴스레터 정보와 해외 무역 지표 정보를 바탕으로 저자 재구성. (1) 2000–2003년, 홍콩을 중국에 포함; (2) 2016년 1–8월 실질 수치. 9–12월 사이는 (월/8) x 12 공식을 이용해 이전 달의 평균으로 계산한 수치)

2007-2008년 금융위기가 전 세계에 미친 엄청난 영향과 그 지속적인 반향에도 불구하고 칠레와 아시아의 관계는 위기를 흡수하고 이미 공고화된 관계를 위한 새로운 방향성을 모색할 수 있을 만큼의 강점을 보여주고 있다(그림 7.3. 참조).

이 섹션의 서두와 세계 및 아시아 수입을 나타내는 그림에서 설명한 바와 같이, 2000-2016년 사이 기간은 전반적으로 상승 추세를 보이는데, 서브프라임

위기(2007-2009년)와 앞서 언급한 원자재 슈퍼 사이클이 끝날 즈음 상승 추세
가 중단된다(그림 7.4. 참조).

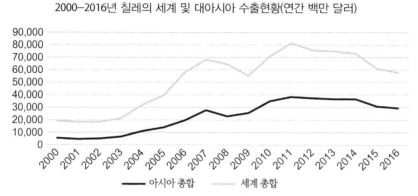

2000-2016년 칠레의 세계 및 대아시아 수출현황(연간 백만 달러)

── 아시아 총합   ···· 세계 총합

그림 7.4. 2000-2016년 칠레의 세계 및 대아시아 총수출액 (출처: 칠레중앙은행에서 발행하는 월간
    뉴스레터 정보와 해외 무역 지표 정보를 바탕으로 저자 재구성. (1) 2000-2003년, 홍콩을
    중국에 포함; (2) 2016년 1-8월 실질 수치. 9-12월 사이는 (월/8) x 12 공식을 이용해 이전
    달의 평균으로 계산한 수치)

　　그림 7.5.에 따르면 아시아 수입은 감소세를 보임에도 불구하고 세계 수입보
다 더 나은 성과를 거두고 있다.

　　반면 칠레 수출은 수입보다 변동 폭이 훨씬 작지만 같은 추세를 보인다.

　　따라서, 칠레의 국제 무역과 관련해서 아시아는 칠레에 지역적으로 중요성을
드러내며, 안정적인 요인으로 작용하고 있다. 그림 7.6., 7.7., 7.8.에서 볼 수 있
듯이, 개별국가의 경제 규모에 따라 그 중요성은 다르게 나타난다.

　　아시아에서 칠레의 주요 파트너를 분석해 보면, 양국 간 FTA 체결(2005a) 이
후 중국이 아시아 내에서 칠레의 주요 무역 파트너가 되었음을 알 수 있다. 마
찬가지로 2000-2016년 기간에는 무역이 전반적으로 확대되었을 뿐만 아니라

서브 프라임 위기 이후 원자재 슈퍼 사이클의 마지막 단계로서 무역이 매우 큰 폭으로 증가했음을 분명히 보여준다.

칠레의 주요 아시아 파트너의 계층 구조를 세분화하면 중국이 칠레 경제의 다른 주요 동맹국인 일본과 한국보다 훨씬 더 중요한 칠레의 파트너가 되었음을 알 수 있다(그림 7.8. 참조).

하지만, 원자재 슈퍼 사이클이 끝나(Flood, 2013) 중국의 경제적 영향은 완화되었지만, 중국은 중남미 또는 칠레에서 경제적 영향이 줄어든 것을 보완하고 협상 지위를 유지하기 위한 정치적 전략을 보여주진 않았다. 반면, 일본과 한국은 역사적 위치를 회복하고 중국의 역동적 확장의 틈새를 활용하기 위해 노력하면서 정치적 전략에서 더 적극적인 것으로 보인다.

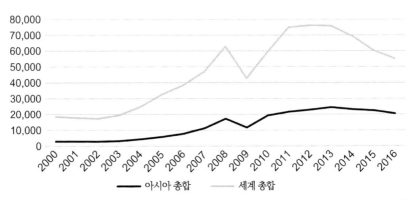

2000–2016년 칠레의 전 세계 및 대아시아 수입현황, 단위: 백만 달러

그림 7.5. 2000–2016년 칠레의 전 세계 및 대아시아 수입현황 (출처: 칠레중앙은행에서 발행하는 월간 뉴스레터 정보와 해외 무역 지표 정보를 바탕으로 저자 재구성. (1) 2000–2003년, 홍콩을 중국에 포함; (2) 2016년 1–8월 실질 수치. 9–12월 사이는 (월/8) x 12 공식을 이용해 이전 달의 평균으로 계산한 수치)

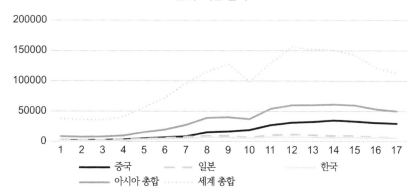

2000–2016년 칠레의 전 세계 및 대중국, 일본, 한국, 아시아 총 교역현황,
단위: 백만 달러

중국 ──── 일본 ⋯⋯⋯ 한국
아시아 총합 ──── 세계 총합 ⋯⋯⋯

그림 7.6. 2000–2016년 칠레의 전 세계 및 대중국, 일본, 한국, 아시아 총 교역현황 (출처: 칠레중앙
은행에서 발행하는 월간 뉴스레터 정보와 해외 무역 지표 정보를 바탕으로 저자 재구성.
(1) 2000–2003년, 홍콩을 중국에 포함; (2) 2016년 1–8월 실질 수치. 9–12월 사이는 (월/8)
x 12 공식을 이용해 이전 달의 평균으로 계산한 수치)

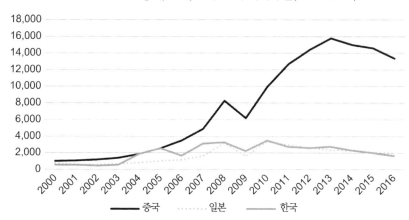

칠레: 2000–2016년 중국, 일본, 한국으로부터의 수입(US$ MM CIF)

중국 ──── 일본 ⋯⋯⋯ 한국

그림 7.7. 2000–2016년 칠레의 대중국, 일본, 한국 수입현황 (출처: 칠레중앙은행에서 발행하는 월
간 뉴스레터 정보와 해외 무역 지표 정보를 바탕으로 저자 재구성. (1) 2000–2003년, 홍콩
을 중국에 포함; (2) 2016년 1–8월 실질 수치. 9–12월 사이는 (월/8) x 12 공식을 이용해 이
전 달의 평균으로 계산한 수치)

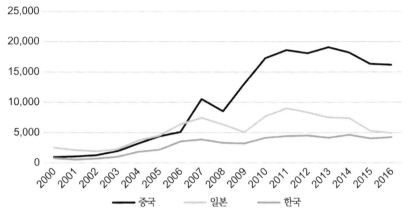

칠레: 2000–2016년 중국, 일본, 한국으로의 수출(US $ MM FOB)

중국　　　일본　　　한국

그림 7.8. 2000–2016년 칠레의 대중국, 일본, 한국 수출현황 (출처: 칠레중앙은행에서 발행하는 월간 뉴스레터 정보와 해외 무역 지표 정보를 바탕으로 저자 재구성. (1) 2000–2003년, 홍콩을 중국에 포함; (2) 2016년 1–8월 실질 수치. 9–12월 사이는 (월/8) x 12 공식을 이용해 이전 달의 평균으로 계산한 수치)

칠레−중국 관계

칠레의 대중국 정책은 이미 널리 인용되고 있는 덩샤오핑(Deng Xiaoping)의 실용주의 사상의 연장선에 있으며, '고양이의 색깔'로 표현되기도 한다.

칠레 정책에서 중국은 아옌데(Allende, 1970-1973년 집권) 및 피노체트(Pinochet, 1973-1990년 집권) 정부에서 미국의 막대한 영향력을 견제하는 정치적 동맹국이자 1990년부터 현재까지 민주 정부에 대한 무역 파트너로서 기능적인 역할을 해 왔다. 논리적으로 보면 나폴레옹의 인용문(Ross, 2002)에 반영된 것처럼 더 이상 "잠들지 않는" 거인과 난쟁이 사이의 관계였다. 이 연결고리는 공리주의에 기반하고 있으며, 따라서 기능적이고 동시에 피상적이다. 슈퍼 사이클은 (중국과 칠레) 관계를 더욱 깊이 있게 이해해야 할 새로운 필요성을 창출했으며, 문화 교류의 증가와 서로에 대한 다른 차원의 관심으로 반영되었다. 슈퍼 사이클은 더 복잡한 양국 관계를 만들어냈으며, 나는 이러한 관계를 본장의 제목으로 붙인 중국 판다와 칠레 벌새라는 은유를 통해 설명하고자 한다.

판다와 벌새

판다는 몸집이 크고 느리고 느긋하게 움직인다. 하루에 500미터 이상을 움직이지 않으며, 이 작은 공간에서 먹이(주로 대나무)를 찾기 때문에 다른 동물과 거의 경쟁하지 않는다. 판다는 자신의 크기를 인식하고 느리게 움직이지만 1센티미터의 움직임조차도 주변에 눈에 띄는 영향을 미친다. 중국은 "경제 대국"이라는 명성에 걸맞게 세계경제에서 차지하는 규모와 비중이 세계 시장에서 1, 2위를 다투는 국가가 되었다(방법론에 따라 다르지만). 그러나 중국의 움직임은 오랜 역사에서 1초, 매우 긴 사실의 한 고리, 전체 수확에서 쌀 한 알에 불과한 것처럼 보인다.

벌새는 매우 작고 빠르고 신경질적인 움직임을 보인다. 많은 양의 에너지를 소비하기 때문에 많은 꽃에서 꿀을 섭취해야 하며, 한 꽃만 골라 먹지 못하고 이 꽃 저 꽃을 옮겨 다니며 먹이를 구해야만 생존할 수 있다. 벌새는 자연에 큰 영향을 미치지 않는 것처럼 보이지만 꽃에서 꽃으로 이동하면서 같은 종의 식물을 연결하여 번식에 도움이 되는 중요한 역할을 한다. 칠레는 강대국이 아니지만, 글로벌 가치사슬의 일부이므로 구리, 강철, 몰리브덴, 은, 금, 목재 및 기타 국가 생산 요소를 포함하는 많은 공산품 생산과 연계된다.

판다와 벌새는 각기 다른 장소에 살며, 직접적으로 관련이 없고 전혀 상호 작용을 하지 않고도 생존할 수 있지만, 특정 환경으로 인해 판다와 벌새가 같은 경로에 놓여 서로를 이해하는 길을 찾았다. 판다와 벌새는 명백하게 차이를 보이지만 몸집의 차이를 조화시킬 수 있는 효과적인 방법을 찾았다. 이러한 방법은 선순환 비대칭으로 불리는데, 벌새가 유전적 조건의 일부로 조상 대대로 터득한 것이다. 즉, 몸집이 작고 약한 동물은 예리한 관찰자, 전략가, 계산가, 위장의 달인, 즉 타고난 생존자이다. 판다는 벌새가 판다의 서식지를 거의 바꾸지 않고도 멀리서 필요한 것을 가져올 수 있다는 것을 알게 되었다.

양국 정책: 판다와 벌새 간의 대화

2005년 양국 간 FTA가 체결된 후 해당 연도에는 적은 수의 교류가 있었지만, 이후의 양국 관계를 고려한다면 여전히 중요한 의미가 있었다고 볼 수 있다. 글로벌 경제 위기에 따른 영향과 중국의 경제 성장 위축으로 인해 양국 관계의 모멘텀과 빈도에 영향이 있었지만(그림 7.9. 참고), FTA는 양국 간의 정치적 관계의 규모에 큰 영향을 미쳤다고 볼 수 있다.

그림 7.10.에서 볼 수 있듯이, 2000-2003년, 2003-2005년, 2005-2008년, 2008-2013년의 네 번의 짧은 주기로 구성된 불규칙적 패턴이 특징이며, 이는 확장, 위기, 수축의 흐름을 보여준다.

국가 및 비국가 행위자의 행동을 포함한 두 국가 간의 공식 대화에 대한 자세한 검토는 경제 관계, 통합, 협력, 외교, 방문 및 회의 등 다섯 가지 주요 차원에 중점을 두었다. 각 주기 내에서 다섯 가지 차원은 매우 동조적인 패턴을 보였지만, 가장 빈도가 높은 차원은 경제 관계이고 가장 낮은 차원은 방문 및 회의인 것으로 드러났다.

경제적 차원의 우위는 이러한 양국 관계의 가장 특징적인 측면으로 선순환 비대칭에서 상향으로 칠레의 국제관계를 이끄는 데 핵심적 요소이자 동시에 해결하기 어려운 구조적 약점의 원천이기도 하다. 왜냐하면, 양국 무역에서의 성공은 정치적 측면을 과소평가하는 경향을 보이기 때문이다. 하지만 정치적 측면은 역사적으로 양국 관계가 장기적으로 유지되는 기반을 마련했을 뿐만 아니라 실제 국제관계를 강조하는 주요 도전을 극복할 수 있게 해 주는 기반으로 중요하게 고려되어야 할 사항이다.

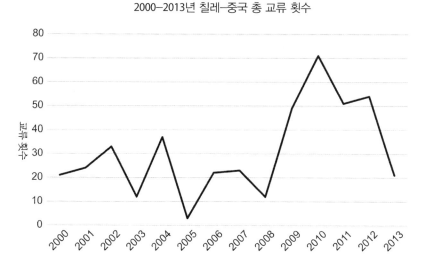

2000−2013년 칠레−중국 총 교류 횟수

그림 7.9. 2000−2013년 칠레−중국 간 총 교류 횟수 (출처: 2000−2013년 칠레 외교부 연례 보고서에 수록된 정보를 바탕으로 저자 재구성)

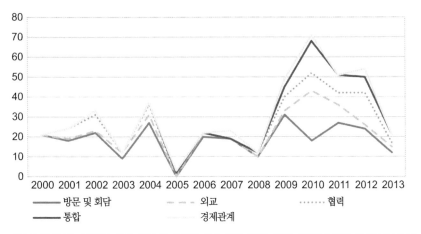

그림 7.10. 2000–2013년 칠레–중국 간 차원별 상호 작용 (출처: 2000–2013년 칠레 외교부 연례 보고서에 수록된 정보를 바탕으로 저자 재구성)

경제 정책: 단순한 비대칭적 상호 의존의 사례?

많은 저자가 기술하고 분석한 바와 같이,[8] 중국의 경제가 성장하면서 원자재에 대한 수요가 증가하고 그에 따라 칠레와 같이 원자재를 주로 수출하는 국가에 미치는 영향은 특히 아시아 금융위기 이후 막대하고 지속적이었다. 원자재를 주로 수출하는 국가들은 특별한 부가가치를 추가하지 않고도 중국에 최대한 많은 원자재를 판매할 이 좋은 기회를 놓치지 않았다. 예를 들어 칠레의 일부 포도농장에서는 병와인을 판매하다가 와인을 대량(도매)으로 판매하고 중간 단계의 가공(포도액)까지 담당하게 되었으며, 아르헨티나와 브라질의 일부 농장에서는 간장 판매에서 대두(종자)를 판매하는 것으로 전환했다. 물론 이러한 수출 기회는 약점으로 작용했다.

그럼에도 불구하고 그림 7.11.에서 볼 수 있듯이 수요 확대가 워낙 확고했고 가격에 매우 긍정적인 영향을 미쳤기 때문에 아무도 이러한 기회를 놓치고자 하지 않았다. 구리, 대두, 유가가 2013년 가격의 절반 이하로 떨어지고 슈퍼 사이클이 끝나고서야 각국에 진정한 경각심을 불러일으켰다. 사실 중국은 2007–2008년 금융위기에 따른 경기 침체로 유럽과 미국의 경제가 휘청거렸던 10년 동안 중남미의 "기적"이라는 신기루를 유지하는 데 큰 공을 세웠다.

2013년, 특히 2014년에는 원자재 수출국가의 고전적인 대외 경제적 취약성이 드러났다. 즉 원자재의 국제 가격의 변동으로 원자재 수출국의 수출이 확장, 위기, 위축의 리듬을 반복하고, 그 결과 재정 적자와 그에 따른 사회적·정치적 위기가 양산되는 식이다.

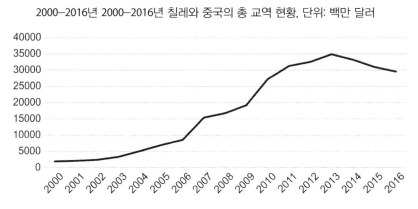

2000–2016년 2000–2016년 칠레와 중국의 총 교역 현황, 단위: 백만 달러

그림 7.11. 2000–2016년 칠레와 중국의 총 교역 현황 (출처: 칠레중앙은행에서 발행하는 월간 뉴스레터 정보 및 대외무역지표를 바탕으로 저자 재구성. (1) 2000–2003년, 홍콩을 중국에 포함; (2) 2016년 1–8월 실질 수치. 9–12월 사이는 (월/8) x 12 공식을 이용해 이전 달의 평균으로 계산한 수치)

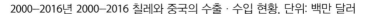

2000–2016년 2000–2016 칠레와 중국의 수출 · 수입 현황, 단위: 백만 달러

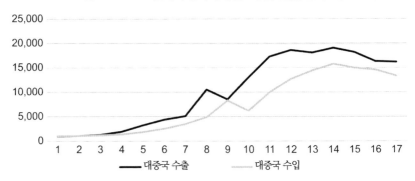

그림 7.12. 2000–2016 칠레와 중국의 수출 · 수입 현황 (출처: 칠레중앙은행에서 발행하는 월간 뉴
스레터 정보 및 대외무역지표를 바탕으로 저자 재구성. (1) 2000–2003년, 홍콩을 중국에
포함; (2) 2016년 1–8월 실질 수치. 9–12월 사이는 (월/8) x 12 공식을 이용해 이전 달의
평균으로 계산한 수치)

양국 간 무역 차트(그림 7.12.)에서 볼 수 있듯이, 양국 간 FTA 체결은 2007-
2008년 위기의 영향을 받았음에도 불구하고 무역에 매우 긍정적인 영향을 미
쳤는데, 금융위기는 2008년 수출과 2009년 수입에만 일부 영향을 미쳤다. 하지
만 위기 이후 수출과 수입은 빠르게 회복되었고, 슈퍼 사이클이 끝난 2013년부
터 대칭적으로 축소되기 시작했다.

중국은 여전히 아시아 경쟁국인 일본과 한국을 크게 앞지르며 여전히 독보
적인 위치를 유지하고 있다.

2005-2012년 양국 간 무역을 비교한 DIRECON[9]의 분석에 따르면, FTA는
매우 성공적인 것으로 나타났다.[10] 요약하면, "2012년 칠레와 주요 무역 파트너
(중국) 간의 무역 교류는 총 326억 5,100만 달러로 칠레 대외 무역의 약 21%
를 차지했다. 이는 FTA 발표 전해인 2005년과 비교할 때 연평균 22%가 증가
한 수치이다. 한편, 지난 20년간 칠레의 무역 수지는 총 468만 7,000달러의 흑
자를 기록했다."

FTA 발효 이후 "대중국 수출은 연평균 20.7% 성장했으며 이는 같은 기간 구리의 성장률과 동일한 수준이다. 2012년 칠레가 중국에 수출한 주요 품목을 분석해 보면 구리가 두드러지게 나타나는데, 이는 칠레에서 중국으로 구리를 빈번하게 수출한 것으로 나타났다"(칠레 외무부, nd).

같은 보고서는 "이러한 사실에도 불구하고 지금까지 드러난 결과는 이미 매력적인 성과를 보이기 시작한 광물뿐만 아니라 다른 잠재적인 기회를 보여준다는 결론을 내릴 수 있다. FTA에서 부여된 관세 혜택으로 인해 새로운 시장에서 다양한 제품이 입지를 공고히 하며 상당한 성장률을 보이며, 시간이 지남에 따라 이러한 흐름이 계속될 것으로 예상된다"(칠레 외무부, nd). 그러나 이러한 주장은 2013년 이후의 결과와 일치하지 않으며, 이는 광업 부문이 여전히 양국 무역 관계에서 주요 동력임을 방증한다.

같은 보고서는 똑같이 역동적이었던 수입이 매우 광범위하게 다각화되어 강력한 중국 산업의 생산적 특성을 드러내고 있다고 주장한다. 따라서 보고서는 "수입은 2012년에 총 14,432만 달러로 전년 대비 13.7% 증가했다. 한편, 아시아 국가로부터의 구매는 2005년 이후 연평균 23.9% 증가했다. 중국에서 수입되는 15개 주요 제품은 칠레가 이 시장에서 구매하는 전체 제품 중 약 25%를 차지했다"(칠레 외교부, nd).

이 수치는 칠레-중국 양자 간 비대칭성뿐만 아니라 과거로부터의 외교 관계 유형이 큰 변화 없이 반복되고 있음을 보여준다. 즉, 스페인(15-19세기), 영국(19세기), 미국(20세기), 일본(20세기 후반 이후)과의 관계에서 "중심부-주변부"라고 불렸던 관계 유형이 중국과의 관계에서도 반복되고 있다는 것이다.

중국과 거래하는 기업들과 관련하여 같은 보고서는 "2012년 10대 수출 기업이 전체 수출의 70%를 차지했으며, 그중 국영 구리 공사(CODELCO)가 전체 수출의 약 30%를 차지하며 1위를 차지했고, 그 뒤를 이어 광산 회사인 미네라

에스콘디다(Minera Escondida Ltda.)가 12%의 점유율을 기록했다"고 지적한다. 또한, "2012년 중국으로 수출하는 기업 수는 두 배로 증가해 921개에 달했다. 아시아 국가로 수출된 제품 수는 2005년 290개에서 2012년 506개로 증가했다"(칠레 외교부, nd).

따라서 수출 기업의 수와 유형이 확대되고 다양화되었지만, 2012년 이전에 달성한 성공의 취약성을 나타내는 가치와 부문에 대한 집중이 뚜렷해졌으며, 이는 원자재 슈퍼 사이클이 감소하기 시작한 2013년부터 확연하게 나타났다. 중국으로의 수출 감소는 새로운 부문과 비즈니스가 구리, 철, 몰리브덴을 대체할 만큼의 매력이 부족하고, 중국 글로벌 가치사슬과 칠레 경제와의 연결성이 여전히 매우 취약함을 드러내는 명백한 증거이다.

같은 보고서는 양국 무역에 대한 분석 마지막에 다음과 같이 언급하고 있다. "소수의 기업이 주요 운송을 집중하는 수출 부문과 달리 중국으로부터의 구매는 다수의 기업에서 이뤄지며, 전체 수입에서 차지하는 비중이 상대적으로 낮다. 실제로 상위 10개 기업이 2012년 전체 수입에서 차지하는 비중은 약 19%에 불과했다. 중국-칠레 FTA 발효 후 수입 기업 수는 2005년 7,122개에서 2012년 16,687개로 두 배 증가했지만, 수입 제품 수는 11% 증가에 그쳤다"(칠레 외교부, nd). 이러한 분석은 FTA의 긍정적인 결과에도 불구하고 그 경제적 연결고리가 여전히 약함을 방증한다.

마지막으로 이 보고서는 "2012년 한 해 동안 중국에서 칠레로 유입된 FDI[11]는 광산 부문에 대한 900만 달러의 투자였다"라고 주장한다(칠레 외교부, nd). 이는 매우 낮은 수치이며, 그 영향 또한 국가 FDI 수치에 가시적으로 드러나지 않아 전체 무역에 대해 언급한 내용에서 추가적으로 살펴봐야 한다. 즉 눈부신 성장이 있었지만, 취약한 기반 위에 구축된 성장은 낙관적인 미래와의 괴리가 있다. 특히 인도와 중국 간의 산업 내 통합이 공고해지고 아프리카와 중국 간의

1차 산업 통합 개발이 완료되면 더욱 그러할 것이다. 현재 이 글을 쓰는 시점에서 두 가지 역학 관계는 10년 이상 진행되었다.

결론

칠레의 경우 이중 비대칭성은 칠레가 세계 주요 경제 강대국뿐만 아니라 칠레보다 국력이 현저히 떨어지는 이웃 국가들과 동시에 외교 관계를 맺고 있음을 의미한다. 상향 비대칭성은 큰 경제적 이익을 가져왔고, 하향 비대칭성은 지속해서 발전과 후퇴를 반복하는 관계로 이어졌다.

하지만 아시아 태평양 지역과의 연계는 칠레가 이러한 역설에서 파생되는 주요한 도전 과제인 이중 비대칭성을 해결하도록 강요하지 않는다. 세계 속에서 아시아 태평양 지역은 경제적 수치로 표현되는 외교 관계의 지속성을 요구하며, 특히 칠레는 다양한 협정(PSTAs, ECAs, FTAs)을 통해 경제적 관계를 제도화함으로써 이러한 요구에 부응해 왔다.

본 장의 연구 대상 기간에 칠레가 주요 아시아 파트너 국가들과 맺은 관계의 위계를 세분화해 보면, 중국이 칠레의 주요 아시아 경제 파트너로 부상했을 뿐만 아니라 오늘날 중국은 적어도 양적인 측면에서는 일본과 한국보다 훨씬 중요한 파트너가 되었음을 알 수 있다.

전반적으로 칠레 경제에서 중국의 새로운 위상은 원자재 슈퍼 사이클의 끝에서 파생된 큰 변화에 직면해 있다. 그러나 중국은 지금까지 도달한 협상력을 유지하기 위해 중남미 혹은 칠레에서 경제적 위치 변화에 부응할 만한 정치적 전략을 수행하지는 않고 있다. 반대로 앞서 언급했듯이 일본과 한국은 역사적 위치를 되찾고 중국의 역동적인 확장의 틈새를 활용하기 위해 노력하는 데 좀 더 적극적인 모습을 보인다.

칠레의 대중국 정책은 그동안 칠레 정부가 취한 실용주의적 접근법의 역사적 변형으로 볼 수 있다. 저자가 조사한 바에 따르면, 대중 통합 정부(Government of the Popular Unity, 1970-1973년)부터 이러한 정책이 시행됐으며, 이에 따라 중국은 정치 및 경제 분야에서 칠레에 기능적인 역할을 수행해 왔다고 볼 수 있다.

2000-2016년 칠레의 대아시아 정책은 연속성과 변화로 특징지어지는데, 과거 칠레가 아시아 지역과 맺은 관계의 구조적 연속성과 아시아 경제의 우위와 소위 원자재 슈퍼 사이클 시기 나타나는 변화라는 이러한 특징이 형성되었다고 볼 수 있다.

슈퍼 사이클은 보다 복잡한 유형의 관계를 양산했지만, 실용성과 기능성에 치중된 외교 관계로 허구적일 수밖에 없었고, 그 결과 신뢰와 헌신을 위한 지속적인 관계 기반을 형성하는 데는 한계를 보였다. 이러한 약점은 오늘날과 같이 시장이 위축된 상황에서 가시적으로 드러나며, 판다와 벌새는 매우 얇은 실로 연결되어 있음이 분명해졌다.

양국의 미래는 단순히 더 많은 교역에 기반을 두기보다는 어려운 시기에도 지속할 수 있도록 관계를 공고화할 필요가 있다. 만일 이러한 관계 공고화가 어렵다면, 칠레는 무역 파트너로 제한되는 추가적인 국가들과의 관계를 다변화하고 심화하기 위해 국제 및 아시아 국가들과의 관계를 강화할 필요가 있다. 외교 정책은 경제적 이해관계에만 기반해서는 안 되지만 여전히 개선되지 않고 있는 측면이다.

이상의 연구에서 추론할 수 있듯이 칠레-중국 간의 양국 관계에서 가장 큰 과제는 무역 수준을 2013년 이전 수준으로 회복하는 것이 아니라 가장 높은 의미와 복잡성의 수준에서 양국의 정치적 관계를 회복하는 것에 있다. 경제 부분에 관련 행위자의 존재에도 불구하고 인식, 협상 및 결정의 영역은 여전히 정치적 영역 에 속하며, 이는 칠레와 중국 관계에서 해결해야 할 과제이다.

주

1 저자는 권력이 비대칭적이지만 "가변적 합(variable sum)"의 연결고리를 형성하는, 즉 서로에게 이익이 되는 관계를 설명하기 위해 "선순환적 비대칭"이라는 표현을 사용했다. Estudis de l'Asia Oriental, 2016년 1월 14일.

Available at: http://asiaoriental.blogs.uoc.edu/2016/01/14/autor-convidat-cesar-ross-2-relacions-entre-xile-i-asia/. Ross, Cesar (2012) "Los Desafios de la Politica Exterior Chilena." In Mario Artaza and Cesar Ross, *La Politica Exterior de Chile, 1990–2009: Del aislamiento a la integracion global*. Santiago: RIL Editores/USACH.

2 AAP: Acuerdos de Alcance Parcial; PSTA: Partial Scope Trade Agreement(부분 범위 무역 협상).

3 ACE: Acuerdo de Complementacion Economica; ECA: Economic Complementation Agreement(경제 보완 협정).

4 TLC: Tratado de Libre Comercio; FTA: Free Trade Agreement(자유 무역 협정).

5 전진과 후퇴가 반복됨에도 불구하고 항상 가장 약한 행위자에게 불리한 결과를 가져오는 비대칭성을 의미한다.

6 협상은 거의 항상 제로섬 논리의 적용을 받으며, 각국의 약속은 정치적이라기보다는 수사학적인 측면이 강하다.

7 칠레와 이 세 나라의 관계에 대한 몇 안 되는 연구 중 하나는 나의 제자 중 한 명인 USACH 국제학 석사 과정의 알레한드로 미란다 콘트레라(Alejandro Miranda Contreras)의 논문이 있다. 논문은 Magician Editors에서 2014년 출판하였으며, 제목은 아시아 태평양에서의 칠레: 지난 10년간 베트남, 캄보디아, 라오스와의 경제 관계(Chile en el Asia Pacific: Economic relations with Vietnam, Cambodia and Laos in the last decade)이다.

8 저자의 저작 참고.

9 칠레 외교부 국제 경제 관계 총국. (nd) http://www.direcon.gob.cl

10 협정은 2005년에 체결되어 2006년 10월 1일에 발효되었다.

11 FDI: Foreign Direct Investment(외국인 직접투자).

참고문헌

Bernal-Meza, R. (2016). Contemporary Latin American thinking on international relations: Theoretical, conceptual and methodological contributions. *Revista Brasileira de Politica Internacional*. Retrieved from http://www.scielo.br/pdf/rbpi/v59n1/0034-7329-rbpi-59-01-00005.pdf

Di Filippo, A., & Franco, R. (2000). *Integracion Regional, Desarrollo y Equidad* (p. XXI). Mexico: Siglo.

Flood, C. (2013, July 7). Commodities: Death of the 'super cycle' exaggerated. *Financial Times*. Retrieved from https://www.ft.com/content/05db28bc-e309-11e2-9bb2-00144feabdc0

General Directorate for International Economic Relations, Ministry of Foreign Affairs of Chile. (n.d.). *FTA Chile-China*. Retrieved from https://www.dire-con.gob.cl/2013/09/8372/

Ministry of Foreign Affairs of Chile. (n.d.). *The Free Trade Treaty Chile – China*. Retrieved from http://chile.gob.cl/china/es/asuntos-comerciales/oficina-comercial/tratado-de-libre-comercio-chile-china/

Ross, C. (2002). Relaciones entre Chile y China: treinta anos de relaciones atipicas, 1979 – 2000. *Si Somos Americanos. Revista de Estudios Transfronterizos, III*(2), 33 – 48.

Ross, C. (2005a). El Este de Asia y el Cono Sur de America: ¿hacia un nuevo modelo de integracion? In C. Ross (Ed.), *Chile y APEC 2004: al encuentro de una oportunidad*. Iquique: Universidad Arturo Prat.

Ross, C. (2005b). Argentina y Chile: los desafios de la integracion en tiempos de crisis. In P. Lacoste (Ed.), *Argentina, Chile y sus vecinos* (Vol. II). Mendoza: Caviar Bleu, Coleccion Cono Sur.

Ross, C. (2005c). Chile en la Doble Asimetria: ensayo sobre politica internacional. *Si Somos Americanos. Revista de Estudios Transfronterizos, VII*(1), 109 – 139.

Ross, C. (2006, April – May). Chile: los desafios de la politica exterior de Michel Bachelet. *Foreign Affairs*. Retrieved from https://www.researchgate.net/publication/268371372_Chile_los_desafios_de_la_politica_exterior_de_Michelle_Bachelet

Ross, C. (2009, November 5). Los desafios de la Politica Exterior Chilena 2010 – 2014. *Le Monde Diplomatique, 102*, 23. Retrieved from https://www.lemondediplomatique.cl/Los-Desafios-de-la-Politica.html

Ross, C. (2012). Los Desafios de la Politica Exterior Chilena. In M. Artaza & C. Ross (Eds.), *La Politica Exterior de Chile, 1990–2009: Del aislamiento a la integracion global*. RIL Editores; USACH.

Strange, S. (1994). Rethinking structural change in the international political economy: States, firms and diplomacy. In R. Stubbs & G. R. Underhill (Eds.), *Political economy and the changing global order*. London: The Macmillan Press.

제8장

중국과 아르헨티나, 파라과이, 우루과이: 유사점과 차이점

에두아르도 다니엘 오비에도(Eduardo Daniel Oviedo)[*]

서론

중국의 국제적 부상은 아르헨티나, 파라과이, 우루과이처럼 중국과 멀리 떨어져 있는 국가들에까지 영향을 미칠 만큼 전 세계 모든 국가에 영향을 끼치고 있는 것이 정치적 현실이다. 중국의 영향력은 전 세계로 확산되었지만, 중국의 국제적 부상이 남아메리카 3개국 경제 관계에 끼친 영향은 몇 가지 특별한 차이점이 있다. 이런 까닭으로 이 글에서는 2008년 금융위기 이후부터 중국과 미국 간의 '무역전쟁'이 시작될 때까지의 양측의 상호 작용, 특히 공통된 이해관계와 상반된 이해관계가 무엇인지 밝히고, 이 사이의 차이점을 살펴보도록 한다. 본 연구는 정치, 외교, 무역, 투자, 이주 분야에 초점을 두며 중국과 남아메리카 3개국 간의 경제 구조, 정치 체제, 문화유산의 차이에 기초한다.

2008-2017년 사이 아르헨티나와 우루과이는 중화인민공화국(이하 중국 혹은 PRC)과 수교했지만, 파라과이는 중화민국(이하 대만)과 수교했다. 이러한

* E. D. Oviedo

아르헨티나 국립과학기술연구위원회(CONICET), 로사리오 국립대학교(UNR)

© The Author(s) 2020 193

R. Bernal-Meza, Li Xing (eds.), 21세기 중국-중남미 관계, 국제정치경제시리즈

https://doi.org/10.1007/978-3-030-35614-9_8

외교 관계의 차이를 이해하기 위해서는 중국과 세 국가 간의 정치적 관계와 대만과 파라과이 간의 상호 작용을 분석해야 한다. 같은 맥락에서 중국 정부는 정치적으로 아르헨티나를 '포괄적인 전략적 파트너'로, 우루과이를 '전략적 파트너'라고 정의했으나, 파라과이와는 어떤 형태의 공식적인 관계도 수립하지 않았다. 그러나 3개국에 대한 중국 정부의 이러한 다른 정치적 입장은 10년간의 연구 기간 동안 중국의 경제 관계 발전이나 3개국과의 무역에서 흑자를 얻는 데에 아무런 장애가 되지 않았다.

대규모 무역 시장이자 자본의 원천인 중국은 남아메리카 3개국의 경제 현대화에 중요한 역할을 담당하고 있다. 2016년 중국은 우루과이의 주요 무역파트너의 하나이자, 아르헨티나에겐 두 번째로 중요한 무역 파트너이며, 파라과이에겐 주요 수입 파트너였다. 이러한 무역의 상호 보완성은 상품과 서비스의 교류를 통해 양측 모두에게 이익이 되었다. 동시에 중국의 경제성장은 세 국가와 불균등한 상호 작용을 일으켰다. 실제로 중국의 경제성장은 남아메리카 3개국과의 중심-주변 관계를 공고히 하면서 비대칭성을 확대했을 뿐만 아니라, 2008-2017년 사이 양자 간 무역을 통해 막대한 양의 달러가 중국으로 이전되었다. 다른 남아메리카 국가(브라질이나 칠레)와 다른 세 국가 간의 무역 관계는 아르헨티나, 파라과이, 우루과이, 중국의 공식적 통계자료를 통해 살펴볼 수 있는데, 특히 아르헨티나의 '잃어버린 무역 10년'에 중국이 관여되어 있음을 알 수 있다.

투자 및 금융 분야에서의 중국의 자본 수출은 다양한 방식으로 행해진다. 아르헨티나와는 외국인 직접투자(FDI), 조세 회피처를 통한 투자, 통화스와프, 인프라 프로젝트에 대한 대출 등의 방식으로 발전해 왔다. 그 결과 중국은 지난 10년 동안 아르헨티나에 자본을 공급하는 주요 국가 중 하나로 부상했다. 반면 우루과이와 파라과이에는 이러한 투자가 진행되지 않았다. 통계자료에 따르면 대만은 파라과이에 국제원조를 제공했지만, 무역 및 투자에 대한 효과적인 전략은 실행하지 못했다. 이주 분야에서는 아르헨티나의 많은 중국인 이민자, 파라과이에서 대만 이민의 역할, 우루과이에서의 중국인에 대한 제재 정책에서 볼 수 있듯이 국가별로 정책의 차이가 존재했다.

이러한 주장들을 검증하기 위해서 해당 장은 크게 두 부분으로 나눠진다. 첫 번째 부분에서는 문화유산, 정치 체제, 경제 구조, 현대화 과정에 미친 영향이라는 측면에서 본질적인 차이점을 살펴본다. 두 번째 부분에서는 중국과 3개국 간의 외교, 정치, 무역, 투자, 이주정책과 관련한 유사점과 차이점을 분석한다. 마지막으로 세 가지 주요 차이점의 틀에서 연구한 다섯 가지 영역의 결과를 바탕으로 몇 가지 결론을 도출해 내도록 하겠다.

관계의 근원: 세 가지 주요 차이점

중국과 남아메리카 3개국 간의 관계에 관한 연구는 양측이 서로 다른 문명, 정치 체제, 경제 구조에 속해 있다는 세 가지 실질적인 차이점에서부터 출발한다. 이 세 가지 특징은 4개국의 현대화와 정치제도의 통합에 중심적인 역할을 한다.

중국은 다인종사회로 한족(漢族) 문명과 서양의 영향이 결합한 혼종 문화 사회이다. 게다가 대만을 포함한 중국 영토 전체에 걸쳐 한족의 헤게모니에 의해 지배되는 다른 문명들도 존재한다. 실제로 중국에는 티베트인, 위구르인, 몽골인 등 다양한 문화유산과 정체성을 가진 다른 민족이 공존하고 있다. 유교는 중국을 유교 사회로 만들어내는 중국의 철학적 기반을 이루는 첫 번째 요소이자 한족 문명의 특징이다. 반면 남아메리카 3개국은 새뮤얼 헌팅턴(Samuel

Huntington)의 말을 빌리자면 서구 문명의 "불완전한 자손"으로서(Huntington, 1997: 44) 가톨릭에 뿌리[1]를 두고 원주민 문화[2]의 영향을 받은 라틴아메리카 문명의 일부이다. 한(漢) 문명의 동질성과는 달리 중남미 국가들은 다양한 이주 물결과 원주민적 전통에 의해 구별되는 메스티소 사회로, 이 지역에 독특한 문화를 부여하고 모계(母) 문명(서유럽 문명)과 고대 문명(원주민 문명)으로부터 분리되어 있다.

4개 국가 모두 서구의 정치 시스템을 채택했다. 그러나 중국은 공산주의 일당 체제의 전제주의 정권을 가지고 있다. 이는 마르크스-레닌주의 사상의 결과로 소련에서 만들어진 체제이기 때문에 중국 고유의 정치 체제가 아니다. 반면 아르헨티나, 파라과이, 우루과이는 민주주의 국가이나 그 민주주의의 단계는 서로 다르다. 우루과이는 통합된 민주주의 체제를 가지고 있고, 아르헨티나와 파라과이는 비통합 민주주의로 분류할 수 있다.[3] 파라과이, 우루과이의 경우 모든 정당이 정치 체제 통합에 관심이 있으며, 경제 현대화가 민주주의를 강화하는 핵심 요소이다. 반면 중국은 마르크스-레닌주의 이념이 쇠퇴한 이후 경제 개혁의 성공을 통해 권력 행사의 정당성을 유지해 오고 있다. 잉클하트와 웰젤(Inglehart and Welzel, 2009: 15)에 따르면 근대화이론은 중국의 경제적 근대화가 궁극적으로 정치적 근대화, 즉 민주주의 체제로의 전환을 가능하게 할 것이라 주장하고 있다. 다음으로, 경제 근대화와 각 민주주의 체제 간의 관계에도 차이가 존재한다. 중국은 전체주의 체제를 통해 경제를 근대화했지만, 민주주의로의 전환이 여전히 필요하다. 반면 남아메리카 3개국은 민주적 정치 체제를 가지고 있지만, 성공적인 경제 근대화를 이루지는 못했다.

생산 구조에는 본질적인 차이가 있다. 지난 40년 동안 중국은 농업기반경제에서 산업 수출모델로 빠르게 전환했지만, 남아메리카 3개국은 농업기반경제, 제한적 산업화, 고도로 집중된 수출을 기반으로 하고 있다. 이 세 국가는 주로 농산물을 비롯한 1차 산품을 수출하고 중국은 이들 국가에 공산품을 수출한다. 이러한 경제 및 수출 구조는 남아메리카 3개국이 중국 시장에 농산물 및 기타 1차 산품을 공급하고 중국으로부터 공산품을 수입하는 양측 간의 중심-주변 관계를 기반으로 상호 작용을 일으켰다. 또한 중국과 남아메리카 3개국은 경제 규모가 다르고 국제준비금 수준도 다르며, 중국은 자본 수출 능력을 통해 규모 경제의 이점을 누리고 있다(표 8.1. 참조). 이런 특성들로 인해 4개국은 국제경제 구조에서 서로 다른 위치에 있으며 당사자 간의 비대칭 관계가 드러나 남북 구도[4]가 확인된다. 중국은 북반구 국가이고, 중남미의 3개국은 남반구 국가이다.

표 8.1. 경제지표 비교: 2017

항목	중국	아르헨티나	파라과이	우루과이
GDP, 백만 달러	12,237,700	637,430	39,667	56,156
중국 대비 비율		5.2	0.3	0.4
GDP 순위	2	21	90	77
금 포함 총 보유고, 백만 달러	3,235,681	55,314	7877	15,959
FDI 순유입액, 백만 달러	168,223	11,516	507	-878
GDP 대비 경제 부문별 비중				
농업	7.9	5.6	10.3	5.2
제조업	40.5	21.8	34.5	24.3
서비스업	51.6	72.6	55.2	70.5

출처: 세계은행(WB, 2017) 자료를 바탕으로 저자 작성

이 세 가지 요소는 네 국가의 현대화 과정에 큰 영향을 미쳤다. 중국의 정치 체제는 위에서 아래로 강압적으로 시행하는 단일주의적 근대화모델을 실행한 반면(Bobbio, Matteucci, & Pasquino, 1995: 117-18), 남아메리카 민주주의 국가들은 사회행위자 간의 대화와 협상을 바탕으로 하는 아래에서 위로의 다원주

의적 모델을 실행했다(Oviedo, 2009: 4). 전자의 경우 근대화를 주도한 엘리트는 한족과 중국 공산당이고, 남아메리카 국가의 경우 근대화를 주도한 엘리트들은 서로 다른 사회 및 정치집단으로 원자화되어 있다(Oviedo, 2015a: 157). 가톨릭 전통보다 유교 전통이 사회통합과 근대화에 더 실용적인 듯하다. 이전 단락에서 언급한 바처럼, 이질적인 경제 구조는 정당 간(parties)의 비대칭성을 확대했고, 무역 교류의 구성요소는 남북 구도와 중심-주변 모델을 구성했다. 그 결과 중국 근대화 프로그램의 성공은 중국의 정치 체제를 공고화했고, 연구 기간 동안 중국은 정당 간 상호 의존적 관계에 대한 통제를 행한 것을 볼 수 있다. 또한 현대화가 공고화된 민주주의 국가와 비공고화된 민주주의 국가 모두에서 민주주의를 공고히 하는 실질적인 수단이라는 점을 고려할 때 이 세 가지 요인은 특히 세 가지 사례에서의 중국 현대화의 성공과 실패를 명확하게 설명해 준다.

유사점 및 차이점

중국과의 관계에 있어서 아르헨티나, 파라과이, 우루과이는 외교, 정치, 무역, 투자, 이민 분야에서 각기 다른 모습을 보인다. 반면 동시에 중국과의 교류에 있어서 세 국가는 공통의 관심사를 가지고 있다. 따라서 이 장에서는 세 국가와 중국 간의 관계에서 위의 다섯 가지 영역의 유사점과 차이점에 주목해 보도록 하겠다.

외교: 주요 차이점

아르헨티나와 중국은 1972년부터, 우루과이와 중국은 1988년부터 외교 관계를 맺어왔다. 이에 반해 파라과이는 1957년 대만과 수교한 이래로 대만을 계속 인정해 왔다. 파라과이 중앙은행(1961-2017)에 따르면 파라과이는 1991년부터 중국에 상품을 수출하기 시작했으며, 2000년부터는 제조품을 수입하고 있다. 대만으로의 수출은 1982년부터 시작되었고, 수입은 1963년부터 시작되었다. 대만은 아순시온(Asunción)에 대사관을, 아르헨티나, 브라질, 파라과이 세 국가의 국경이 만나는 시우다드 델 에스테(Ciudad del Este)에 총영사관을 두고 있다. 그렇지만 파라과이에는 중국 대사관, 영사관, 사무소 모두 설치되어 있지 않은데, 이는 파라과이가 중국에 외교적 대표를 파견하지 않는 것과 같은 상황이라고 할 수 있다.

아르헨티나는 베이징에 대사관(영사과, 문화·상업·농업 사무소 포함), 홍콩, 광저우, 상하이에 총영사관, 타이베이에 무역·문화 사무소를 두고 있다. 농업 사무소의 설치는 아르헨티나가 전 세계에서 단 5개국(브라질, 미국, 유럽연합, 중국, 러시아)에만 설치한 사무소라는 점에서 의미가 있다. 중국은 부에노스 아이레스에 대사관과 무역 사무소를 설치했으며, 대만은 상업·문화 사무소를 두고 있다. 우루과이는 베이징에 대사관(영사과 포함), 상하이에 총영사관, 베이징과 홍콩에 영사관을 두고 있다. 중화민국 외교 연감(The Foreign Relations Yearbook of the Republic of China, 2000, 6장)에 따르면 대만은 1992년 몬테비데오(Montevideo)에 타이베이 무역 사무소를 설립했고, 우루과이 정부는 이를 국제기구로 간주하여 직원들에게 면세 혜택을 부여하기도 했다. 그러나 대만 당국이 이 사무소를 폐쇄하면서 우루과이는 아르헨티나의 타이베이 상업·문화 사무소 관할이 되었다. 우루과이는 대만에 사무소를 두고 있지 않다.[5]

중국공산당(CCP)과 국민당(Guomindang) 간의 '외교적 휴전(waijiao xiubing 양안 휴전)'은 연구대상 기간 전체에 걸쳐 있다. 휴전의 결과 대만 해협의 평화로운 상황은 2008년부터 2016년까지 대만 문제에 관한 남아메리카 3개국 간의 외교 관계를 안정시켰다. 이러한 상황은 천수이벤(陳水扁) 총통(2000-2008) 재임 기간의 긴장과 실패한 독립정책과는 상당한 차이가 있다. '외교적 휴전'에서 양측이 전제한 약속을 통해 2008년부터 감비아 사건(Gambia case)까지 중국과 대만을 인정한 국가의 수는 동결되었다.[6] 휴전 기간 동안 여러 중남미 국가는 외교 관계 수립을 위해 중국에 접근했지만,[7] 중국은 타이베이와 합의된 협정을 존중했다. 양측 모두 대만 해협의 이익을 외교적 인정보다 우선시하는 것이 분명함을 알 수 있다.

이 정치적 협정은 파라과이의 페르난도 루고 대통령(Fernando Lugo, 2008-2012)이 중국을 인정하고, 유엔에서 대만에 대한 지원을 포기하고, 금전 외교(checkbook diplomacy)를 끝내고자 하는 시도를 저지했다(ABC, 2008). 금전 외교는 대만을 인정하는 국가에 대한 양자 협력 및 원조에 대한 대만의 정책을 설명하는 데 사용되는 용어이다. 파라과이에서는 주택 건설, 농업 지원, 심지어 국회의사당 건설(Última Hora, 2017)과 아순시온 외교부 청사 리모델링에 대한 기부(Ministerio de Relaciones Exteriores del Paraguay, 2017) 등이 금전 외교의 사례이다. 2013년 감비아 사례는 대만을 인정하는 국가들에 대한 경고를 남겼다. 만약 그들이 대만 당국과의 관계를 방해한다면, '양안 휴전'협정에 따라 중국으로부터 인정을 받지 못할 수 있다는 것이다.

2016년 대만의 정권교체와 함께 대만 당국의 방향이 변화되었다. 정권교체는 마잉주(馬英九) 국민당 총통에서 차이잉원(蔡英文) 민진당 총통으로의 정치 권력의 이양을 의미했다. 그 결과 중국 정부는 그해 3월에 맺었던 감비아와의 외교 관계를 중단시켰다. 대만의 새로운 정치적 상황은 대만 해협에 긴장을 불러 일으켰고, 다른 국가의 대중국 정책에 영향을 미쳤다. 파라과이 정부는 '외교적 휴전'이 깨지면서 1957년 이후 유지되어 온 외교 방향에 변화가 있을 것이라는 정치적 기대를 하게 되었다. 그러나 이러한 변화는 해당 연구에서 살펴본 기간 동안 파라과이 외교에 아무런 영향을 미치지 못했다. 오히려 양국은 관계를 더욱 강화했다. 2016년 6월 차이잉원(蔡英文) 총통이 파라과이를 국빈 방문했다. 방문 기간 중 오라시오 카르테스(Horacio Cartes) 대통령은 차이잉원 총통에게 국가 최고 훈장인 '코야르 마리스칼 프란시스코 솔라노 로페스(Collar Mariscal Francisco Solano López)'를 수여했고, 두 정상은 공동 선언문에 서명했다. 2017년에는 파라과이 대통령이 대만을 방문했고, 2018년 8월에는 차이잉원 총통이 파라과이를 두 번째로 방문했다. 이를 기회 삼아 두 대통령은 대만-파라과이 폴리테크닉대학(Taiwan-Paraguay Polytechnic University)을 개설했다.

대만 문제에서의 미국의 정책은 핵심 역할을 한다. 도널드 트럼프(Donald Trump)는 대통령에 당선된 대만 문제를 중-미 의제의 핵심 이슈로 삼았다. 트럼프는 당선인 시절 '하나의 중국 정책(one-China Policy)'에 의구심을 표명하였고, 차이잉원 총통으로부터 전화를 한 통 받은 적이 있다. 그러나 취임 직후 도널드 트럼프 대통령은 시진핑 주석과 통화를 했다. 백악관 공보실(2017)은 트럼프 대통령이 "시진핑 주석의 요청에 따라 '하나의 중국 정책(one-China Policy)'을 존중하기로 합의했다"라고 발표했다. 트럼프 대통령은 시진핑 주석에게 축하 서한을 보냈고, 그의 딸 이방카 트럼프(Ivanka Trump) 또한 춘절을 맞아 중국 대사관을 방문했다. 2017년 4월 시진핑 주석의 미국 방문과 플로리다에서의 트럼프 대통령과의 회담은 양국관계의 전환점이 되었다. 이렇게 '외교적 휴전'이 종료된 이후 대만 해협의 상황은 중남미 국가의 외교부에 대중국 포용정책과 관련하여 새로운 기회를 열어주었다. 사실 중국은 기니(Guinea)와 외교관계를 재수립한 후, 파나마(2017년), 도미니카공화국(2018년), 엘살바도르(2018년)와도 수교했다. 그러나 미국이 이 세 국가에 대해 여러 가지 정치-경제적 제재와 세 국가의 수도에 주재하는 두 명의 대사와 한 명의 책임자 소환을 통해 표명한 미국의 확고한 입장은 중국에 대한 외교적 인정이 트럼프 행정부와의 복잡한 관계로 이어질 수 있음을 시사한다. 미국과 중국 간의 이른바 무역 전쟁으로 인해 대만 문제도 새로운 국면에 접어들었다.

트럼프 행정부가 아르헨티나의 경제 개혁을 지지하고, 중국이 말비나스 (Malvinas)[8] 이슈에 대해 부에노스아이레스를 지지하는 상황에서 아르헨티나도 대만 해협의 새로운 상황에 대한 정치적 결정을 내려야만 한다. 역사적으로 양국은 이러한 논란의 경우 상호 지원을 제공해 왔다. 아르헨티나 정부는 유엔 안전보장이사회(the Security Council of the United Nations) 상임이사국으로서의 중국의 역할을 고려해 왔으며, 2015년 12월 마크리(Macri) 대통령 취임 직후 아르헨티나와 영국 간의 외교적 긴장이 완화되기는 했지만, 영토 보전 원칙 수호와 같은 문제에 관한 일부 측면에서 비슷한 접근 방식을 취해 왔다. 아르헨티나가 '하나의 중국(one-China) 정책을 지지하는 것은 중국이 "허용"한 칠레와 브라질보다 대만에 대한 무역 및 금융 전략을 더욱 엄격하게 만들고 있으며, 이들 두 국가의 관계는 경제 및 문화 교류에만 한정된다. 즉, 중국과는 정치, 경제, 문화 관계를 유지하는 반면, 대만과는 경제 및 문화 관계만을 유지한다는 것이다. 그러나 아르헨티나는 중국의 말비나스에 대한 지지를 존중한다는 태도를 밝히면서 대만과의 경제 관계를 강화하지 않는 편을 선호한다. 우루과이는 대만 문제에 대해 아르헨티나보다는 더 큰 자율성을 가지고 있지만, 정부는 '하나의 중국(one-China)' 정책을 유지하고 있으며 대만에 무역 사무소를 설치하고 있지 않다.

강대국과 세 약소국 간의 전략적 관계

중국 정부의 분류에 따르면,[9] 세 국가는 중국과의 관계에서 각각 다른 지위를 가지고 있다. 2001년 페르난도 데 라 루아(Fernando De la Rúa) 대통령과 장 쩌민(Jiang Ze Min) 주석은 아르헨티나와 중국 간의 통합 협력협회(*an integral cooperative association*)를 설립했다(Oviedo, 2010: 421). 2004년에는 전략적 동반자 관계(*a strategic partnership*)로, 2014년에는 포괄적 전략 동반자 관계(*a comprehensive strategic partnership*)로 격상되었다. 아르헨티나와 달리 우루과이와 중국은 장기적인 안정, 평등, 상호 이익의 우호 협력관계(*friendly and cooperative relations of long-term stability, equality, and mutual benefits*)를 유지하고 있다(Ministry of Foreign Affairs of China, 2017). 중국의 공식 분류에 따르면 이 관계는 우호 협력 동반자(*a friendly and cooperative partnership*)의 범주에 속한다. 2016년 타바레 바스케스(Tabaré Vázquez) 대통령의 중국 방문 중 양국은 양국 관계를 전략적 동반적 관계로 격상하기로 합의했다. 파라과이는 이러한 범주에 속하지는 않지만, 남아메리카 국가 중 유일하게 중국과 외교 관계를 맺고 있지 않은 국가이자, 대만 정부가 이 지역에 유일한 정치적 기반을 두고 있다는 점에서 중국과 대만 모두에게 전략적 국가에 해당된다.

중국 정부는 여러 연설과 문서를 통해 국가평등원칙(평화공존의 5대 원칙 중 하나)을 옹호하며 부유한 국가와 가난한 국가를 구분하지 않음을 밝히고 있다. 그렇지만 특정 전략적 관계 범주에 따라 국가를 유교적 피라미드 구조로 분류하고 있다. 어쩌면 이 분류는 국제 질서가 팍스 시니카(*Pax Sinica*)로 바뀌는 중국 외교의 미래를 보여주는 것일 수도 있다. 그렇다면 중국이 특정 국가를 통해 얻고자 하는 전략적 이익은 무엇일까? 강대국으로서 중국은 전 세계적인 이해관계를 가지고 있지만, 약소국의 경우 대개 특정 이슈에 대해 중국과 관련이 있다. 예를 들어, 중국은 우주 정책을 추진하기 위해 아르헨티나 남부에 심우주정거장(Deep Space Station)을 건설했다. 아르헨티나와 우루과이는 대만을 고립시키기 위한 중국의 외교를 지원한다. 우루과이가 중국과 자유무역협정을 체결한 이유는 중국의 글로벌 자유무역정책과 일치하며, 이는 남아메리카 공동시장(MERCOSUR)의 보호주의 장벽을 제거하는 데 유용하다. 2017년 아르헨티나의 마크리(Macri) 대통령은 중국의 최대 글로벌 이니셔티브인 일대일로(一帶一路) 포럼에 참석했다. 세 국가는 경제 규모는 작지만, 중국이 생산하지 못하는 상품 공급을 보완할 수 있는 원자재를 수출하고 있으며, 중국 공산품의 판매시장이자 투자처이며, 문화외교 확대의 대상국이다. 또한 중남미(미국의 패권지역)에서 중국 영향력의 확장은 중국의 전략적 이해관계의 핵심인 동아시아에서 중국 정부가 미국과의 외교 게임에서 지렛대를 확보할 수 있게 해 주었다.

중남미 국가들과의 경제적 교류는 중국의 정치적 영향력을 증가시킨다. 중국의 "철도 외교"는 아르헨티나가 철도 네트워크의 열차를 교체하는 데 도움이되었다. 중앙 양 대양 철도 프로젝트(The Central Bi-Oceanic railway project)는 페루의 태평양 연안과 중국의 전략적 파트너인 브라질의 대서양 연안을 연결할 계획이다. 우루과이에서도 철도 외교가 등장했는데, 바스케스(Vázquez)대통령이 중국 열차와 철도 부품을 대가로 우루과이 제품을 중국에 공급할 것을 제안했으며(Silva, 2009), 국가 네트워크 구축 프로젝트가 진행되고 있다. 파라과이는 중국과 외교 관계를 맺고 있지 않기 때문에 이러한 프로젝트와는 차별되지만, 니카라과 운하 프로젝트가 대만과 외교관계를 유지하는 국가임에도진행된다는 점을 감안할 때, 이는 문제가 되지 않는다. 반면 철도 외교는 중국이 자금을 지원하는 프로젝트로 남아메리카 경제를 더욱 베이징에 집중시키고, 파라과이를 중국의 투자에서 멀어지게 한다는 점에서 파라과이와 대만의 이익에 위협이 되고 있다.

개발도상국으로서 이 세 국가는 현대화를 목표로 하고 있다. 이는 중국 및 기타 북반구 국가들과의 비대칭성을 극복하기 위한 주요 수단이다. 실제로 중국의 현대화는 정치적 상호 작용의 가장 중요한 특징인 양측 간의 비대칭성을 확대했다. 가장 명확한 증거는 국내총생산(GDP)의 비교를 통해 찾아볼 수 있다. 세계은행데이터에 따르면, 2017년 중국은 세계 2위의 경제 대국이고, 아르헨티나는 21위, 우루과이는 77위, 파라과이는 90위에 불과하다(표 8.1. 참조). 산업화 수준, 무역, 투자, 외환보유고 등 여러 거시 경제지표를 통해서도 비대칭성을 확인할 수 있다. 물론 경제 데이터만이 정치력의 격차를 설명할 수 있는 유일한 방법은 아니다. 국내총생산(GDP) 대비 군사비 지출 비율은 특히 경제 규모와 관련하여 이러한 비대칭성을 더욱 확대한다. 세계은행에 따르면 2017년 GDP 대비 중국의 군사비 지출은 1.9%, 아르헨티나는 0.9%, 파라과이는 1.2%, 우루과이는 2.1%인 것으로 나타났다. 게다가 핵 능력, 외교적 특징 및 기타 요인과 같은 다른 질적 변수들이 중국에 유리한 형태로 이러한 비대칭성을 확대한다.

무역에서의 "잃어버린 10년?"

중국과 세 국가 간의 양자 무역은 각각 유사점과 차별점을 동시에 드러낸다. 2008-2017년 총 교역액에 있어 파라과이와 우루과이는 빠른 성장세를 보였지만, 아르헨티나는 그보다 훨씬 적은 무역액을 보였다. 표 8.5.는 우루과이와 중국 간의 총교역이 2008년 10억 400만 달러에서 2017년 42억 400만 달러로 증가했음을 보여준다. 표 8.2.는 아르헨티나-중국 간 무역이 같은 기간 약 20% 증가한 것을, 표 8.3.은 파라과이와 중국의 무역이 24억 4,100만 달러에서 34억 7,700만 달러로 증가한 것을 보여준다. 반면 파라과이-대만 사이의 무역은 2008년 5,900만 달러에서 2017년 6,900만 달러로 상당히 완만한 수준의 증가에 머물렀다(표 8.4. 참조). 이 마지막 통계자료는 파라과이가 대만을 인정하고 있다는 점에서 중요하다. 그렇지만 대만이 파라과이를 상업적으로 유치하려는 정책이 있다고 확신하는 것은 불가능하다.

표 8.2. 아르헨티나-중국 양국 간 무역: 2008–2017 (백만 달러)

연도	수출	수입	총합	수지
2008	6397	7104	13,501	-707
2009	3668	4823	8491	-1155
2010	5799	7649	13,448	-1850
2011	6173	10,573	16,746	-4400
2012	5165	9952	15,117	-4787
2013	5762	11,312	17,074	-5550
2014	5006	10,795	15,801	-5789
2015	5174	11,749	16,923	-6575
2016	4423	10,467	14,890	-6044
2017	4593	12,329	16,922	-7736
총합	52,160	96,752	148,913	-44,592

출처: 국립통계원(INDEC), INDEC Informa, 부에노스아이레스, 2009-2018

표 8.3. 파라과이-중국 양국 간 무역: 2008–2017 (백만 달러)

연도	수출	수입	총합	수지
2008	95	2.346	2441	-2251
2009	33	1952	1985	-1919
2010	34	3255	3289	-3221
2011	29	3427	3456	-3398
2012	39	2964	3003	-2925
2013	57	3216	3273	-3159

연도	수출	수입	총합	수지
2014	49	2881	2930	-2832
2015	30	2255	2285	-2225
2016	20	2491	2511	-2471
2017	27	3450	3477	-3423
총합	413	28,237	28,650	-27,824

출처: 파라과이 중앙은행(Central Bank of Paraguay)(2008-2017)

표 8.4. 파라과이-대만 양국 간 무역: 2008-2017 (백만 달러)

연도	수출	수입	총합	수지
2008	15	44	59	-29
2009	3	26	29	-23
2010	5	29	34	-24
2011	32	50	82	-18
2012	10	48	58	-38
2013	7	37	44	-30
2014	25	38	63	-13
2015	20	38	58	-18
2016	15	28	43	-13
2017	39	30	69	+9
총합	171	368	539	-197

출처: 파라과이 중앙은행(Central Bank of Paraguay)(2008-2017)

중국-아르헨티나 간의 총무역의 증가는 중국의 수출증가에서 비롯되었다. 2008년부터 2017년까지 중국의 수출은 75.3% 증가한 반면, 아르헨티나의 수출은 같은 기간 28.2% 감소했다. 2015년 아르헨티나 수출이 82%는 대두

(68.4%), 대두유(7%), 소고기(3.3%), 휘발유 원유(3.3%) 4개의 제품에 집중되어 있다. 아르헨티나 수출 정체의 원인으로는 (1) 국제 원자재 가격의 하락, (2) 대두 판매의 정체, (3) 부가가치제품(대두박, 펠릿, 바이오연료 등)에 대한 중국의 보호주의 정책, (4) 중국의 대두 분쇄 산업 발전, (5) 대두유 및 원유의 중국 판매의 지속적 감소 등이 있다. 반면에 중국 수출에는 다양한 공산품이 포함되어 있다. 같은 해 가장 중요한 공산품 품목은 전화기 또는 휴대전화기용 부품(12.5%)이 차지했다.

표 8.5. 우루과이–중국 양국 간 무역: 2008–2017 (백만 달러)

연도	수출	수입	총합	수지
2008	171	833	1004	-662
2009	235	769	1004	-534
2010	373	1.124	1497	-751
2011	665	1439	2104	-774
2012	1938	1662	3600	276
2013	2324	1929	4253	395
2014	2625	2123	4748	502
2015	2146	1763	3909	383
2016	1740	1552	3292	188
2017	2500	1704	4204	796
총합	14,717	14,898	29,615	-181

출처: 우루과이 산업회의소(Uruguay Chamber of Industry)(2017)

저자가 확인한 역사적인 문제는 두 국가에서 발표한 공식적인 통계 데이터의 차이이다. 예를 들어, 아르헨티나 국립통계원(INDEC)에 따르면 아르헨티나의 적자는 약 60억 달러인 반면, 중국 상무부(Ministry of Commerce of China)

에 따르면 약 30억 달러에 불과하다. 아르헨티나 수출상공회의소(Chamber of Exporters of the Argentine Republic, 2016: 11)의 보고서에서 아르헨티나의 대중국 수출은 약 5억 4천만 달러인데, 이는 2015년 중국 정부가 보고한 중국의 아르헨티나 수입보다 높은 금액이다. 이 차이의 70%는 대두와 관련되어 있다. 같은 해 아르헨티나는 중국이 아르헨티나에 수출한 금액보다 중국으로부터 수입한 금액이 약 28억 5,900만 달러 더 많았다고 보고했다. 이 차이의 50%는 전화기 또는 휴대전화기 부품과 관련이 있다. 이러한 이유로 아르헨티나 국립통계원(INDEC)과 중국 상무부(Ministry of Commerce of China)는 2016년 12월 양국 간 무역통계 조정을 위한 협정을 체결했다.

2017년 중국-파라과이 총무역에서 99.2%는 중국 수출이 차지했다. 표 8.3.을 통해 2008년부터 2017년까지 중국 수출이 47% 증가, 같은 기간 파라과이 수출이 71.6% 감소했음을 확인할 수 있다. 내륙국인 파라과이의 대두는 일반적으로 파라나-파라과이 수로(Parana-Paraguay Waterway)를 통해 아르헨티나, 우루과이 또는 브라질로 수출되어, 대두 또는 대두 부산물로 중국과 같은 다른 목적지로 재수출된다는 점을 주지해야 한다. 반면 중국이 판매하는 상품들은 다양한 산업제품으로 분산돼 있다. 예를 들어, 2016년에는 기기, 기계 및 모터(46.3%), 소비재(14.7%), 기기 및 전기제품(8.5%), 화학 및 의약품(8.2%)이 가장 중요한 품목이었다. 한편 표 8.3.과 표 8.4.에서 볼 수 있다시피 파라과이의 대중국 및 대만에 대한 수출은 교역량과 무관하게, 연구 기간 동안 감소했다. 2017년 파라과이의 대중국 및 대만에 대한 수출액은 각각 2,700만 달러, 3,900만 달러였다.

파라과이 국빈 방문 중 차이잉원 대만 총통은 요구되는 위생 조건에 맞춰 파라과이로부터의 육류 수입 쿼터를 늘릴 것이라고 발표했다. 아르헨티나나 우루과이와 달리 파라과이의 대홍콩 수출은 파라과이의 대중국 또는 대대만 수출보다 더 중요하다. 파라과이 중앙은행(Central Bank of Paraguay)에 따르면 2013년과 2014년 파라과이는 각각 1억 1,300만 달러와 1억 4,000만 달러를 수출해왔지만, 2015년부터 2018년까지는 매년 수출액이 감소 추세이다. 가장 중요한 품목은 소고기와 냉동 소 내장이다.

파라과이는 중국으로부터 많은 공산품을 수입하지만, 이들 제품의 상당 부분은 아르헨티나와 브라질로 재수출된다. 파라과이는 무역 중개자의 역할을 하고 있다고 할 수 있는데, "중국에서 수입한 제품의 80%가 다른 메르코수르(Mercosur) 국가 (브라질의 비중이 가장 크다)를 최종 목적지로 하기 때문이다"(América Economía, 2015). 엘크로니스타 신문(El Cronista, 2011)에 따르면 2011년 이후 브라질 산업계는 경계를 늦추지 않고 있으며, 엘우니베르소 신문(El Universo, 2011)은 브라질 정부가 파라과이산 수입품을 조사하고 있다고 보도했다. 우루과이의 엘옵세르바도르 신문(El Observador, 2011)도 브라질 정부가 아르헨티나에서는 아니겠지만, 우루과이에서도 비슷한 상황을 전개할 것으로 예상된다고 보도했다.

2014년에서 2016년 사이 중국량유식품집단(中国粮油食品集团有限公司, China National Cereals, Oils and Foodstuffs Corporation, COFCO)은 세계 곡물 시장에서 점유율을 급격히 증가시켰다. 2014년 코프코(COFCO)는 아르헨티나에 사업 기반을 두고 있던 네덜란드 곡물회사 니데라(Nidera)를 인수했다. 2016년에는 파라과이에서 식품 가공, 제조, 마케팅을 하는 기업 신젠타(Syngenta)를 인수하며 파라과이에 입지를 강화했다. 파라과이는 미국, 브라질, 아르헨티나를 잇는 네 번째로 큰 대두 수출국으로, 코프코(COFCO)가 신젠타(Syngenta)를 인수함으로써 파라과이와 대만 간의 외교관계에도 불구하고 파라과이의 대중국 대두 수출을 늘릴 수 있는 길이 열렸다.

우루과이의 경우, 총 무역량의 증가는 양국의 수출증가에서 비롯되었다. 표

8.5.는 2008년부터 2017년까지 중국의 수출은 20% 증가한 반면, 우루과이의 수출은 같은 기간 1,461% 증가하였음을 보여준다. 2015년 우루과이 매출의 93%는 대두(44%), 소고기(34%), 양모(10%), 육류 부산물(5%)의 네 가지 품목에 집중되어 있었다. 반면 중국은 다양한 제조제품들을 수출했는데, 가장 중요한 품목으로는 휴대전화기(8.4%), 컴퓨터(4.4%), 살충제(3.4%), 자동차 부품(3%)이 있다.

위에서 설명한 무역은 남아메리카 3개국의 경제에 매년 불리한 수지를 발생시켰다. 아르헨티나와 파라과이는 무역을 통해 경제 규모 대비 막대한 양의 달러를 중국에 이전시켰다. 표 8.6.에 따르면 아르헨티나는 445억 9,200만 달러를, 파라과이는 278억 2,400만 달러를 중국에 이전시켰다. 우루과이와 중국 간의 교역은 균형적으로 같은 기간 1억 8,100만 달러의 적자에 그쳤다. 2008년부터 2017년까지 세 국가의 중국으로의 이전금액은 총 725억 9,700만 달러에 달했다. 브라질 산업 대외무역서비스부(Ministry of Industry, Foreign Trade and Services)에 따르면 브라질은 같은 기간 중국과의 무역에서 739억 7,400만 달러의 흑자를 기록했다. 칠레의 경우 프로칠레(Prochile)에 따르면, 같은 기간 동안 469억 4,900만 달러의 흑자를 기록했다. 즉 아르헨티나와 파라과이는 손실수준에 있어서는 차이가 있었지만, 어쨌든 중국과의 무역 교류에 있어 패자였다. 아르헨티나의 손실이 가장 컸다. 파라과이의 경우 통계 데이터상으로는 가장 큰 패자로 보이지만 파라과이의 대중국 대두 수출은 중국과의 양자 무역에 포함되지 않으며 파라과이도 중국 제품을 브라질과 아르헨티나로 우회했다는 점을 고려해야 한다.

표 8.6. 중국과 3개국 간의 무역: 2008–2017 (백만 달러)

	아르헨티나	파라과이	우루과이
총무역	148,913	28,650	29,615
대중국 수출	52,160	413	14,717
대중국 수입	96,752	28,237	14,898
수지	-44,592	-27,824	-181
총수지			-72,597

출처: 아르헨티나 국립통계원(INDEC), 파라과이 중앙은행(Central Bank of Paraguay), 우루과이 산업회의소 (Uruguay Chamber of Industry)(2008-2017)

파라과이는 메르코수르(Mercosur) 내에서 중국 제조업체의 중개자의 역할을 담당하게 되었는데, 이는 멕시코가 북미자유무역협정(NAFTA) 체제에서 중국 제품을 미국으로 재수출하는 것과 유사하다.

세 국가에 대한 중국의 직접투자(FDI) 및 기타 소위 투자

중국의 공식 통계에 따르면 라틴아메리카 및 카리브해(LAC)에 대한 중국의 FDI는 2008년 36억 7,700만 달러에서 2017년에는 140억 7,600만 달러 증가했다. 2016년 272억 2,700만 달러까지 증가하기도 했다. 2016년 투자는 케이맨 제도와 버진아일랜드가 전체의 96%를 차지했으며, 나머지 국가에 5.2%가 분배되었는데, 이 중 아르헨티나와 우루과이가 16.2%로 전체 중남미에 투자된 금액의 0.8%를 차지한다. 대만은 2006년까지는 파라과이에 투자했지만, 2006년 이후부터 2017년까지 파라과이에 대한 대만의 FDI는 없었다는 점은 중요하다. 중국의 공식 통계에서는 2008년부터 2013년까지 페르난도 루고(Fernando Lugo) 대통령의 재임 기간(2008-2012)에 파라과이에 대한 투자가 기록되어 있지만, 파라과이중앙은행 통계에는 2014년부터 2017년 사이 투자가 행해지지 않은 것으로 나타났다.

표 8.7.에 따르면, 아르헨티나에 대한 중국의 FDI 유입액은 2008년 1,000만 달러에서 2017년 2억 1,400만 달러로 증가했으며, 2012년에는 7억 4,200만 달러로 최고치를 기록했다. 2016년 중국의 대아르헨티나 FDI는 중국의 대중남미 전체 FDI의 0.7%를 차지했으며, 최대 투자 지역이었던 케이맨제도와 버진아일랜드를 제외하면 12.7%에 해당하는 수치이다. 또한 2016년까지 중국의 아르헨티나에 대한 FDI 규모는 태평양동맹(Pacific Alliance)의 규모와 거의 비슷하다는 점에 주목할 필요가 있다. 2016년 중국 대외 외국인 직접투자 통계 공보(2016 Statistical Bulletin of China's Outward Foreign Direct Investment)에 따르면 칠레, 콜롬비아, 페루, 멕시코에 대한 중국의 FDI는 21억 200만 달러, 아르헨티나의 경우 19억 4,300만 달러에 달했다(표 8.8. 참조). 2017년에는 상황이 달라져 아르헨티나가 15억 3,900만 달러, 태평양동맹 국가들의 합계가 26억 2,100만 달러에 달했다.

표 8.7. 2008-2017년 중국의 대아르헨티나, 파라과이, 우루과이 해외직접투자액 (백만 달러)

국가	2008	2009	2010	2011	2012	2013	2014	2015	2016	2017
아르헨티나	10	-22	27	185	743	221	269	208	181	214
파라과이	3	6	27	5	1	0,1	0	0	0	0
우루과이	-	5	0	0	9	9	1	36	49	-14

출처: 중화인민공화국상무부(Ministry of Commerce), 국가통계국(National Bureau of Statistics), 국가외환관리국 (State Administration of Foreign Exchange of the People's Republic of China)(2017: 136-137)

표 8.8. 2008-2017년 중국의 대아르헨티나, 파라과이, 우루과이 해외직접투자 잔액 (백만 달러)

국가	2008	2009	2010	2011	2012	2013	2014	2015	2016	2017
아르헨티나	173	169	218	405	897	1658	1791	1948	1943	1539
파라과이	4	11	39	44	46	46	47	47	47	46
우루과이	2	7	7	8	17	25	210	182	225	198

출처: 중화인민공화국상무부(Ministry of Commerce), 국가통계국(National Bureau of Statistics), 국가외환관리국 (State Administration of Foreign Exchange of the People's Republic of China)(2017: 141)

무역통계와 마찬가지로 양쪽 국가가 보고한 중국에서 아르헨티나로의 FDI 투자액과 FDI 잔액에 대한 통계 데이터는 차이가 있다. 중국의 기록에 따르면 2015년 중국의 대아르헨티나 FDI 잔액은 19억 4,800만 달러에 달했다(표 8.8. 참조). 이듬해 아르헨티나 주재 중국 대사 양완밍(Yang Wan Ming)은 중국이 아르헨티나에서 세 번째로 큰 투자국이라고 밝혔다(Dinatale, 2016). 그러나 아르헨티나 중앙은행에 따르면 중국은 2015년까지 6억 7,400만 달러로 18위를 기록했다. 두 공식기록의 불일치로 인해 중국 상무부와 아르헨티나 중앙은행은 직접투자 통계 협력 메커니즘 구축에 관한 양해각서를 2014년 7월 체결하게 되었다.

표 8.8.에 따르면 중국의 공식 통계 데이터는 2014년부터 2017년까지 FDI 투자액의 감소세를 보여주지만, 표 8.9.는 파라과이에 대한 중국의 FDI 잔액이 2008년 400만 달러에서 2017년 4,600만 달러로 증가하는 추이를 보여준다. 반면 파라과이중앙은행의 데이터에 따르면 중국은 2008년부터 투자를 시작했지만, 2012년 270만 달러로 정점을 찍었다고 밝히는 중국의 통계 데이터보다 낮은 수준이다. 같은 데이터에 따르면 2006년은 대만이 파라과이에 투자한 마지막 해다. 2006년부터 2017년(본 연구의 마지막 분석연도)까지 대만

의 대파라과이 투자는 이루어지지 않았다. 파라과이중앙은행에 따르면 홍콩은 2012년 540만 달러, 2013년 900만 달러, 2015년 510만 달러를 투자했다. 그러나 중국과 홍콩의 파라과이에 대한 투자는 역내 다른 국가에 대한 투자에 비해 적은 수준이다.

표 8.9. 2008-2017년 아르헨티나, 파라과이, 우루과이에 대한 중국의 외국인직접투자 잔액 (백만 달러)

국가	2008	2009	2010	2011	2012	2013	2014	2015	2016	2017
아르헨티나	110	124	191	239	572	607	726	661	618	-
파라과이	0.3	0.3	0.8	1.2	2.7	0.6	1	4.5	1.8	10.5
우루과이	-	0	0	0	75.8	102	66.8	79.4	-9	-21.1

출처: 아르헨티나 중앙은행(Central Bank of Argentina)(2008-2017), 파라과이 중앙은행(Central Bank of Paraguay)(2008-2017), 우루과이 중앙은행(Central Bank of Uruguay)(2009-2017)

아르헨티나, 파라과이와 마찬가지로 중국과 우루과이의 공식 FDI 통계도 모순된 수치를 보여준다. 중국 정부는 우루과이 중앙은행이 보고한 것보다 더 높은 수준의 투자를 보고한다. 우루과이 중앙은행은 FDI 통계 데이터를 여러 지역으로 나누어 보고 있으며, '지역별 총 기밀 데이터' 항목에는 2010년부터 2017년까지 동아시아로부터의 투자에 대한 투자국을 밝히고 있지 않았다. 따라서 중국인지 아니면 다른 국가인지를 확인할 수 없다. 우루과이의 통계 데이터에 따르면 2008-2017년 기간 동안 중국의 투자는 극히 미미했으며, 대만과 홍콩의 투자에 대한 기록은 아예 없다.

중국은 FDI 외에도 조세회피처를 통해 자본을 수출하고 있다. 예를 들어, 2010년에 중국석유화공집단(Sinopec)과 중국해양석유총공사(CNOOC)는 아르헨티나에 대한 투자를 발표했으나, 공식적인 FDI 기록에는 나타나지 않았다. 2012년 중국공상은행(Industrial and Commercial Bank of China, ICBC)은 스탠더드은행(Standard Bank)의 80%를 인수하고 부에노스아이레스에 지점을 설립했다. ICBC(2017) 웹사이트에 따르면, 이 거래는 중국공상은행의 중국 외 지역 금융서비스에 대한 최대 투자 중 하나이며 중국이 중남미에 투자한 은행 투자 중 가장 큰 규모이다. 세 번째 방식은 인프라 프로젝트에 대한 자본 투자이다. 2016년 중국은 아르헨티나에 231억 달러의 차관을 제공한다고 발표했지만(Sarmiento, 2016), 모든 프로젝트가 실행되지는 않았다. 네 번째 방식은 통화스와프 협정이다. 이 금융 메커니즘을 통해 중국은 크리스티나 페르난데스 데 키르치네르(Cristina Fernández de Kirchner) 행정부 마지막 2년과 마크리(Macri) 행정부 초기 몇 달간 아르헨티나의 외환보유고 안정을 위한 110억 달러의 저금리 신용을 제공했다. 이 협정은 2017년 갱신되며, 190억 달러로 확대되었다. 또한 양국 중앙은행 총재는 2010년 조세 관련 정보교환을 위한 협정을 체결했고, 양국 안보부 장관은 2016년 안보 문제협력을 위한 협정을 체결했다.[10] 양국 정부는 1992년부터 투자 촉진 및 상호 보호에 관한 협정을 시행해 오고 있다.

그 결과 중국은 아르헨티나의 주요 자본 공여국 중의 하나가 되었다. 동시에 아르헨티나는 2008년 중국 정부가 발표한 중국 최초의 중남미 정책 보고서(Oviedo, 2018)에 명시된 바와 같이 투자 및 금융 문제에 대한 중국 정부의 목표를 실천하는 이상적인 모범 사례였다. 주요 자본의 흐름은 통화스와프, 인프라 프로젝트 차관, 조세회피처를 통한 투자를 통해 이루어졌다. 페르난데스(Fernández) 정부의 고립된 위치를 고려하여, 중국은 아르헨티나에서 영향력을 확대해 가며 아르헨티나의 유일한 외부 자본 공급원이 되었고 이로 인해 아르헨티나는 중국 자본에 의존하기 시작했다. 이러한 상황은 2016년 4월 마크리(Macri) 정부가 아르헨티나를 국제 금융시스템으로 복귀시키고 아르헨티나의 대중국 의존도를 낮추기 전까지 유지되었으며, 여전히 중국은 아르헨티나 경제에 강력한 영향력을 행사하고 있으며, 대체 자본 공급원이기도 하다(Oviedo, 2018).

글로벌 대만 서비스 네트워크(Global Taiwanese Businessmen Service Network, 2015)에 따르면 파라과이에 대한 대만의 투자는 주로 광디스크, 백화점, 플라스틱 제품, 스포츠 경기장, 창고업, 축산업, 낚시도구의 산업에 치중되어 있다. 2013년 12월까지 37개 품목에 걸쳐 총 1억 5,000만 달러의 투자가 이루어졌다. 파라과이에는 아순시온(Asunción)과 시우다드 델 에스테(Ciudad del Este)를 중심으로 약 200개의 매장이 있다. 대만, 홍콩, 중국, 마이애미 등에서 수입된 제품과의 치열한 경쟁으로 인해 일반 가정용품, 장난감, 문구, 철물, 백화점, 전자제품, 식료품 판매장을 전문으로 하는 소규모 상점의 회전율이 높게 나타났다.

2006년 이후, 파라과이에 대한 대만의 FDI는 없었지만, 대만의 국제원조는 파라과이에 매우 중요했다. 앞서 언급했듯이 국회의사당 건설, 외무부 리모델링 및 기타 건설 프로젝트에 대만의 자금이 지원되었다. 여기에는 두아르테(Duarte) 대통령의 5년간의 임기 중 실시된 7,100만 달러의 지원이 이루어진 4,500채의 사회주택을 건설하는 프로그램과 파쿠(pacu) 양식, 사료 생산, 난초 산업 개발 등의 프로젝트도 포함되어 있다. 표 8.10.에서 대만 국제협력 개발기금의 재정 지원을 받아 완료된 7개의 프로젝트와 진행 중인 6개의 프로젝트를 볼 수 있다.

표 8.10. 국제협력 개발기금의 파라과이 프로젝트 목록

연도	프로젝트명	프로젝트 진행 상황
1	사료 생산 프로젝트	프로젝트 진행 중
2	건강정보 관리 효율성 증진 프로젝트	프로젝트 진행 중
3	난초과 식물 산업 발전 및 조직배양묘 증식 프로젝트	프로젝트 진행 중
4	새끼 파쿠(Pacu) 육종 프로젝트	프로젝트 진행 중

연도	프로젝트명	프로젝트 진행 상황
5	대만 청년 해외 봉사	프로젝트 진행 중
6	대만 국제개발협력기금 해외 자원봉사자 프로그램	프로젝트 진행 중
7	2015 보건의료 인력 연수 프로그램	프로젝트 완료
8	양식 프로젝트	프로젝트 완료
9	가뭄으로 인한 식량 비상사태로 피해를 입은 농촌 지역 주민 지원	프로젝트 완료
10	화초 재배 프로젝트	프로젝트 완료
11	보건의료 인력 연수 프로그램	프로젝트 완료
12	모바일 의료 선교단(대만 국제개발협력기금 예산)	프로젝트 완료
13	중소기업을 위한 재대출 프로젝트	프로젝트 완료

출처: 국제협력개발기금(International Cooperation and Development Fund)(2017)

아르헨티나와 달리 우루과이는 중국의 인프라 대출을 받지 않았고, 통화스와프 협정도 체결하지 않았다. 따라서 연구 기간 동안의 투자 흐름은 우루과이 공식보고서의 기밀 데이터에 기록된 중국의 FDI, 조세회피처에 대한 중국의 투자, 그리고 중국의 IED로 제한된다. 충칭 리판(Chong Qing Lifan), 코스코 그룹(Cosco Group), 화웨이(Huawei), 중흥통신(ZTE Corporation), 노블 그룹(ZTE Corporation), 중국량유식품집단(COFCO), BBCA 그룹(BBCA Biochemical Co Ltd.) 등 여러 기업이 몬테비데오에 사무소를 설립했다. 또한 우루과이와 중국 정부는 1993년부터 투자 촉진 및 상호 보호에 관한 협정을 체결, 시행해 오고 있다.

중국 이민

중국과 남아메리카 3개국 간 이주민 관계의 주요 특징은 이주민의 이동 방향이다. 정치적 · 경제적 · 종교적 · 사회적 이유와 관계없이 이민자의 가장 많은 수는 중국 출신이다. 이러한 추세는 마오쩌둥 시대(Maoism period)의 개혁개방정책과 중국인 출국의 규제 완화 규정이 제정되면서 시작되었다(Liu, 2009: 331). 40년간의 성공적인 중국의 근대화 이후, 최근 몇 년간 과거보다 중남미 사람들이 중국에서 일하거나 공부를 하는 수가 증가하고 있기는 하지만, 중국에서 중남미로의 이주 추세는 지속되고 있다는 점이 흥미롭다.[11]

문제는 세 국가에 거주하는 중국인의 수를 측정하는 데에 있다. 첫 번째 문제는 누구를 중국인으로 간주해야 하는가이다. 화교(huaqiao, 华侨)만 포함할 것인가, 아니면 화인(huaren, 华人)도 포함할 것인가?[12] 두 번째로 중국 본토인과 대만인을 모두 포함시켜야 하는 문제이다. 세 번째는 불법 체류 중국인의 수를 어떻게 계산할 것인가이다. 예를 들어, 2010년 아르헨티나 인구조사에서는 중국 본토인 8,929명에 대만인 2,875명을 더해 총 11,804명의 중국인이 아르헨티나에 거주하는 것으로 나타났다(National Institute of Statistics and Censuses, 2010). 그러나 공식 통계와 달리 여러 비공식 보고서와 신문 기사에서는 같은 해 아르헨티나에 거주하는 중국인 수를 12만 명으로 추산했다(Najenson, 2011; Sánchez, 2010). 2016년 양완밍(Yang Wan Ming) 아르헨티나 주재 중국 대사는 중국인 커뮤니티 구성원의 수가 18만 명에 달한다고 주장했다(Dangdai, 2016).

이 수치는 극소수의 중국인 이민자가 거주하는 파라과이와 더 적은 중국인 이민자가 거주하는 우루과이와 대조적인 모습을 이룬다. 우루과이 국립통계청에 따르면 2011년 인구조사에서 우루과이에 거주하는 아시아인은 1,261명에 불과했다. 중국 상무부 보고서(2016: 5)에 따르면 2015년까지 우루과이에는 약 300명의 중국인이 거주하고 있는 것으로 나타났다. 파라과이의 경우 대만에서 상당한 이주가 있었기 때문에 상황이 다르며, 파라과이에 거주하는 중국 본토인 수에 대한 데이터가 없다. 대만의 공식 재외동포 위원회 통계연감(2011:13)에 따르면 2011년 파라과이에 거주하는 대만인은 4,000여 명으로 추정되며, 2014년에는 그 수가 5,000명을 넘어선 것으로 추정된다(OCAC, 2014). 파라과이 통계청(General Directorate of Statistics, Surveys and Censuses of Paraguay, 2013:61)에 따르면 2011년에는 232명, 2012년에는 359명, 2013년에는 61명의 중국인이 거주하고 있었던 것으로 나타났다.

이 수치는 중국 이민자 수에 대한 세 국가의 격차를 분명하게 보여준다. 각국의 사회경제적 조건이 다르고 이민자들이 기대할 수 있는 자신들의 복지 상황의 차이 말고도 아르헨티나가 파라과이나 우루과이보다 중국인 이민자에게 더 개방적이라는 것은 분명하다. 아르헨티나의 2004년 이민법은 인권 존중과 개방성에 관한 새로운 법이다. 반면, 안드레스 라히오(Andrés Raggio, 2018:338)에 따르면, 우루과이는 1990년대 후반과 20세기 초반에만 일부 지역에 대한 좀 더 제한적인 이민법을 가지고 있었지만, 국가가 지닌 "동질화된 사회"로서의 성격은 이 국가에서 성공적인 이민을 할 수 있는 거의 모든 가능성을 약화시켰다.

아르헨티나의 중국인 인구증가에는 (1) 아르헨티나의 포용적인 이민법, (2) 특히 푸젠성(Fujian) 출신으로 이루어진 1980-90년대에 증가한 중국인 이민자들의 친인척 초청, (3) 아르헨티나에 본사를 둔 중국 기업의 기업가, 기술자, 기타 직원 및 대학, 과학, 문화 교류에 종사하는 교수, 학생, 연구원 기술자들의 유입으로 인한 최근 10년간의 임시 이민 비율의 증가, (4) 20세기의 마지막 10년 동안의 이관도(李一道)와 21세기의 첫 10년 동안의 파룬공(法輪公)처럼 종교 활동이나 무역 활동의 자유를 추구하기 위한 이주, (5) 아르헨티나에서 인신매매를 전담하는 삼합회가 운영하는 불법 이민의 증가와 같은 요인들이 작용했다.

두 가지 이슈가 양국 간 이주민 의제를 지배해 왔다. 2001년부터 중국 정부는 아르헨티나에 대한 중국의 영향력을 증대시키는 이익단체의 형성과 아르헨티나 내 중국 시민과 중국인의 이익을 보호하는 중국 대사관의 역할에 우선순위를 두었다(Oviedo, 2015b: 258). 특히, 시진핑(Xi Jinping) 주석이 2014년 아르헨티나를 방문했을 때 서명한 *2014-2018 아르헨티나 정부와 중국 정부의 공동 행동 계획의 글 2.7*에서 양국 정부는 "불법 이민자 인신매매를 방지하고 비정규 이주를 방지하며 상대방 영토에서 한 당사국 국민의 안전과 권리를 보호하기 위한 상호 지원을 촉진"하는 데 동의했다. 이 조항의 첫 번째 부분은 분명히 아르헨티나의 제안으로 시작되었고, 두 이민자의 안전 및 권리 보호와 관련된 두 번째 부분은 2001년 12월 발생한 아르헨티나에서의 중국인 커뮤니티에 행해진 폭력행위에 대한 중국 정부의 불만 표명이었다. 아르헨티나와 중국은 1945년 아르헨티나가 중국을 인정한 이후, 1947년 우호조약 제5조를 제외하고는 이주자 문제에 대한 구체적인 양자 간 협정을 체결한 적이 없으므로 이 조항은 매우 중요한 의미를 지닌다고 할 수 있다(Oviedo, 2015b: 258).

결론

중국과 남아메리카 3개국 간의 관계는 서로 다른 문명, 정치 체제, 경제 구조를 바탕으로 발전해 왔다. 이 세 가지 요소는 양측의 현대화 과정 수준을 이해하는 데 필수적이다. 중국은 유교 사상을 바탕으로 중국 공산당과 한족 문명이 주도하는 서구 문명의 영향을 받은 다문화 국가이다. 반면, 현재의 중남미 문화는 서구 문명이 토착문화에 부과한 것으로 이주 물결에 의해 변형되어 왔다. 네 개의 국가는 모두 서구식 정치 체제를 가지고 있지만, 중국은 전체주의 일당 체제 국가이며, 아르헨티나 · 파라과이 · 우루과이는 통합수준에 있어 차이가 있는 민주주의 국가이다. 경제는 정치 체제를 공고히 하는 데 핵심적인 요소로 작용한다. 우리의 관점에서 볼 때, 중국은 경제 현대화의 추진은 매우 성공적이었지만, 더 민주적 체제로의 정치적 전환을 기대해 볼 수 있다. 반면 남아메리카 국가들은 권위주의 체제에서 민주주의로의 전환을 해냈지만, 경제 현대화 과정의 이해에 실패했다. 게다가, 국가 간의 이질적인 생산 구조는 중심-주변 교류가 이루어지는 것을 어렵게 했고, 중국의 현대화 성공은 힘의 비대칭을 확대하면서 결과적으로 두 지역 간의 남북 관계를 형성시켰다.

남아메리카 3개의 국가는 '하나의 중국' 정책을 존중한다. 아르헨티나와 우루과이는 중국 정부를 인정하고 파라과이는 중국 정부를 중국을 대표하는 정부로 인정한다. 파라과이는 중국과 공식적인 관계를 맺고 있지는 않지만 무역 교류를 확대하거나 중국의 투자를 받는 데는 문제가 없다. 파라과이와 대만의 통계자료에 따르면 대만은 국제원조(기부금이나 기술 프로젝트 등을 통해서)를 제공했지만, 파라과이와의 무역이나 투자에 대만을 참여시키고자 하는 전략은 없었다. 물론 파라과이가 특히 페르난도 루고(Fernando Lugo) 정부 동안 중국을 인정할지에 대한 추측이 있었지만, 중국 정부는 2008-2016년 기간 동안 중국 공산당과 국민당 간의 외교적 약속을 외교적 인정의 이익보다 우선시했으며, 파라과이도 1957년 이후 정치적 지향이 변하지 않았다. '외교적 휴전' 종료 이후, 차잉잉원(Tsai Ing-wen) 총통의 두 차례에 걸친 파라과이의 국빈 방문은 대만과 외교관계를 인정하고 수립하려는 파라과이의 정치적 지향을 확인시켜 주었다. 2017년 6월 양국은 수교 60주년을 맞이했다. 또한 2016년 '외교적 휴전'이 종료되면서 중국과 파나마, 도미니카공화국, 엘살바도르가 외교관계를 수립함에 따라 파라과이도 대중국 정책을 수정할 기회가 있었지만, 카르테스(Cartes) 정부는 2018년 8월 대통령 임기가 끝날 때까지 대만과의 관계를 지속해 갔다.

중국 정부의 분류에 따르면 아르헨티나는 '포괄적 전략동반자(comprehensive strategic partner)'이고 우루과이는 '전략적 파트너(strategic partner)'이다. 이 글에서는 국가평등 원칙에 어긋난다는 이유로 이러한 계층화를 비판하긴 했지만, 개발 분야 및 상호 작용 수준과 관련된 이러한 관계 범주 간에는 분명한 차이가 존재한다. 파라과이는 이 범주에 속하지는 않지만, 중국과 대만의 전략적 국가이다. 중국에 있어 파라과이와 관계를 맺는다는 것은 남아메리카에서 대만의 공식적인 정치적 영향력을 제거한다는 것을 의미한다. 한편 대만은 파라과이와의 관계를 통해 아메리카 대륙에서 공식적인 지원기반을 지속해서 유지할 수 있다.

세 국가에서의 중국의 입지는 계속 확대되어 가고 있다. 가장 큰 영향력은 아르헨티나에서 나타나는데, 수출, 투자, 대출, 통화스와프, 이민자 수, 말비나스 문제 지원, 중국이 아르헨티나 남부에 건설한 심우주정거장 등을 통해 영향력을 행사하고 있다. 아르헨티나와 우루과이 정부는 인권과 관련하여 중국을 지지하고 대만에 맞서 중국이 행사하는 국제적 고립 역량을 제공한다. 우루과이가 중국과 자유무역협정을 체결하려는 의도는 중국의 글로벌 자유무역정책과 일치하지만, 아르헨티나가 대두 부산물을 중국에 수출하려고 하는 것은 중국의 보호무역주의를 재등장시켰다. 우루과이는 아르헨티나와 달리 수출증가의 혜택을 누리고 있다. 아르헨티나에서 '철도 외교'가 성공을 거두자, 중국은 우루과이에도 비슷한 협정을 제안했다. 그러나 중국경제의 성장과 현대화로 인한 모든 분야에 있어서 힘의 비대칭성은 증가했다. 위에서 언급한 바와 같이 중남미에 대한 중국 영향력의 증가는 중국 정부에 현시점 중국의 관심이 집중되어 있는 동아시아를 둘러싼 미국과의 외교 게임에서 사용할 수 있는 더 많은 카드를 쥐어준다.

이론적으로 중심-주변 모델은 원자재를 수출하는 국가에 불리하다. 그러나 남아메리카에서 이 모델을 적용한 결과, 승자(브라질과 칠레)에서부터 무역균형 국가(우루과이), 중국-메르코수르 관계의 무역 중개 국가(파라과이) 그리고 패자(아르헨티나)에 이르기까지 국가마다 다른 결과가 나타났다. 즉, 동일한 모델이지만 다른 결과가 나왔다는 것이다.

분석 대상 기간을 통해 무역 분야에서는 다음과 같은 결과를 확인할 수 있었다. (1) 중국, 파라과이, 우루과이 간의 총무역은 급격히 증가했으나, 아르헨티나의 경우에는 훨씬 적게 나타났다; (2) 3개국의 수출은 일부 품목(대두, 셀룰로스, 소고기, 휘발유 원유)에 집중되어 있고 수입은 다양한 공산품에 분산되어 있다; (3) 공식 통계 데이터가 다르고 달러 환율 격차가 크다; (4) 파라과이의 경우 홍콩으로의 수출이 중국과 대만으로의 수출을 초과했다; (5) 세 국가 모두 중국과의 무역에서 적자를 기록하고 있지만, 적자의 성격이 다르다; (6) 아르헨티나와 파라과이는 연구 기간 동안 만성적인 적자를 기록했지만 우루과이는 2012년부터 흑자를 기록했다; (7) 아르헨티나는 막대한 양의 달러를 중국에 송금했으며 통화스와프 계약과 인프라 대출을 통해 중국에의 대외부채가 생겨났다; (8) 파라과이는 중국 제품을 브라질과 아르헨티나로 재수출하는 무역중개국이기 때문에 예외적이다. 그러나 이러한 중국 제품 중 일부는 파라과이에서 판매되고 있으며 현지 기업가들에게 영향을 미친다.

투자 분야에서 (1) 아르헨티나가 3개국 중 가장 많은 FDI를 받았으며, 이는 중국 공식 데이터에 따르면 태평양동맹의 모든 회원국을 합친 것과 같은 수준이다; (2) 우루과이는 지난 10년간 이 지역에 대한 중국의 투자를 활용하지 않았으며, 우루과이와 중국 양측의 기록에 따르면 우루과이에 대한 중국의 투자는 거의 없다; (3) 파라과이는 2006년 이후 대만, 2013년 이후 중국으로부터 투자를 받지 않았다; (4) 중국과 3개국의 FDI 관련 공식 통계는 일치하지 않으며, 우루과이 공식 통계에는 일부 FDI가 기밀정보로 포함되어 있다; (5) 조세회피처를 통해 아르헨티나와 우루과이에 중국 투자가 유입된 것은 사실이나, 그 금액과 어떤 경로가 사용되어 있는지는 확인할 수 없다; (6) 아르헨티나는 인프라 프로젝트 및 통화스와프를 통한 대출의 혜택을 받아왔으며, 이는 위에서 언급한 두 조세회피처를 제외하고, (브라질과 베네수엘라와 함께) 중국의 중남미에 대한 자본 수출의 주된 부분을 차지한다; (7) 파라과이는 기부 및 프로젝트를 통해 대만으로부터 상당한 국제원조를 받고 있다; (8) 우루과이는 중국과의 FTA 체결을 통해 투자가 증가할 것이라고 가정했지만, 실제 칠레 등 중국과 FTA를 체결한 국가의 사례에서는 이러한 가정에 대한 과학적 근거는 존재하지 않는다.

아르헨티나에 거주하는 중국인 수의 큰 증가를 포함하여 중국에서 세 국가로의 이주의 추세는 계속되고 있다. 세 국가의 인구조사 수치는 실제 세 국가에 거주하는 중국인 수와 일치하지 않으며, 공식 인구조사보다 높은 수치를 보이는 비공식 추정치들이 있다. 2016년 말까지 아르헨티나에는 18만 명의 중국인, 우루과이에는 300명의 중국인, 파라과이에는 5,000명의 대만인이 거주하고 있었다는 여러 추정치가 있다. 따라서 아르헨티나에 거주하는 중국인 수와 파라과이 및 우루과이에 거주하는 중국인 수 사이에는 큰 차이가 있다. 가족 재결합, 임시 이민, 종교적 이유, 불법 이민 등 다양한 요인이 아르헨티나에 거주하는 중국인의 수를 증가시켰다. 아르헨티나와 중국 양국 간 이민 외교 의제는 두 가지 문제가 지배하고 있다. 중국 정부는 아르헨티나에 거주하는 중국인을 보호하고 그들의 이익을 지키고자 하며, 아르헨티나 정부는 불법 이민자 인신매매와 변칙적인 이민에 맞서 싸우고 있다.

마지막으로 남아메리카 3개국의 현대화를 위해 중국과의 관계가 매우 중요하다는 것은 분명하다. 중국의 현대화로 인해 중국과 남아메리카 세 국가 간의 비대칭성이 확대되었고, 무역 교류는 중심-주변적으로 이루어졌다. 농업 부산물에 대한 중국의 보호 무역 주의는 무역 상호 보완성을 중단시켰다. 이와 관련하여 미ㆍ중 '무역전쟁'을 다자주의 체제의 포기로 이야기할 때, 아르헨티나, 파라과이, 우루과이 등의 농산물을 수출하는 개발도상국의 입장에서 다자주의 체제는 이미 오래전 중국, 프랑스 등의 강대국에 의해서 포기되었었다는 점에 주목해야 한다. 이제 다양한 국제포럼에서 이 문제를 해결해야 할 시점이다.

주

1   가톨릭 신자는 우루과이(52%)보다 아르헨티나(92%)와 파라과이(89%)에 더 많이 있다. 지난 10년 동안 가톨릭 신자의 수는 감소하고 개신교 및 기타 종교 신자 수는 증가했다. 그러나 2013년 3월 중남미 출신의 교황이 즉위하면서 이 지역의 가톨릭교회가 좀 더 강화되었다.

2   2010년 아르헨티나 인구조사에서 자신을 원주민 또는 원주민의 후손으로 간주하는 사람들의 수는 955,322명으로 국가 전체 인구의 약 2.38%를 차지했다. 파라과이 통계청과 제3차 원주민 인구 및 주택 총조사(2013)에 따르면 2012년 원주민 인구는 112,848명으로 전체 인구의 1.69%에 해당하며 공식적으로 6,672,631명으로 추산된다. 2011년 우루과이의 인구조사에 따르면 총인구는 3,251,654명으로, 이 중 159,319명이 원주민 혈통이고 15,412명이 아시아계 혈통이다.

3   이 장에서는 민주주의 체제를 공고히 하기 위해서는 최소 두 번의 연속적인 정치적 교체가 있어야 한다는 헌팅턴(Huntington)의 기준을 따른다(Huntington, 1994: 239).

4   남-북 관계와 중심-주변 구조의 차이점을 명확히 할 필요가 있다. 첫 번째는 국제 시스템, 특히 경제 분야(선진 북부의 중국, 미개발 남부의 아르헨티나, 파라과이, 우루과이)에서의 힘의 차이에 따른 국가의 위치를 나타내지만, 두 번째는 서로 다른 경제 구조 간의 무역 교류 구성을 나타낸다. 중국은 중심국가로서 이 세 국가에 제조업을 통한 공산품을 수출한다. 주변 경제로서 세 국가는 원자재 또는 1차 상품을 중국에 수출한다.

5   중남미에서는 아르헨티나, 브라질, 칠레, 멕시코, 페루가 대만에 무역 및 문화사무소를 운영하고 있다.

6   감비아 사례는 베이징과 타이베이의 이해관계를 명확하게 보여주는 사건이다. 2013년 11월 14일 감비아 공화국 정부는 대만과의 외교관계를 중단했고, 나흘 후 대만 당국 또한 외교관계를 중단했다. 중국 정부는 차이잉원이 대만 총통으로 취임한 후인 2016년 3월까지 감비아와 외교관계를 수립하지 않았다.

7   11월 19일 중국 외교부 대변인 친강(Qin Gang)은 2008년 이후 중국 본토가 5개국과의 외교관계 수립을 거부했다는 한 중국 연구원의 발언을 부인하지 않았다(Ministry of Foreign Affairs of People's Republic of China, 2013).

8   저자는 스페인어와 포르투갈어로 널리 사용되는 말비나스라는 용어를 아르헨티나 남쪽에 위치한 군도로 아르헨티나와 영국 간의 영유권 분쟁의 대상이 되는 지역의 이름으로 사용했다.

9   전략적 파트너십(strategic partnership)은 중국 외교관들이 서명한 국제문서에서 볼 수 있는 용어이다. 이 내부적 분류는 중국이 국익에 따라 국가를 여러 단계로 분류한 중국의 대외지향성을 나타낸다고 볼 수 있다. 2017년 1월까지 바이두(Baidu) 백과사전은 다음과 같이 분류했다: 포괄적 전략적 협력 동반자 관계(러시아), 전천후 전략적 협력 동반자 관계(파키스탄), 포괄적 전략적 협력 동반자 관계(베트남, 태국, 버마, 캄보디아, 라오스, 모잠비크, 콩고 브라자빌), 포괄적 전략적 협력 동반자 관계(영국, 이탈리아, 페루, 말레이시아, 스페인, 덴마크, 남아프리카공화국, 포르투갈, 인도네시아, 멕시코, 몽골, 아르헨티나, 베네수엘라, 브라질, 프랑스, 알제리, 벨라루스, 카자흐스탄, 그리스, 호주, 뉴질랜드, 이집트, 사우디아라비아, 이란, 세르비아, 폴란드, 우즈베키스탄, 칠레, 에콰도르), 전 차원적 전략적 협력 동반자 관계(독일), 전략적 협력 동반자 관계(한국, 인도, 스리랑카, 아프가니스탄), 전략적 파트너십(투르크메니스탄, 나이지리아, 캐나다, 타지키스탄, 키르기스스탄, 아일랜드, 우크라이나, 앙골라, 아랍에미리트, 카타르, 코스타리카, 요르단, 수단, 체코, 모로코, 우루과이), 포괄적 협력 파트너십(벨기에, 싱가포르), 포괄적 협력 파트너십(크로아티아, 네팔, 방글라데시, 루마니아, 네덜란드, 동티모르, 에티오피아, 탄자니아, 몰디브, 불가리아, 케냐), 우호 협력 파트너십(헝가리, 세네갈), 중요 협력 파트너십(피지), 새로운 협력 파트너십(핀란드), 혁신적 전략적 파트너십(스위스).

10   보안 문제협력을 위한 기본 협정(2016)의 목적은 "초국가적 조직범죄에 대해 가장 효과적인 조치를 취하는 것"이며, 여기에는 경제 범죄, 자금 세탁 및 관련 범죄도 언급되어 있다.

11   2016년 공안부는 총 1,576명의 외국인의 중국 거주를 허가했으며, 이는 전년 대비 163% 증가한 수치이다. 공개정보에 따르면 2004년부터 2013년까지 발급된 중국 영주권 총건수는 7,356건이며, 중국에 거주하는 외국인은 약 70만 명이다(Zheng, 2017).

12   중국어로 화교(huaqiao, 华侨)라고 불리는 해외 중국인은 중국 영토 밖에 사는 중국 시민을 뜻하지만, 중국어로 화인(huaren, 华人)이라고 불리는 중국인은 중국 국적은 아니지만, 그 태생은 중국인 사람들을 의미한다. 후자의 경우 해외 중국 대사관이 외교적 보호를 행사할 관할권이 없다.

참고문헌

ABC. (2008). Gobierno deja entrever que quiere relaciones con China continental. Asunción. Retrieved from http://www.abc.com.py/edicion-impresa/politica/gobierno-deja-entrever-que-quiere-relaciones-con-china-continental-1104561.html

América Economía. (2015). Paraguay realiza importaciones por US$3.000 millones desde China el año 2014. Retrieved from http://www.americaeconomia.com/economia-mercados/comercio/paraguay-realiza-importaciones-por-us3000-millones-desde-china-el-ano-201

百科百科, 全面战略伙伴关系, Baidu Encyclopedia. (2017). Comprehensive strategic partnership. Retrieved from http://baike.baidu.com/view/3302659.htm

Bobbio, N., Matteucci, N., & Pasquino, G. (1995). *Diccionario de Política* (p. XXI). Madrid: Siglo.

Central Bank of Argentina. (2008 – 2017). *Direct investments in resident companies*. Buenos Aires.

Central Bank of Paraguay. (1961 – 2017). *Boletín de Comercio Exterior*. Asunción.

Central Bank of Paraguay. (2008 – 2017). *FDI flow according to investor residence*. Asunción.

Central Bank of Uruguay. (2009 – 2017). *Position of foreign direct investments in the country*. Montevideo.

Chamber of Exporters of the Argentine Republic. (2016). *En Cont@cto China* 101.

Dangdai. (2016). Cálido homenaje a los 180 mil chinos de Argentina. Retrieved from http://dangdai.com.ar/joomla/index.php?option=com_content&view=article&id=6651:calido-homenaje-a-los-180-mil-chinos-de-argentina&catid=19:comunidad&Itemid=17

Dinatale, M. (2016). Yang Wanming: Estamos a la expectativa de que la economía argentina pueda recuperarse lo antes posible. Retrieved from http://www.lanacion.com.ar/1929960-yang-wanming-estamos-a-la-expectativa-de-que-la-economia-argentina-pueda-recuperarse-lo-antes-posible

El Cronista. (2011). Alerta en la industria brasileña por la triangulación de productos chinos desde Paraguay y Uruguay. Retrieved from http://www.cronista.com/valor/Alerta-en-la-industria-brasilena-por-la-triangulacion-de-productos-chinos-desde-Paraguay-y-Uruguay-20110511-0024.html

El Observador. (2011). Brasil cree que existe triangulación industrial con Uruguay. Retrieved January 17, 2017, from http://www.elobservador.com.uy/brasil-cree-que-existe-triangulacion-industrial-uruguay-n210654

El Universo. (2011). Brasil investiga 'triangulación' de importaciones chinas. Retrieved from http://www.eluniverso.com/2011/10/05/1/1361/brasil-investiga-triangulacion-importaciones-chinas.html

Framework Agreement for Cooperation in Security Matter Between the Ministry of Security of the Argentine Republic and the Ministry of Public Security of the People's Republic of China. (November 18, 2016). Buenos Aires.

General Directorate of Statistics of Paraguay. (2013). *Surveys and Censuses of Paraguay*. Paraguay. Evolution of Total Population. Period: 1950 – 2002. Projection 2012 and III National Census of Population and Housing for Indigenous Peoples.

General Directorate of Statistics, Surveys and Censuses of Paraguay. (2013). *Statistical Yearbook of Paraguay*. Asunción.

Huntington, S. P. (1994). *The third wave: Democratization in the late 20th century*. Barcelona: Paidós.

Huntington, S. P. (1997). *The clash of civilizations and the remaking of world order*. New York: Penguin

Book.

ICBC. (2017). *Industrial and Commercial Bank of China official website.* Retrieved from https://www.icbc.com.ar/institucional/institucional2.do?codTmst=1&N2=01%20ICBC%20Argentina

Inglehart, R., & Welzel, C. (2009, March – April). Development and democracy: What we know about modernization today. *Foreign Affairs.*

International Cooperation and Development Fund. (2017). *Completed projects and projects under implementation.* Paraguay. Retrieved from www.icdf.org.tw

Liu, G. (2009). Changing Chinese migration law: From restriction to relaxation. *Journal of International Migration and Integration*, 10, 311 – 333.

Ministerio de Relaciones Exteriores del Paraguay. (2017). Palacio Benigno López. Retrieved from http://www2.mre.gov.py/index.php/institucion/palacio-benigno-lopez

Najenson, J. H. (2011, November 16). China in Argentina: A belated debut. *Americas Quarterly.* Retrieved from https://www.americasquarterly.org/node/3088

National Institute of Statistics and Censuses. (2009 – 2018). *INDEC Informa.* Buenos Aires.

National Institute of Statistics and Censuses. (2010). *Argentina's national census.* Buenos Aires.

National Statistics Institute of Uruguay. (2011). 2011 Census. Anex 4: Population born abroad, by sex and large age groups, by country of birth. Montevideo.

Oviedo, E. D. (2009). La puja por el ascenso internacional: modernización autoritaria frente al desafío de modernizar en democracia. Pautas políticas chinas a tener en cuenta en América Latina. In the *IV Fórum Internacional de Sinologia: Pedra, Papel, Tesoura: Dinâmicas de Modernidade na China.* Lisboa.

Oviedo, E. D. (2010). *Historia de las relaciones internacionales entre Argentina y China.* Buenos Aires: Dunken.

Oviedo, E. D. (2015a). Modernization, political regime and foreign policy in Argentina, China and Taiwan. In E. D. Oviedo & D. Navarro (Eds.), *Argentina y sus relaciones con países del Este Asiático.* Mendoza: Aconcagua University Press.

Oviedo, E. D. (2015b). Argentina and China: An analysis of the actors in the soybean trade and the migratory flow. *Journal of Chinese Political Science*, 20, 243 – 266.

Oviedo, E. D. (2018). Chinese capital and Argentine political alternation: From dependence to autonomy? *Chinese Political Science Review*, 3, 270 – 296.

Raggio, A. (2018). Entre teros y dragones: el estado de las relaciones culturales entre Uruguay y China y su incidencia en el comercio. In S. Xu & E. D. Oviedo (Eds.), *Foro Internacional sobre Confucianismo.* Barcelona: Ediciones Bellaterra.

Sánchez, G. (2010, November 27). *La comunidad china en el país se duplicó en los últimos 5 años.* In D.

Clarín (Ed.), Buenos Aires.

Sarmiento, R. (2016). China financiará obras de infraestructura por U\$S 25,000 millones en Argentina. *Télam*. Retrieved from http://www.telam.com.ar/notas/201607/157164-china-argentina-diego-guelar.html

Silva, P. (2009). Vázquez ofreció productos por trenes a China. *El Observador*. Retrieved from http://www.cncs.com.uy/vazquez-ofrecio-a-china-productos-por-trenes/

Office of the Press Secretary of the White House. (2017). Readout of the president's call with President Xi Jinping of China. Retrieved from https://www.whitehouse.gov/the-press-office/2017/02/09/readout-presidents-call-president-xi-jinping-china

Última Hora. (2017). Cancillería destacará en un acto 60 años de relaciones con Taiwán. Asunción. Retrieved from http://www.ultimahora.com/cancilleria-destacara-un-acto-60-anos-relaciones-taiwan-n1092921.html

Uruguay Chamber of Industry. (2017). Retrieved from https://www.uniondeex-portadores.com/es/

World Bank. (2017). World Bank open data. Retrieved January 17, 2017, from http://data.worldbank.org

中华人民共和国商务部,《对外投资合作国别(地区)指南. 乌拉圭》北京2016年。Ministry of Commerce of the People's Republic of China. (2016). Guide to countries (regions) for Foreign Investment Cooperation: 'Uruguay'. Beijing.

中华人民共和国国家商务部, 国家统计局和国家外汇管理局, 中国对外直接投资统计公报, 北京, 2017年. Ministry of Commerce, National Bureau of Statistics and State Administration of Foreign Exchange of the People's Republic of China. (2017). *Statistical Bulletin of China's Outward Foreign Direct Investment*. Beijing.

中华人民共和国外交部, 2013年11月18日 外交部发言人秦刚主持例行记者会, 北京。Ministry of Foreign Affairs of People's Republic of China. (2013). *Foreign Ministry spokesperson Qin Gang's regular press conference on November 18, 2013*. Retrieved from http://www.fmprc.gov.cn/mfa_chn/fyrbt_602243/jzhsl_602247/t1100045.shtml

中华人民共和国外交部, 中国同乌拉圭的关系, 北京2017年。Ministry of Foreign Affairs of People's Republic of China. (2017). *Relations of China with Uruguay*. Retrieved from http://www.fmprc.gov.cn/web/gjhdq_676201/gj_676203/nmz_680924/1206_681192/sbgx_681196/

中华民国侨务委员会, 中华民国侨务统计年报, 2011年9月。Overseas Community Affairs Council. (2011). *Statistical yearbook of the Overseas Community Affairs Council*. Retrieved from http://www.ocac.gov.tw/OCAC/File/Attach/313/File_2430.pdf

中华民国侨务委员会, 巴拉圭华侨服务据点, 地区侨情简介, 2014年3月27日。Overseas Community Affairs Council, Paraguay Overseas Chinese Service Point. (2014). *Brief introduction of regional overseas Chinese situation*. Retrieved from http://www.ocac.gov.tw/OCAC/SubSites/Pages/

VDetail.aspx?site=cd50a4b7-d548-440c-ae33-465a05087e07&nodeid=1231&pid=5994

中华民国外交部, 中华民国八十九年外交年鉴。Ministry of Foreign Affairs of Republic of China. (2000). *The foreign relations yearbook 2000, Republic of China, Taipei*. Retrieved from http://multilingual.mofa.gov.tw/web/web_UTF-8/almanac/almanac2000/mofa_10.htm

全球台商服务网, 巴拉圭。投资环境简介, 2015年1月。Global Taiwanese Businessmen Service Network. (2015). *Paraguay. Introduction to investment environment*. Retrieved from http://www.twbusinessnet.com/countryPage.do?id=11&country=PY

正经君, 一年暴增163% 哪些外国人拿到了中国"绿卡"?, 观察者, 2017年2月8日。Zheng, J. J. (2017, February 8). What foreigners a year jumped 163 percentto get a Chinese green card. *The Observer*. Retrieved from http://www.guancha.cn/gczhengjing/2017_02_08_393105.shtml

제9장

중국과 중남미 경제발전 재론: 상이한 산업화 전략의 의도치 않은 결과

리 싱(Li Xing)*

서론

역사적으로 중남미 지역은 동아시아 및 중국의 신흥공업경제지역(NIEs, newly industrializing economies) 이전에 산업화 과정을 시작하였다. 그러나 경제적·사회적 발전의 모든 지표를 포함하여 후자의 경제성장이 중남미를 금세 추월하였다.

오늘날 글로벌 남반구(Global South)와 관련한 중국의 경제적 관계라는 주제는 가장 중요하고도 논쟁적인 이슈이다. 지난 세기 중국 경제는 급속하게 팽창하였으며 새롭게 출현한 이 권력의 구심점은 경제성장을 위해 에너지자원, 원자재, 그리고 시장을 찾아다니고 있다. 중국은 심각한 천연자원 부족을 해결하고, 세계 최대의 국내 인구의 요구를 충족시키며, 세계에서 가장 활기찬 경제

* Li Xing (*)
중국 가흥대학교(Jiaxing University of China)

덴마크 올보르대학교(Aalborg University) 정치사회학과, 개발 및 국제관계연구센터(Research Center on Development and International Relations)
e-mail: xing@cgs.aau.dk

© The Author(s) 2020
R. Bernal-Meza, Li Xing (eds.), 21세기 중국-중남미 관계, 국제정치경제시리즈
https://doi.org/10.1007/978-3-030-35614-9_9

를 부양하기 위해 개발전략을 세계화하고 다각화하는 것 외에 다른 선택의 여지가 없다. 아프리카 그리고 중남미 국가들은 중국의 "세계로(Go Global)" 전략의 자연스러운 구성요소이다.

2000년대 이래 중국-중남미 관계는 해마다 강화되어 왔지만, 또한 많은 논란과 문제에 직면해 왔다(Christensen & Becard, 2016). 중국과 중남미 무역은 천연자원과 상품으로부터 농산물에 이르기까지 급증해 왔다. 리카르도의 비교우위 관점에서 본다면 중국과 중남미 무역은 "무역의 천생연분(match made in trade heaven)"으로 간주된다(Skira, 2007). 중국은 천연자원과 새로운 수출시장을 원하는 한편 중남미는 인프라를 개발하고 사회프로그램을 제공할 수 있는 금융적 지원과 대출이 필요하다. 지난 십 년간 양자 무역이 20배나 증대됨에 따라 중국은 중남미 국가들에 있어 두 번째로 큰 무역파트너이자 세 번째로 큰 투자의 원천이 되었다. 거시적인 국제정치경제적 관점에서 볼 때, 중국의 세계적 부상과 중남미에 대한 지원으로 인해 중남미는 이 지역에서의 미국 헤게모니를 손상시키지 않으면서도 외부적인 경제적 · 정치적 관계를 다각화할 수 있었다. 중국의 경제적 역량 강화는 세기의 첫 10년 동안 중남미의 경제호황에 기여하였으며, 이 지역이 선호하는 국내외 정책을 수행할 수 있는 세계체제 내 운신의 폭의 확대에 기여하였다(Domínguez & de Castro, 2016).

중국과 브라질의 무역관계는 브라질에 있어 점점 더 중요해지고 있으며 특히 철광석과 대두와 같은 상품 수출로부터 브라질은 많은 이익을 얻고 있다. 1차 생산물에 대한 중국 수요의 급증과 세계 가격 상승으로부터 이익을 얻는 여타 많은 중남미 국가들 또한 비슷한 상황이다. 그러나 중국은 공산품을 수출하고 브라질은 원자재 상품을 수출함에 따라 "무역의 부등가교환(Unequal exchange of trade)"이라고 특징지을 수 있는 양국 간 경제관계의 뚜렷한 패턴도 나타나고 있다. 중국과의 무역관계가 브라질 수출의 "1차 산업화(primarization)"를 야기하고 경제의 "탈산업화"를 초래하여 브라질의 장기적인 경제발전에는 부정적 영향을 미친다는 많은 비판이 제기되고 있다.

　무역 흐름의 구성과 FDI 흐름의 균형뿐만 아니라 각각의 무역국에 대한 양자 무역의 상대적 중요성이라는 측면에서 중국과 중남미의 경제적 관계의 비대칭적 속성을 가만히 들여다볼 때 우리는 매우 어려운 질문에 직면하게 된다. 중국과 중남미를 어떻게 정의할 것인가? 이것은 남남 협력인가 아니면 북남 패턴인가? 이 관계는 모두에게 유리한 관계(win-win)인가 아니면 득실이 분명한 관계(win-lose)인가? 1960년대와 1970년대 중남미 종속이론가에 의해 다루어진 대부분의 중요한 문제, 예를 들어 "프레비시-싱어 테제(Prebish-Singer thesis)"와 "부등가교환" 등과 같은 문제들이 현재 중국과 중남미 무역형태에서 재생산되고 있는 것처럼 보인다. 일부 서방의 여론 형성층은 현재의 중국과 중남미 무역관계 형태가 이 지역의 경제적 발전을 촉진하지 못하고 있으며 고부가가치 수출로 중남미가 이동하는 것을 제한하고 있다고 주장한다(Atlantic Council, 2015). 따라서 중국의 "남-남 협력"과 "윈-윈" 등의 수사에도 불구하고 중국과 중남미 경제 관계는, 무역구조의 관점에서 또한 군사 · 전략적이고도 세계적 안보 측면에서도 북-남 관계로 정의되어야 한다(Bernal-Meza, 2016).

연구의 목적과 분석 명제

　위의 질문에 비추어 이 장의 목적은 오늘날 중국과 중남미의 경제적 관계에 대한 논쟁을 이해하기 위한 틀을 제공하는 것이다. 저자는 장 전반에 걸쳐 "논거"로 기능하는 세 개의 분석적 명제를 다음과 같이 제시하고자 한다.

1. 이 관계는 자원과 상품에 대한 중국 수요의 급증으로 인해 중국 경제가 확대됨에 따라 생겨난 "비교우위"의 결과로 파악할 수 있다. 즉 중국은 엄청난 양의 자원을 필요로 하고 여기에 기꺼이 좋은 가격을 지불할 용의가 있는 반면 중남미는 그러한 자원을 가지고 있고 그 가격에 만족한다. 전자는 세계 시장의 "세계 공장"인 반면 후자는 전자의 상품 공급자로서의 지위 덕택에 "상품호황"을 누린다. 그 결과 중국은 주로 공산품을 수출하는 한편 원자재 상품을 수입하기 때문에 양자 사이에 "부등가 교환"과 "1차 산업화"의 경향성을 중국과 중남미 무역데이터를 통해 알 수 있다. 세계의 제조업 제품의 점유율을 확대하고 글로벌 가치사슬(GVC)에서의 경쟁력을 향상시키고자 하는 중국의 수출성장전략과 중남미의 수입대체형 접근 방식 사이에는 상호 작용이 있다. "상품호황"으로부터 소득이 증가하던 시기를 구가하였음에도 불구하고 중남미는 "프레비시-싱어 테제"에서 설명하듯이 전 세계 상품 시장의 변동성에 취약하다.

2. 국가의 유형과 이들이 추구하는 산업화 전략 사이에는 상관관계가 있다. 달리 말해 수출 지향적 산업화 전략의 전제조건은 국가-시장-사회에 대한 특수한 전제들과 상관관계가 있다. 예를 들어 계획, 정책결정 및 수행에 있어 국가가 취하는 권위주의적이고 독립적인 역할, 규율되고 숙련된 노동력, 교육과 기술에 대한 막대한 투자, 강제된 사회 · 정치적 안정성, 국제 경쟁에 대한 개방 정도 등을 들 수 있다. 이러한 국가-시장-사회적 관계의 일부 정치적 · 사회적 측면은 중국에 있어 문화적 · 역사적 근원을 가지고

있다. 하지만 이러한 독특한 전제조건이 중남미와 브라질에서 재생산되고 복제될 수 있는가에 대해서는 알려져 있지 않다. 1990년대 이후 "메이드 인 차이나"의 세계적 부상은 핵심선진경제(북반구)와 반주변부 및 주변부 개발도상국(남반구) 양자에서 벌어진 두 가지 상응하는 "탈산업화" 과정에 의해 대외적으로 영향을 받았다. 차이점은 전자의 경우 탈산업화는 값 싼 노동력과 낮은 생산비용의 이점을 이용하기 위한 의도된 자본과 생산의 중국으로의 재배치였다. 이에 반해 후자의 탈산업화는 원자재 상품을 "메이드 인 차이나"에 판매함에 따라 생겨난 의도치 않은 "상품호황"에 의해 촉발되었다는 것이다. 다시 말해 북반구의 "탈산업화" 과정은 첨단기술 혁신산업으로 경쟁력을 이동하고 금융과 서비스 부문에서 "소프트 이코노미"의 점유율 확대를 염두에 둔 전략적 계획에 따른 것이다. 반면 남반구의 "탈산업화"는 대체로 상품가격의 상승으로 인한 "비교우위"의 결과물이다.

이론적으로 저자는 세계-체제 이론의 관점이 개별국가의 지정학적 · 지경학적인 위치와 이들의 산업화 전략과 관련하여 몇몇 가치 있는 분석의 기회를 제공함과 동시에 제약을 포함하고 있음을 주장한다. 한편으로 세계-체제 이론은 세계체제의 중심부, 반주변부, 주변부 등 세 가지 위계적 계층화가 개발도상국의 발전에 영향을 미친다고 가정한다. 왜냐하면 개발도상국의 상대적 자원, 그리고 기략과 이동성을 위한 여지는 세계체제의 구조적 불평등에 의해 제약되기 때문이다. 마찬가지로 중남미의 "종속이론학파"는 역사적으로 중남미의 경험에 기반하였다(Cardoso & Enzo, 1979; Frank, 1967). 중남미의 발전 문제는 민족적 발전 정책에 대한 정치적 · 경제적 · 문화적인 외부적 영향에 뿌리를 둔 역사적으로 독특한 문제로 간주되었다. 종속은 단순히 국가 간의 관계에만 나타나는 것은 아니다. 그것은 공통의 이해를 가진 국가 전체의 계급과 집단들 사이의 공고한 유대를 포함한다. 그러나 세계-체제 분석은 세계체제 내에서 상향 이동하여 혜택을 누리는 것을 가로막는 장애에 대처하는 하나의 방식으로서, 수입대체와 같은 민족적 전략을 통해 발전이 가능할 수 있다는 주장을 지지하지 않는다.

한편, 자본주의 세계체제는 또한 역동적 체제로 개념화되기도 한다. 여기에서는 세계적 자본 이동과 생산 재배치의 이점을 활용하여 체제의 구조적 형태 내에서 위치가 변경될 수 있다. 역사적으로 자본주의 세계경제 내의 노동 분업은 생산, 교환, 투자의 연쇄를 통해 상이한 지리적 영역을 가로질러 상품, 노동, 자본의 흐름을 야기하였다. 동아시아의 NIEs와 중국은 외부의 난기류에 취약함에도 불구하고 대외시장의 기회를 능숙하게 포착하여 국제적 가치사슬의 상승 경쟁에 합류했다. 그런데 수입대체산업화(ISI)를 추구하였던 중남미의 발전 경험에서 알 수 있듯이 이러한 전략은 이 지역을 기술적·금융적 종속으로부터 벗어나게 할 수는 없었다는 것을 보여준다. 수입대체전략은 세계적인 시장 경쟁에서 부등가교환의 효과를 줄이는 것을 목표로 했지만 동시에 중남미를 글로벌 가치사슬의 경쟁에서 떼어놓고자 했다. 이러한 방식이 산업화로의 상향 이동을 달성하는 하나의 경로로 간주되었다.

"중국의 발전 국가"와 수출지향 산업화

일본을 논외로 하고 동아시아 NIEs는 1960년대 이래 높은 경제성장률을 기록했다. 1970-80년대 내내 이 지역은 매년 대략 7% 내외의 경제성장률을 달성하였는데, 이는 세계의 나머지 지역의 평균 5%의 성장보다 훨씬 높은 것이었다. 이들 국가의 1인당 GDP는 1976년 1,000달러를 돌파하였고 1987년 명목

GDP 4,000달러로 증가하였다(Fukuchi & Kagami, 1990: 22). 이들 국가에서는 제조업 분야의 GDP 기여도가 점차적으로 증가하였다. 출산율의 하락, 교육 수준의 향상, 보다 부유해진 가계, 그리고 기대수명의 향상 등으로 인해 이 나라들의 인구학적 구조는 큰 격변을 겪었다.

대체로 이러한 서구세계 외부에서의 급격한 산업화의 첫 번째 성공적 사례에 대한 강한 호기심을 바탕으로 동아시아 신흥공업국(NICs)은 다양한 학계의 연구와 해석의 대상이 되었다. 세계은행은 『동아시아의 기적』(1993)이라는 특별한 연구보고서에 공을 들이기도 했다. 1980년대 이래 상이한 설명과 해석을 제시하는 수많은 연구들(Borthwick, 1992; Chan, 1990; Deyo, 1988; Wade, 1990)이 있었다. 이러한 전 세계적 관심은 아마도 부분적으로는 서구문화 밖의 첫 번째 성공적인 산업화에 대한 열정적인 관심에 기인한 것이며, 부분적으로는 NIEs가 종속이론과 세계-체제 이론에 의해 뒷받침되었던 세계체제의 중심-주변 구조에 대한 가정을 깨뜨린 드문 개발도상국의 사례를 보여주었기 때문이다.

수출지향(EOI) 성장에 있어서의 기러기 편대, 나는 기러기 떼 패턴(The Flying-Geese Pattern of EOI Growth)

1960-90년 시기 NIEs의 첫 세대인 일본과 이에 뒤이은 두 번째 세대인 한국, 대만, 홍콩 그리고 싱가포르 등이 수출주도성장 패러다임을 잇따라 채택하는 것을 목도하였다. 이들의 잇따른 경제적 성장에 뒤이어 3세대인 태국, 말레이시아 등이 그 뒤를 이었고 이후 중국이 역사적 전환기인 1980년대부터 수출주도성장 대열에 합류하였다. 동아시아 산업화의 이러한 독특한 현상은 "나는 기러기 떼" 패턴으로 묘사되었다.[1] 나는 기러기 떼의 배치는 정면의 층위에 일

본을 두고 이 지역에 있는 일군의 국가들이 여러 층위를 이루어 함께 비행하고 있음을 뜻한다(그림 9.1.). 각 층위는 다양한 국가의 상이한 경제적 발전단계를 보여준다. 나는 기러기 떼 모형은 정면의 층위로부터 후방 층위로 생산, 기술, 그리고 노하우가 전수되는 산업의 생애주기를 상징하는 동시에 무역과 투자의 생산주기(product cycle, PC)이론을 수반한다.

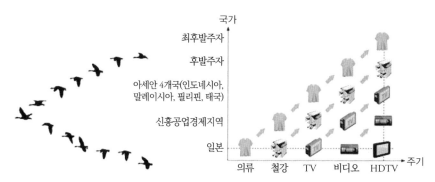

그림 9.1. 동아시아 경제적 관계에 대한 나는 기러기 떼 모형 (왼쪽은 저자가 직접 그린 것임, HKTDC Research, 2012: 7)

EOI는 한 국가가 경쟁적 우위를 가지는 공업지대 내에서 제조된 상품을 수출하는 것을 통해 산업화 과정을 촉진하는 것을 목적으로 하는 무역 · 경제 정책 또는 발전전략을 지칭한다. 수출지향 성장은 타국의 시장에 접근하는 것과 자국 시장을 해외 경쟁에 개방하는 것을 의미한다. EOI는 역외지향적 전략인데, 이는 수출 지향적 산업에 자원과 노동을 배치하는 것을 고무하는 것을 통해 국제무역에 참여하는 것을 강조한다. EOI 전략의 몇몇 주요한 특징은 다음과 같이 요약할 수 있다. (1) 수출 보조금과 같은 정책 조치를 통한 수출 촉진의 강조, (2) 기술형성에 따른 노동력의 교육과 훈련, (3) 수출 촉진을 위한 고급 기술 및 세금 우대의 적용.

EOI 전략은 비용이 전혀 들지 않는 전략이 아니며 오히려 그것은 외적 내적 전제조건에 의존한다. 우선 EOI 성장은 생산품에 대한 수요가 존재하는 해외시장에 의존한다. 다음으로 국내의 생산 및 금융적 기반은 해외 시장의 요구에 맞추어 구축되어야 하고 따라서 국내의 선결과제는 등한시된다. 셋째, 전 세계적 수출 시장의 경쟁을 위한 상대적 우위의 결정적 요인 중 하나는 가격이다. 값싼 제품은 싼 노동력과 인간적 착취 그리고 임금 억제를 의미한다. 앞서 언급한 것과 마찬가지로 중요한 마지막 사항은, 전 세계적 수출 시장은 때때로 수출 시장의 변동성에서 기인한 취약성에 노출된다. 세계경제의 중심 선진국에서 발생한 2008년 세계적 위기는 수출주도 성장에 대한 과잉의존이란 측면에서 EOI 국가들이 직면한 지속가능성이라는 문제를 보여주었다.

중국의 발전국가: 국가–시장의 배태성

동아시아의 경제적 성공의 또 다른 주목할 만한 특징은 EOI 성장모델과 이와 관련된 국가 유형, 즉 발전국가와의 상관관계이다. 마찬가지로 중국의 경제적 성공은 동아시아의 경제적 발전 패러다임의 핵심적 특징을 참조하여 설명될 수 있는데, 찰머 존슨(Chalmers Johnson)은 이를 "자본주의 발전국가"라고 칭하였다(Johnson, 1982, 1995). "따라잡기" 전략은 동아시아의 경험에서 명확하게 확인할 수 있다. 여기에는 강한 권위주의적 지도력의 구축과 엘리트 관료주의, 발전지향 정책의 추구와 더불어 시장 통제에 있어 국가의 직접 역할을 포함한다. Evans(1995), Haggard(1990), Wade(1990), Weiss and Hobson(1995), Woo-Cumings(1999)처럼 1990년대 동아시아의 신흥공업국과 관련된 수많은 연구들이 있다. 이 논문들이 제시하는 설명과 해석들에 따르면 지난 30년간 중국의 경제적 성공은 동아시아의 발전경로를 재생산한 것으로 이해될 수 있다. 동아시아의 발전경로는 발전친화적인 강한 국가에 의해 발전이 주도된다고 할 수 있는데 여기서 국가의 역할은 광범위한 경제적 근대화를 추구하기 위하여 민족적 합의를 형성하고 전반적인 정치적·거시 경제적 안정성을 유지하는 것이다. 과거 동아시아의 발전 국가와 몇 가지 독특한 특징을 공유하는 중국의 발전국가(Chinese developmental state, CDS)는 독특한 국가-시장-사회의 관계에 의해 형성된 "배태된" 경제적 성공을 일구어낼 수 있었다. 그 특징은 아래와 같다.

1. 중국의 발전국가(CDS)는 경제 발전을 국가의 가장 최우선적 목표로 간주한다. CDS는 경제성장을 촉진하고 사회·정치적 안정을 유지하는 노력을 기울이는 한편 성장과 분배 사이의 관리 가능한 균형을 유지하여 자본주의적 축적과 계급/분야별 착취 사이의 위기를 예방한다. CDS는 경제발전을 조율하고 장기적인 경제 성장과 기술적 현대화를 육성, 지도 및 보장하기 위해 능동적인 역할을 수행한다. 중국의 발전국가는 재정적 자원을 동원하고 산업 정책을 실행함에 있어 필수불가결한 행위자이다.

2. 중국의 발전국가는 전 세계를 지향하고, 다양한 발전 전략을 추구하기 위해 이데올로기에서 벗어난 정책에서 벗어난 국가발전 계획과 목표를 설계한다. CDS는 해외의 아이디어와 사례를 채택하는 방법, 시기, 장소에 대한 자신의 고유한 정책결정 권한을 포기하지 않으면서 전 세계적인 발전 경험을 배우고 흡수하려는 열망을 가지고 있다. 심지어 중국 국가는 금융 분야를 자유화하라는 국제적인 압력에 직면해서도 경제에 대한 금융적 통제에 있어 능동적이고 지도적인 역할을 수행하고자 한다.

3. 중국의 발전국가는 전 세계적 시장을 대상으로 하는 생산력과 노동시장의 인프라를 구축하여 장기적으로 수출 중심의 경제 성장이 지속 가능하

게 하고자 한다. 국가적 교육 및 연구체계 또한 경제성장과 해외시장에 기여하도록 형성한다.

4. 중국의 발전국가는 거시적인 국가계획과 목표들을 가지고 국가 주도의 산업 정책을 구상한다. 체제를 관리하고 의사 결정을 내릴 수 있는 관료엘리트를 인정하고 이들에게 권한을 부여함으로써 다양한 이해관계자들의 정치적 영향을 받지 않으며 따라서 전문적이고 독립적으로 기능할 수 있다. 중국발전국가의 경제적 정책 형성과정에는 정책 조정을 통해 시장의 신호에 정확히 대응하기 위한 정부와 기업 간의 긴밀한 협력을 포함한다.

5. 중국의 발전국가는 자유시장에서의 거래가 경쟁력 있는 승자를 선정하거나 일부 산업/부문을 다른 분야보다 우선시하기 위해서는 명시적인 "전문적 지침"과 "정책금융(directed credit)"이 필요하다고 믿는다. 국가와 민간부문은 공동의 경제 목표를 추구하기 위해 협력하도록 권장된다. 정부는 기업을 규제할 뿐만 아니라 간접비 및 여타 우대 정책을 또한 지원한다. 기업은 정부가 사회적·경제적 목표를 달성하는 것을 지원하는 한편, 국가는 전략적 민간 기업을 대상으로 투자하도록 유도한다.

6. 중국의 발전국가는 자유주의 이념이 국가적 합의를 방해하는 것을 허락하지 않으며 정치적 다원주의 패러다임이 국가의 발전 목표에 도전하는 것을 허용하지 않는다. 중국의 발전국가는 서구식 민주주의가 반드시 경제적·사회적 발전을 가져다주는 정치체제라고 인식하지 않는다. 중국의 발전국가는 초기 발전단계에서 국가에 필요한 것은 민주주의와 개인의 권리보다는 규율과 각고의 노력이라고 믿는다.

중국의 발전국가는 외부에서 복제할 수 있을까?

그러나 일반적으로 동아시아, 특히 중국에서의 EOI 산업화에 대한 성공신화는 수많은 상호 연관된 내적·외적 요인의 상호 작용의 결과라는 점을 지적해야만 한다. 이처럼 역사적으로 독특한 경험은 다른 곳에서 복제하거나 모방할 수 없다. 동아시아 사례에서는 미국의 안보 우산, 우호적인 국제환경, 해외의 지원 및 직접투자와 같은 **외부적 요인**의 시너지 효과와 국가의 역할, 저렴한 노동력, 수출주도형 발전 정책, 교육의 역할 및 문화적 측면과 같은 **내부적 요인**의 상호 작용이 이러한 성공을 가져왔다. 이 가운데 어느 한 가지 요인이라도 무시하게 된다면 이들의 성공에 대한 설명이 약하고 불완전해질 수 있다.

중국의 경우 1970년대 말부터 1980년대까지 경제개혁 초기에는 다른 무엇보다 지정학적 요인이 수출기반의 경제성장이 가능할 수 있는 우호적인 국제적 조건을 제공하였다. 미국이 소련에 대항한 동맹의 일환으로 중국에 자국의 시장을 개방하려 했던 것이 이 시기였다. 따라서 중국의 경제적 성공은 마오 사후 사회·정치적 안정의 재확립, 오랜 정치적 혼란기와 경제적 침체 이후의 개혁과 경제발전에 대한 국가적 열망과 같은 내부적 요인과 외부적 요인이 결합된 효과로 이해되어야 한다.

해외 중국인 디아스포라의 역할은 1980-90년대에 중국의 경제적 도약에 기여한 또 다른 독특한 '중국적 현상'이었다. 다른 어떤 국가의 디아스포라보다 경제력이 큰 화교 디아스포라는 1970년대 말 중국이 경제개혁을 시작한 이래 중국을 다른 지역 및 세계와 연결하며 중국 경제성장의 주요 경제적·기술적 토대 중 하나였다는 데 공감대가 형성되어 있다. 중국인 디아스포라가 기여한 해외 송금 및 투자는 중국에 대한 전 세계적 투자의 상당 부분을 차지했다. 중국 디아스포라는 중국의 경제 부상뿐 아니라 지역적 차원과 글로벌한 차원의 경제에 중국이 보다 긴밀히 통합됨에 있어 필수적 요인이었다고 주장한다 해도 결코 과언이 아니다.

　중국과 동아시아 신흥 산업 경제(NIEs)의 공통점은 EOI 성장 전략이 상승할 수 있는 기회의 문을 열었다는 것이다. EOI 성장 전략을 통한 해외 기술의 획득과 수용 및 혁신은 이들 국가가 저부가가치 산업제품에서 고부가가치 산업제품으로 이동하는 데 있어 필수적인 역할을 하였다. 일본, NIEs, 그리고 중국의 성공 대부분은 외국 기술을 획득하는 것을 장려하고 경쟁자들보다 보다 효율적으로 이를 구현하거나 개선할 수 있는 이들 국가의 능력에서 기인한다고 할 수 있다. 그리고 기술을 획득하고 개발하는 이들의 능력 또한 외국인 직접투자(FDI)가 뒷받침한다.

　오늘날 중국의 경제적 성공에 고무되어 점점 더 많은 개발도상국이 중국식 탑-다운 방식의 국가주도적이며 개입주의적인 발전 경로를 따르려고 시도하고 있다. 하지만 그들은 중국의 성공을 뒷받침하는 중요한 문화적 · 역사적 종별성에 대해 신중하게 고려해야 한다. 위에서 묘사한 내부성과 외부성과는 별도로 그대로 따라 할 수 없는 또 다른 핵심적 종별성은 중국적 특성을 지닌 사회정치적 · 사회경제적 "배태성"이다(Li, 2016). "배태성"이라는 이 개념은 중국의 문화적 · 정치적 고유성이 어떻게 경제 활동에 영향을 미치며, 다양한 형태의 재산 및 사업 소유권과 더불어 고객기반(clientele-based)의 사회 · 경제적 관계의 전통적 문화를 반영하는 자신만의 차별적인 제도적 형태를 형성하였는지 설명한다. 이러한 독특함이 시장화와 상품화의 탈구축적(dis-embedded) 힘이 사회문화적 · 정치적 구조의 배태된(embedded) 힘과 어떻게 균형을 이루는지를 설명한다.

중남미 구조주의와 수입대체산업화

중남미의 구조주의는 1950년대 이래 경제발전 이론과 정책에 대한 논쟁에 있어 중심적 역할을 해 왔다. 라울 프레비시(Raúl Prebisch, 1950)는 장기적인 역사적 맥락에서 구조주의의 궤적을 연구하였다. 그는 국제적 무역에 대한 그의 아이디어와 경제적 분석을 수행함에 있어 (전형적인) 구조적 특징을 고려하는 것의 중요성으로 인해 널리 알려졌다. 프레비시는 경제학의 순수 이론적 측면을 무역의 실제적 관행 그리고 무역기구와 협정의 기초가 되는 권력 구조를 분리하였다. 그는 세계를 경제적으로 산업화된 "중심"(미국과 유럽)과 "주변"(1차 상품의 생산국)으로 구분하였다. 프레비시-싱어 가설(또는 프레비시-싱어 명제)은 1차 상품의 가격이 장기적으로 제조업 상품의 가격에 비해 하락하며 이는 1차 상품 기반 경제의 교역 조건을 악화시킨다고 주장하였다. 그 가설은 다음과 같은 관찰에 기반한다. (1) 제조업 상품은 1차 생산품 특히 식료품과 같은 제품보다 수요의 소득 탄력성이 훨씬 크다. (2) 1차 생산품의 수요의 가격 탄력성이 낮다는 사실에 더하여 소득이 증가함에 따라 제조업 제품의 수요는 1차 제품의 수요보다 훨씬 빠르게 증가한다. 이는 1차 생산품의 가격 하락을 가져온다. 프레비시는 구조에 대한 이해를 강조하였는데, 이는 다시 말해 자본주의 세계체제에 내재된 구조적 특징으로서의 경제적 불평등과 왜곡된 발전에 대한 이해의 중요성을 강조한 것이다.

초기 구조주의의 옹호자들은 개발도상국이 선진국과 가지는 의존적 관계와 생산적 구조에서 발생하는 내부적이고 외부적인 불균형을 강조하였다. 구조주의의 개념화와 그 바탕에 깔린 "내부적 발전"의 아이디어가 ISI 산업화 전략의 길을 열었다.

수입대체산업화

수입대체산업화의 근거는 프레비시-싱어 가설과 위에서 언급한 구조주의적 사고에서 파생된 전략의 일종이다. ISI에 대한 개념은 라울 프레비시(Raúl Prebisch, 1950), 한스 싱어(Hans Singer, 1949, 1998), 셀소 푸르타도(Celso Furtado, 1963, 1964, 1965), 그리고 여타 구조주의 경제 사상가들의 저서에서 드러나는데, 이들은 무역 조건의 악화 현상에 대응하기 위해 공산품의 수입을 줄이기 위한 생산수단의 조달을 제안하였다. 그들은 라틴아메리카·카리브 유엔경제위원회(UNECLAC 또는 CEPAL)의 창설과 함께 명성을 얻었다. 이 경제적 프레임워크를 개발한 사상가들과 이론가들은 국가 주도의 중앙 계획형 경제발전에 대한 공통된 믿음을 공유하고 있었다(Renato, 1986). 이러한 맥락에서 "중남미 구조주의"라는 용어는 1950년대부터 1980년대까지 많은 중남미 국가에서 수입대체 산업화의 시기를 또한 지칭한다. 중남미 구조주의를 평가하기 위해서는 자본주의 세계경제의 동적 구조를 이해하는 능력을 가늠하는 것이 요구된다. 반면 국내의 경제적 제약과 단기적인 정책 문제에 대한 이들의 접근 방식은 종종 비판의 대상이 되었다. 1970년대 후반 잠시 어둠 속에 있었으나 오늘날 중남미 구조주의는 효과적인 발전전략보다는 발전문제를 이해하는 데 있어 필수적인 수단이 되고 있다.

수입대체산업화(ISI)는 한 국가의 경제적 대외 의존성을 감소시킴으로써 신속한 산업화를 촉진하고자 하는 무역 및 경제 정책이다. 국내 생산을 장려하기 위해 외국상품에 대해 높은 장벽을 설치하는 한편 내부 시장 구축을 통해 발전과 자급자족을 창출하겠다는 취지이다. 국가는 비교우위를 획득할 것이라고 합리적으로 기대할 수 있는 초기 단계의 산업 또는 산업 분야를 보호해야만 한다. 많은 중남미 국가가 보다 자급자족적이며 적대적 무역 조건에 덜 취약해지는 것을 목표를 가지고 ISI 정책을 시행하였다. ISI 정책은 국유화, 필수 산업(농업, 전력 생산 등)에 대한 보조금 지급, 증세, 그리고 고도의 보호주의 무역 정책을 통해 국가가 경제발전을 주도하는 것을 통해 작동한다(Street & James, 1982). 국가는 관세, 수입 할당제 및 보조금을 활용하여 수입대체 산업을 촉진하고 보호한다.

이상적으로 말하면 ISI 전략은 이들 국가가 외부의 완제품에 덜 의존하게 하는 것을 목적으로 할 뿐만 아니라 산업화를 통해 자국의 경제를 건설하는 것을 목표로 한다. ISI 전략은 자국의 민족경제를 건설하고 국내 일자리를 공급할 수 있도록 생산 분야에 있어 자급자족적 경제를 제공하리라 기대된다. 논리적으로 ISI 전략은 상품의 가격에 대한 외부 충격과 국제무역조건의 악화로부터 이들 국가를 보호할 수 있다. 달리 말해 국내고용의 증가와 회복탄력성은 경제 침체와 불황과 같은 전 세계적 경제충격의 영향을 줄여줄 것이다.

세계체제적 관점에서 본 EOI 대 ISI 성장 모형

EOI와 ISI의 중요한 차이 중 하나는 발전에 대한 접근 방식의 차이이다. 전자는 산업화를 시장과 기술을 통제하는 자본주의 세계질서의 중심부와 긴밀히 연결하는 반면, 후자는 중심부와의 연결을 끊거나 줄임으로써 의존적 관계를 해체하려고 시도한다. 동아시아의 NICs의 경우, 미국 주도의 전후 세계질서에 있어 이들을 필수적인 위치로 만든 지정학적 · 지경학적 중요성이 이미 이들 국가와 중심부와의 분리 불가능한 연계의 당위성을 결정지었다. 아마도 이것이 이들 국가의 EOI 전략에 깔린 역사적 전제이자 필수조건이었다. 본 장의 앞부분에서 지적했듯이 동아시아 EOI 전략은 외국인 투자와 기술의 이동을 포함한 세계경제의 변화에 민감하게 반응하였다.

월러스틴(Wallerstein, 1974, 1979, 1997, 2004)에 의해 개발된 세계-체제 이론은 근대 자본주의 세계체제의 성장과 관련된 역사적 진화와 변화를 이해할 수 있는 폭넓은 이론적 관점을 제공한다. 이 체제는 긴 역사적 스펙트럼에 걸쳐 확장되었고, 세계의 각기 다른 지역을 노동 분업으로 이끌었고 경제적인 중심-반주변-주변이라는 영구적 상태를 형성하였다. 하나의 세계시장 내에서의 단일한 노동 분업이라는 조건하에서 주권국가와 복수의 문화적 체계로 구성된 정치적 구조가 국가 간 체계라는 틀 내에서 상호 작용한다(1974). 세계체제는 세계적 자본 이동과 생산의 재배치의 이점을 활용하여 체계의 구조적 형태 내의 위치 변경이 가능한 동적 체제로 개념화할 수 있다. 역사적으로 자본주의 세계경제 내에서의 노동 분업은 생산, 교환, 투자의 연쇄를 통해 상이한 지리적 영역을 가로지르는 상품, 노동, 자본의 흐름을 야기하고 그 결과를 가져왔다.

월러스틴에게 있어 자본주의 세계경제는 그 내부에서 변화가 일어날 가능성이 제한된 경직된 체제이다. 월러스틴이 역사적으로 몇몇 국가들이 세계경제의 위계 내에서 자신의 위치를 상승시킬 수 있다고 인정함에도 불구하고 이것이 근본적으로 체제 내에 배태된 불평등한 성격을 근본적으로 바꾸지는 않는다(Wallerstein, 1975: 24). 이러한 이해에 따르면 중남미는 "월러스틴이 세계경제 내에서 상향 이동할 수 있는 가능한 수단이라고 주장하는, 수입대체산업화 그리고 1차/2차 수출 산업화 모두 효과가 없었다"(Grell-Brisk, 2017: 3). 자족적인 민족경제를 발전시키려는 ISI의 목적은 쉬운 일이 아니다. 산업적 역량은 대규모의 기술투자, 혁신, 오류, 그리고 국제적 경제행위자들과의 끊임없는 경쟁에서의 승리를 포함한다. 마지막에 언급된 국제적 경쟁자의 다수는 해당 제품의 개발에 있어 수십 년간의 경험과 지식을 가지고 있을 것이다(Bruton, 1989). ISI의 보호주의 정책은 겉보기에는 혹독한 세계적 경쟁으로부터 보호

받고 있으나 비교우위와 전문화로 이어지지는 않는다. ISI 전략의 결함에 대해 Sanderatne는 다음과 같이 요약한다.

> 수출대체산업은 국제적 경쟁에 노출되지 않기 때문에 비효율적이고 쓸모없는 제품을 생산한다. 다른 단점으로는 비효율성을 촉진하여 세계 GDP가 감소하고 국제적으로 실업이 증대될 수 있다. 수입대체정책을 채택한 국가들은 교역 및 지불의 균형과 관련된 만성적 문제 등과 같이 수많은 영향에 직면하였다. 수입대체가 세계무역에 대한 의존도를 줄이기 위한 것이었지만 여전히 원자재, 기계 및 예비 부품을 수입할 필요가 있었다. 어떤 국가가 산업화가 되면 될수록 이러한 수입품이 더 많이 필요하며 수입대체 산업화는 결과적으로 강한 수출편향성을 가지게 되었다(Sanderatne, 2011).

글로벌 가치사슬(GVCs)에 있어서의 경쟁

가치사슬은 "제품/상품 또는 서비스를 구상에서 최종적 사용과 그 이상에 이르기까지 기업과 노동자들이 벌이는 전체 활동 전부"로 묘사된다. 여기에는 디자인, 생산, 마케팅, 유통 및 최종소비자에 대한 지원과 같은 활동이 포함된다(GVC *Initiative*, 2016). GVC는 글로벌 공급사슬(global supply chains, GSCs)과 연결되어 있으며, 이는 "제조 및 유통과 관련된 단계"를 강조한다(GVC *Initiative*, 2016). GSCs에는 제품과 서비스 및 이들의 세계적 공급, 유통, 판매 활동과 관련된 인적 자원과 활동이 포함된다. 가치사슬은 특정한 지리적 위치 이내로 한정될 수 있는 반면 글로벌 가치사슬은 복수의 경제주체가 복수의 지리적 공간을 가로질러 참여함을 의미한다. GVCs에 대한 지식은 수출을 발전을 위한 수단으로 활용하여 각 산업 부문이 경제 발전에 기여할 수 있는 역할을 이해하는 데 도움을 준다. 또한 이는 고용창출, 기술 개발, 산업의 지리적 다각화 및 기타 발전과 관련된 이슈에 대해 산업 부문이 어떻게 대응하는가에 대한 분석을 제공한다.

GVC 분석은 국가적 생산방식을 글로벌 가치사슬 내에 위치시키는 것의 중요성을 강조한다. 수출지향 경제는 세계경제와의 보다 밀접한 통합을 선택하고 경제 활동에 있어 국제무역의 비중이 증가할 것이라고 기대하는 경향이 있다. EOI 성장전략은 EOI 국가의 제조업을 GVCs에 통합시킴에 있어 크게 기여를 하는 외국인 직접투자의 유입과 맞물려 있다. 역사적으로 일본과 중국을 포함한 대부분의 동아시아 NICs는 GVCs 내 경쟁을 온전히 수용하는 동시에 GVC가 자국의 발전전략에 보다 효율적으로 작동할 수 있도록 하는 문제와 씨름한다(Taglioni & Winkler, 2016). GVCs를 수용하는 국가와 기업은 반드시 외부와의 경쟁에 대처해야 한다는 점에서 GVCs는 "상위소득 국가를 위한 민족적 산업정책"을 포함하여 하위·중위 소득의 국가를 위한 "실현 가능한 산업 전략으로서의 수입대체"를 주변화시키는 경향이 있다(Taglioni & Winkler, 2016: xiii).

세계-체제 이론의 관점에서 볼 때 GVCs는 중심부 국가가 생산된 잉여를 통해 상당한 혜택을 얻는 반면 주변부 국가는 상대적으로 이익을 얻지 못하게 되는 바로 그 수단이다. 최근 연구에 따르면 GVCs는 중국의 공산품이 세계시장, 특히 상위소득국가에 진출하는 데 사용할 수 있는 경쟁력 있는 수단으로서 기능하고 있다. 이는 위탁가공무역이 "메이드 인 차이나" 제품이 상위소득 국가로 진입하기 위한 효과적인 수단임을 시사하는, 위탁가공 수출의 비중과 교역상대국의 소득 사이의 유의미한 양의 상관관계를 통해 실증적으로 확인할 수 있다(Xing, 2016). 한 연구에서는 "GDP 대비 R&D 지출 비율"을 입력 변수로 사용하고 "R&D 및 이와 관련된 기업활동의 제조업 수출의 부가가치에 기여도"를 결과변수로 활용한다. 그 결과 중국은 여타 국가와 비교하여 혁신시스템에서 상당한 효율성과 효과를 달성한 것으로 나타났다(Zeng, 2017).

자본주의 세계체제의 변증법과 역동성: 중국의 경험

중국 EOI 성장전략의 성공은 이윤이 하락하는 분야에서 "수익성이 높은" 분야로 자본이 이동하기 위해서는 쇠퇴하는 산업 부문이 노동 조건과 기술 수준의 측면에서 볼 때 반주변부나 주변부인 국가로 재배치되어야 한다는 세계-체제 이론의 분석이 맞는다는 것을 입증한다. 이러한 국가 중 일부는 세계적 자본이동과 생산의 재배치로부터 혜택을 받을 것이다. 역사적으로 체제 내에서 상향이동의 기회가 생성되고 재생성되는 것(초대에 의한 승격)이 그러한 결정적 순간이었다(Wallerstein, 1979). 지난 40년 동안 중국의 높은 경제성장은 체제의 상향이동성을 활용(기회의 포착)한 긍정적 파급효과를 반영한다. 중국은 가장 최근의 세계적 자본 이동의 주요한 수혜국으로 간주된다(Li, 2008).

"기동성의 여지"는 내적 발전에 도움이 되는 세계 자본주의 경제에서의 "상향이동"을 위한 외부적 조건을 의미한다. 오랜 역사적 관점에서 볼 때, 세계-체제 이론에 의해 정의된 세계적 중심-반주변-주변의 위계는 수 세기에 걸쳐 상대적으로 안정적 구조였다. 반주변부는 안정화시키는 고정 장치로 역할하는 일종의 "완충지대"로 간주되는데 반주변부는 중심부와 주변부에 동등한 정도로 참여하며 주변부로 전락하는 것을 피할 정도의 혜택을 글로벌 상품사슬로부터 얻는다. 그러나 중심부로 진입할 정도의 혜택을 얻지는 못한다(Grell-Brisk, 2017: 3).

세계체제의 리드미컬한 주기와 헤게모니 국가의 흥망은 상향이동과 하향이동 모두를 제공한다. "초대에 의한 승격"은 전 세계적 규모의 새로운 신흥경제가 부상하는 시기에 반주변부 또는 주변국이 누리는 상향이동의 경로, 또는 내부적 발전이 세계적 자본 이동과 생산의 재배치에 우호적인 경로를 의미한다. 이러한 상향 이동성은 떠오르는 패권국의 홍보 및 초청이나 자국의 시장 이익과 관련하여 주도권을 쥔 국가들이 조성한 우호적인 외부 환경에 의해 촉발된다. 동아시아, 일본 그리고 마오 이후의 중국을 포함한 동아시아 NIEs는 외부 승격을 통한 이러한 유형의 상승이동의 좋은 예이다. 현재 중국의 "일대일로"(BRI)와 중국이 주도하는 아시아인프라투자은행(Asian Infrastructure Investment Bank, AIIB) 또한 "초대에 의한 승격"의 좋은 사례인데, 일대일로 지역 국가들의 "상향이동성"과 "기동의 여지"를 증대시킬 수 있는 잠재력을 가지고 있다.

"기회 포착"은 국제정치경제에서 일어나는 새로운 상황이나 조건을 활용하고 그에 따라 자국의 내적 발전 이동성을 조정하는 한 국가의 내부적 역량을 가리킨다. 세계-체제 이론의 분석을 따라, 중국 자본의 외적 확장 및 세계패권

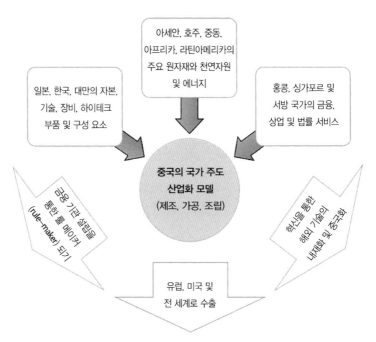

그림 9.2. 글로벌 "메이드 인 차이나" 전략 (Wong, 2013: 288의 그림 2에 기초하여 수정 · 확대한 그림)

전략과 함께 중국의 부상은 또 다른 새로운 헤게모니 부상에 따른 리드미컬한 주기를 나타내는 것처럼 보인다. 이는 몇몇 나라에 있어서는 기동의 여지와 상향이동성이라는 측면에서 기회이지만 또 다른 국가들에는 도전이자 하향이동성이기도 하다.

그림 9.2.는 중국 EOI의 성공과 확장이 세계 각지의 자본, 기술, 상품으로 구성된 "메이드 인 차이나"의 과정에 들어가는 세 가지의 투입물에 기초하고 있음을 보여준다. 한 연구에서 알 수 있듯이, "중국은 사실 글로벌한 차원과 지역적 차원의 생산 네트워크를 통해 중요한 지역적 '통합자'가 되었다. 중국의 수출품(50% 이상이 가공무역)은 상이한 아시아 경제권의 원재료, 부속 및 부품, 기술 및 장비, 그리고 금융 및 경제적 서비스를 구현하고 '메이드 인 아시아'를 세계시장을 위한 '메이드 인 차이나' 제품으로 전환한다"(Wong, 2013: 288). "메이드 인 차이나" 모델의 주목할 만한 한 가지 결과는 중국이 저부가가치 및 노동집약적 제품의 최대생산국에서 최대 고부가가치 및 첨단기술의 수출국으로 점진적으로 이동할 능력이 있다는 것이다. Worldatlas.com(2017)에 따르면 2013년 중국은 미국을 제치고 첨단기술제품의 최대 수출국이 되었다.

세계체제의 계층화에 대한 "메이드 인 차이나"의 영향

1990년대 이래 전 세계적인 "메이드 인 차이나" 전략을 선언한 중국의 EOI는 체제의 상이한 계층화와 관련하여 각국에 큰 영향을 주었다. 선진국과 개발도상국 모두 의식하든 의식하지 않든 탈산업화라는 유사한 국면으로 진입하는 경로를 따르게 되었다. 그러나 일부 학자들에 따르면 탈산업화는 반드시 부정적인 현상은 아니며, 제조업 생산, 고용, 무역의 관계에서 변화하는 산업적 역동성의 예상된 결과로 간주되어야 한다(Rowthorn & Wells, 1987). 다른 학자들은 "탈산업화는 대부분의 국가가 경제발전의 특정 단계에서 경험하는 보편적인 현상이며, 탈산업화를 야기하는 요인들이 국가마다 크게 다르기 때문에 상이한 탈산업화의 경로가 있음을 이해해야만 한다"고 주장한다(Kim & Lee, 2014: 65).

메이드 인 차이나와 중심부의 탈산업화

중국이 경제개혁과 개방 정책을 시행하기 시작한 1970년대 후반부터 세계는 20세기의 마지막 20년 동안 중국으로의 생산 재배치를 목도했다고 말해진다. 생산 자본의 재배치와 제조업의 외주는 선진국에서 탈산업화의 물결을 초래하였다. 이는 특히 미국에서 심각했는데 미국에서는 금융, 부동산, 서비스 등과 같은 비생산적 부분의 총 부가가치가 1980년에 처음으로 제조업을 앞지르기 시작하였고 해외로의 제조업 외주 과정은 가속화되었다. 일본과 유럽에서도 비슷한 과정이 일어났다.

중심부 선진국에서 "연성 경제"의 비약적 성장, 즉 자유화와 탈규제 정책의 결과인 투기적 금융사업은 결과적으로 거품 경제를 형성하였고 2008년 세계금융위기로 이어졌다. 위기의 근본 원인은 경제의 과도한 금융화와 계획적인 탈산업화에서 기인했다. 금융과 서비스 부문은 노동력 공급을 흡수할 수 없었고 산업 분야의 감소를 상쇄할 수 있는 부가가치를 창출할 수 없었다. 그 결과는 실업률의 상승과 경제성장의 감소이다.

2000년 이래로 미국은 5백만 개의 일자리를 잃거나 외주를 주었으며, 1991-2011년 사이 약 절반의 일자리가 중국과 여타 지역의 저임금 노동자에게 돌아

갔다. 하지만 지난 15년간 중국의 임금은 연 12-15% 상승한 이후 최근에는 많은 일자리가 미국으로 되돌아오기 시작했다. 불행히도 이러한 직업들의 대부분을 노동자가 아니라 로봇이 차지한다. 연구보고서에 따르면 "2030년까지 전 세계적으로 최대 8억 명의 노동자들이 자신의 일자리를 상실할 것이고 이는 로봇 자동화에 의해 대체될 것"이고 "미국에서만 3,900-7,300만 개의 일자리가 사라질 수 있지만, 이 중 약 2,000만 개의 일자리에 배치된 노동자들만이 여타 산업으로 쉽게 옮겨갈 수 있을 따름이다"(BBC News, November 29, 2017).

2017년 중국-미국의 무역 자료(그림 9.3.)를 보면, 중국의 대미 수출에서 가장 큰 비중을 차지하는 품목은 공산품인 반면 미국의 대중국 수출은 농산물과 원자재(미국의 대중국 항공기 수출은 자료에 포함되어 있지 않음)임을 알 수 있다. 트럼프 행정부에 의해 개시된 대중국 무역전쟁은 이러한 상황을 바꾸기 위

그림 9.3. 2017년 중국-미국 무역 (출처: U.S.Census; *MarketWatch*, June 15, 2018)

한 시도이다. 2017년부터 트럼프 행정부가 "미국 우선주의"와 "메이드 인 아메리카"라는 슬로건을 내걸고 전 세계 무역 파트너에 대해 광범위하게 추진한 일방적인 보호무역 정책은 잃어버린 산업을 미국으로 되돌려 놓음으로써 새로운 회차의 국가적인 "재산업화"를 목표로 하는 것처럼 보인다.

메이드 인 차이나와 반주변부 및 주변부의 탈산업화

이 장에서는 북반구의 탈공업화 과정과 반구의 탈공업화 과정이 유기적 연관성이 있으며 양자 모두 "메이드 인 차이나"의 부상과 관련되어 있다고 주장한다. 앞 절에서 논의한 바와 같이 중심부 경제의 금융화와 탈산업화는 중심부-반주변부-주변부 관계의 구조에 중요한 영향을 미쳤으며, 중국은 명백하게 이러한 현상의 주요한 수혜자이다.

중남미 국가들과 같은 많은 반주변부 및 주변부 국가들 또한 그 영향으로부터 혜택을 받았지만 그 방식은 상이하다.

중국은 중심부의 FDI 재배치와 생산의 외주로부터 막대한 이익을 얻은 반면, 브라질, 아르헨티나 그리고 여타 아메리카 국가들은 중국의 세계적 제조업에 공급하기 위한 원자재 및 상품 수출로부터 이익을 얻었다.

2000년대 중남미 지역의 "상품 호황"은 지역의 수출을 증대시키는 데 중요한 역할을 했다. 1차 제품과 원자재에 대한 중국의 수요증가는 이러한 호황을 자극하는 핵심적 요인 중 하나였으며 호황의 부정적 효과는 점차적으로 가시적이게 되고 대가를 치러야 했다.

중남미에서 중국의 존재감이 증대되는 것의 기회와 제약에 관한 논쟁에 관하여 저자의 다양한 연구는 "기동의 여지"와 "상향이동"이라는 관점의 측면에서 반주변부와 주변부 국가에 기회와 제약의 공존이라는 이중적 영향을 미친다는 것을 보여준다(Li & Christensen, 2012). 중국의 경쟁은 현재 세계체제 내에서 반주변부에 있는 기존 국가들을 주변화시킬 것으로 보인다. 왜냐하면 "중국의 경쟁은 특정 상품사슬에서 기존의 반주변부 국가의 상대적 독점을 완전히 훼손할 것이다. 부가가치는 압박받을 것이며 전통적인 반주변부 국가들은 [자신들이 할 수 없는] 중국 수준에 가까울 정도의 임금하락률을 수용하도록 강요받을 것"이기 때문이다(Li, 2005: 436, 2008). 중국의 경쟁은 특정 글로벌 상품사슬에서 기존 반주변국의 상대적 독점을 무너뜨리고 수많은 기존의 반주변부 국가들의 상당 정도의 탈산업화와 주변부화를 야기한다. 이러한 탈산업화와 주변부화는 공산품 수출국에서 상품 공급국으로의 위치 변화에 기인한다. 이러한 사고와 주장은 중남미의 많은 학자들도 공유하는 바이다(Bernal-Meza, 2012; Dussel Peters, 2016; Guelar, 2013; Sevares, 2015).

표 9.1.은 중남미에서 중국으로 수출되는 상위 5개 품목이 1차 상품인 반면, 중국에서 수입하는 상위 5개 품목은 공산품임을 보여준다. 브라질은 국내총생산에서 제조업 부문이 차지하는 비중이 감소한다는 점에서 대체로 상대적인 탈산업화의 좋은 예로 여겨졌다. 브라질의 제조업 무역수지는 문제의 주요 원인으로 간주된다. 그렇지만 브라질의 가장 큰 무역 상대국인 중국과의 무역이, 국내 시장과 수출에서의 경쟁력 부족으로 인해 브라질 경제의 상대적 탈산업화와 "1차 산업화(primarization)"를 가져온 것이다(Jenkins, 2015). 한 연구에 따르면 "중국은 중남미를 뛰어넘어 세계에서 가장 경쟁력 있는 제조업 상품의 수출국이 되었다. 2009년 중남미 제조업 수출의 92%가 중국의 위협을 받고 있다"(Gallagher, 2010).

표 9.1. 중국–중남미 수출 · 수입 상위 5개 품목, 2011–2015

중남미의 대중국 수출품		중남미의 대중국 수입품	
1. 콩 및 기타 유류종자	19.2%	통신장비	9.7%
2. 철광석 및 정광	16.8%	데이터 처리 기계	3.8%
3. 원유	11.8%	광학기기 및 장치	3.3%
4. 구리광석 및 정광	11.4%	부유 구조물	3.3%
5. 구리 광석	10.0%	기타 전기장비	2.3%
합계, 상위 5개	69.2%	합계, 상위 5개	22.5%

출처: UN Comtrade(Ray & Gallagher, 2017: 4, 표 1 참고)

중국과 아프리카의 경제적 관계도 중남미의 상황과 유사한 결과를 초래했다. 다양한 자료에 따르면 아프리카에 대한 중국의 대외적 자본 확장은 남-북 관계를 반영하는 "불평등 교환"과 "종속"의 새로운 주기를 야기하고 있다. 이는 "신제국주의"와 "신식민주의"에 의해 형성된 비판으로 이어지고 있다(Li, 2019).

결론

이 장에서는 중국과 라틴아메리카에서의 두 가지 상이한 발전 전략인 EOI와 ISI의 역사성과 그로 인한 결과를 검토하고 논의하였다. 중국의 EOI는 "메이드 인 차이나"의 세계적 부상을 이끌었다. 앞서 살펴본 바와 같이 중국의 성공은 지나치게 단순한 설명으로는 이해될 수 없는데, 중국의 성공은 중국 발전국가 성격의 독특성, 미-중 화해로부터 발생한 기회, 개방정책, 해외 중국인 디아스포라의 역할과 같은 상이한 내·외부적 요인의 시너지효과가 고려되어야 한다.

중국의 부상과 정책 방향의 영향과 함의는 중심부와 반주변부 그리고 주변부 모두에 심대하다. 중국의 부상은 세계 각지의 상이한 지역에 상이한 영향과 함의를 가진다. 중국이 기존의 세계질서의 "중심부"에 대한 헤게모니적인 사회 · 정치적 그리고 사회 · 경제적 힘을 이끌게 되었다고도 주장할 수 있으며, 다른 한편으로는 세계-체제의 반주변부와 주변부에 대한 신흥 헤게모니로 간주할 수도 있다.

중국의 EOI와 세계적인 "메이드 인 차이나" 전략은 원자재와 상품의 수입으로 유지되었으며 이는 중남미에서 10년간의 "상품 호황"과 소득 증대를 가져왔다. 그러나 역설적으로 중남미와 글로벌 남반구의 기타 지역에서의 중국 자본 및 무역의 확장은 새로운 북-남 축을 재생산하는 것으로 보인다. 이 책을 포함한 많은 연구들은 중남미 지역이 고부가가치 활동에 역량을 집중하지 못하여 경쟁력이 저하되는 것을 포함하여 이 지역에서 새롭게 등장한 탈산업화 상황을 지적한다. 중국과 글로벌 남반구 사이의 경제적 관계는 점점 더 "신식민주의"의 형태를 재생산하는 것으로 인식되고 있다. 본질적으로 1차 생산품에 초점을 맞추면 제조업 상품에 비해 교역조건이 악화된다는 프레비시의 주장은 옳았다. 이것은 현재 중남미가 중국과의 전반적인 경제 관계에서 겪고 있는 바로 이러한 종류의 상황이다.

중남미에 대한 중국의 투자는 특히 자원과 기반시설이라는 두 가지 주요 분야에서 계속해서 증가할 것이다. 이 지역이 중국의 무역과 금융에 의해 제시되는 새로운 기회를 잡을 수 있다면 이러한 중국 투자의 새로운 유입은 중남미 국가들이 자신의 발전 목표를 달성하는 데 도움이 될 것이다. 그러나 중국과의 경제적 관계는 항상 두 가지 측면을 제시한다. 하나는 기동성과 상향 이동을 위한 증대된 정치적 · 경제적 여지라는 측면에서 큰 기회를 제공하는 것이고, 다른 하나는 경제적 의존성과 무역관계의 불평등 교환이라는 관점에서 제기되는 심각한 도전이다.

저자는 베이징의 자본 확대와 세계 전략과 전략적으로 수렴점을 찾는 것이 중남미의 정치적·경제적 이익이라고 결론 내린다. 중남미는 중국의 발전 경험을 배우고, 경제적 기회를 늘리고 무역 파트너를 다각화하고 새로운 세계질서가 등장하는 시대의 글로벌 거버넌스에서 기동성의 여지를 활용하는 것을 통하여 자신의 "상향 이동성"을 개선할 것이다. 가까운 미래에 중국과 중남미 양자는 모두 상당한 정도의 적응과 조정 시기를 거쳐야만 할 것이다.

주

1 이 용어는 일본 경제학자인 카나메 아카마츠(Kaname Akamatsu, 1935)에 의해 처음 사용되었다. 그는 다층적 위계의 "나는 기러기 떼" 모형에 대한 이론을 전개하였으며, 그의 이론에 따르면 산업화는 선진국 경제의 비용이 상승함에 따라 선진국으로부터 후진국으로 촉진되고 확산될 수 있다.

참고문헌

Akamatsu, K. (1935). Wagakuni yomo kogyohin no susei [Trend of Japanese trade in woollen goods]. *Shogyo Keizai Ronso [Journal of Nagoya Higher Commercial School]*, 13, 129–212.

Atlantic Council. (2015). *China's evolving role in Latin America: Can it be a win-win?* Retrieved from http://publications.atlanticcouncil.org/chinalatam//

BBC. (2017, November 27). *Robot automation will 'take 800 million jobs by 2030'* – Report. Retrieved from https://www.bbc.com/news/world-us-canada-42170100

Bernal-Meza, R. (2012). China-MERCOSUR and Chile relations. In L. Xing & S. F. Christensen (Eds.), *The rise of China. The impact on semi-periphery and periphery countries*. Aalborg: Aalborg University Press.

Bernal-Meza, R. (2016). China and Latin America relations: The win-win rhetoric. *Journal of China and International Relations*, Special Issue 2016, 27–43.

Borthwick, M. (Ed.). (1992). *Pacific century: The emergence of modern Pacific Asia*. Boulder, CO: Westview Press.

Bruton, H. J. (1989). Import substitution. In H. Chenery & T. N. Srinivasan (Eds.), *Handbook of development economics*. New York: Elsevier. Retrieved from http://faculty.nps.edu/relooney/bruton_is89.pdf

Cardoso, F. H., & Enzo, F. (1979). *Dependency and underdevelopment in Latin America*. Berkeley, CA: University of California Press.

Chan, S. (1990). *East Asian dynamism*. Boulder, CO: Westview Press.

Christensen, S. F., & Becard, D. S. R. (2016). China–Latin America relations: Main themes, main problems. *Journal of China and International Relations*. Special Issue on "China–Latin America relations in an era of changing world order," i – ix.

Deyo, F. C. (Ed.). (1988). *The political economy of the New Asian industrialism*. Cornell: Cornell University Press.

Domínguez, J. I., & de Castro, R. F. (Eds.). (2016). *Contemporary U.S.-Latin American relations: Cooperation or conflict in the 21st century*. New York: Routledge.

Dussel Peters, E. [coord.] (2016). *La nueva relación comercial de América Latina y el Caribe con China. ¿Integración o desintegración regional?* México DF, Red Académica de América Latina y el Caribe sobre China, Universidad Nacional Autónoma de México, Unión de Universidades de América Latina y Caribe y Centro de Estudios China–México.

Evans, P. (1995). *Embedded autonomy: States & industrial transformation*. Princeton: Princeton University Press.

Frank, A. G. (1967). *Capitalism and underdevelopment in Latin America: Historical studies of Chile and Brazil revised*. New York: Monthly Review Press.

Fukuchi, T., & Kagami, M. (Eds.). (1990). *Perspectives on the Pacific Basin economy: A comparison of Asia and Latin America*. Tokyo: Institute of Developing Economies and the Asian Club Foundation.

Furtado, C. (1963). *The economic growth of Brazil: A survey from Colonial to Modern Times*. Berkeley: University of California Press.

Furtado, C. (1964). *Development and underdevelopment: A structural view of the problems of developed and underdeveloped countries*. Berkeley: University of California Press.

Furtado, C. (1965). Development and stagnation in Latin America: A structural approach. *Studies in Comparative International Development*, 1(11), 159 – 175.

Gallagher, K. P. (2010). China and the future of Latin American industrialization. *Issues in Brief*, 18. Boston University. Retrieved from https://open.bu.edu/bitstream/handle/2144/22726/18-IIB.pdf?sequence=1

Global Value Chain Initiative. (2016). *Concept and tools*. Duke University. Retrieved from https://globalvaluechains.org/concept-tools

Grell-Brisk, M. (2017). China and global economic stratification in an interdependent world. *Palgrave Communications*, 3(17087), 1 – 12. https://doi.org/10.1057/palcomms.2017.87

Guelar, D. (2013). *La invasión silenciosa. El desembarco chino en América del Sur*. Buenos Aires: Random House Mondadori S.A.; Ed. Debate.

Haggard, S. (1990). *Pathways from the periphery: The politics of growth in the newly industrializing countries*. Ithaca, NY: Cornell University Press.

HKTDC Research. (2012). *Transformation of Asia from a production base to a diversified market*. Retrieved from http://economists-pick-research.hktdc.com/business-news/freepdfdownloadservlet?articleID=1X09QNHM&LANGUAGE=en

Jenkins, R. (2015). Is Chinese competition causing deindustrialization in Brazil? *Latin American Perspectives*, 42(6), 42 – 63.

Johnson, C. (1982). *MITI and the Japanese Miracle: The Growth of Industrial Policy, 1925–1975*. Stanford: Stanford University Press.

Johnson, C. (1995). *Japan, Who Governs?: The Rise of the Developmental State*. New York: W. W. Norton & Company.

Kim, C. S., & Lee, S. H. (2014). Different paths of deindustrialization: Latin American and Southeast Asian countries from a comparative perspective. *Journal of International and Area Studies*, 21(2), 65 – 81.

Li, M. Q. (2005). The rise of China and the demise of the capitalist world economy: Exploring historical possibilities in the 21st century. *Science & Society*, 69(3), 420 – 448.

Li, M. Q. (2008). *The rise of China and the demise of the capitalist world economy*. New York: Pluto Press.

Li, X. (2016). Understanding China's economic success: 'Embeddedness with Chinese characteristics'. *Asian Culture and History*, 8(2), 18 – 31.

Li, X. (2019). China's global rise and neoimperialism: Attitudes and actualities. In I. Ness & Z. Cope (Eds.), *Palgrave encyclopedia of Imperialism and anti-Imperialism* (2nd ed.). London: Palgrave Macmillan.

Li, X., & Christensen, S. F. (Eds.). (2012). *The rise of China and the impact on semi-periphery and periphery countries*. Aalborg-Denmark: Aalborg University Press.

MarketWatch. (2018, June 15). *Why the U.S.-China trade deficit is so huge: Here's all the stuff America imports*. Retrieved from https://www.marketwatch.com/story/heres-all-the-stuff-the-us-imports-from-china-thats-causing-a-huge-trade-defi-cit-2018-03-23

Prebisch, R. (1950). *The economic development of Latin America and its principal problems*. New York: United Nations Department of Economic Affairs.

Ray, R., & Gallagher, K. P. (2017). *China-Latin America Economic Bulletin 2017 Edition*. Global Economic Governance Initiative, Discussion Paper, 2017-1. Retrieved from https://www.bu.edu/pardeeschool/files/2014/11/Economic-Bulletin.16-17-Bulletin.Draft_.pdf

Renato, A. (1986). Latin American structuralism and exogenous factors. *Social Science Information*, 25(1), 227-290.

Rowthorn, R., & Wells, J. (1987). *De-industrialization and foreign trade*. Cambridge University Press.

Sanderatne, N. (2011, November 6). Import substitution: Is it a pragmatic economic policy? *Sunday Times*. Retrieved from http://www.sundaytimes.lk/111106/Columns/eco.html

Sevares, J. (2015). *China. Un socio imperial para Argentina y América Latina*. Buenos Aires: Editorial Edhasa.

Singer, H. (1949). Economic progress in underdeveloped countries. *Social Research: An International Quarterly of Political and Social Science*, 16(1), 1-11.

Singer, H. (1998). The terms of trade fifty years later – Convergence and divergence. *The South Letter*, 30, 26-30.

Skira, M. (2007). *China and Latin America: A match made in trade heaven or dependency reloaded?* Senior Honors Projects of University of Rhode Island. Retrieved from http://digitalcommons.uri.edu/cgi/viewcontent.cgi?article=1037&context=srhonorsprog

Street, J. H., & James, D. D. (1982). Structuralism, and dependency in Latin America. *Journal of Economic Issues*, 16(3), 673-689.

Taglioni, D., & Winkler, D. (2016). *Making global value chains work for development*. Washington: World Bank Group.

Wade, R. (1990). *Governing the market: Economic theory and the role of government in East Asian industrialization*. Princeton: Princeton University Press.

Wallerstein, I. (1974). The rise and future demise of the world-capitalist system: Concepts for comparative analysis. *Comparative Studies in Society and History*, 16, 387-415.

Wallerstein, I. (1975). The present state of the debate on world inequality. In I. Wallerstein (Ed.), *World inequality*. Montreal: Black Rose Books.

Wallerstein, I. (1979). *The capitalist world-economy*. New York: Cambridge University Press.

Wallerstein, I. (1997). *The rise of East Asia, or the world-system in the twenty-first century*. Retrieved from http://www.binghamton.edu/fbc/archive/iwrise.htm

Wallerstein, I. (2004). *World-systems analysis: An introduction*. Durham: Duke University Press.

Weiss, L., & Hobson, J. (1995). *States and economic development: A comparative historical analysis*. Cambridge: Polity Press.

Wong, J. (2013). A China-centric economic order in East Asia. *Asia Pacific Business Review*, 19(2), 286-296.

Woo-Cumings, M. (Ed.). (1999). *The developmental state*. London: Cornell University Press.

Worldatlas.com. (2017). *Global high tech exports by country*. Retrieved from https://www.worldatlas.com/articles/countries-with-the-most-high-tech-exports.html

Xing, Y. Q. (2016). Global value chains and China's exports to high-income countries. *International Economic Journal*, 30(2), 191 – 203.

Zeng, D. Z. H. (2017). Measuring the effectiveness of the Chinese innovation system: A global value chain approach. *International Journal of Innovation Studies*, 1(1), 57 – 71.

제10장

결론: 세계 정치경제에서 중국과 중남미: 새로운 중심부-주변부 축의 발전

라울 베르날-메사(Raúl Bernal-Meza)[*]

서론

1990년까지, 중국은 세계경제에 없어서는 안 될 국가가 되었다. 크리스토프(Kristof, 1993: 59)는 "중국의 부상이 계속된다면, 다음 세기에 세계에서 가장 중요한 트렌드가 될 수 있다"고 언급했다. 10년 후, 리와 쇼(Li & Shaw, 2013: 5)는 중국과 세계체제의 주변부 일부와의 관계를 분석할 때 이에 동의하며 "오늘날 중국이 세계정치 및 경제의 핵심 강대국 중 하나로 거침없이 부상하고 있다는 사실은 현대 세계체제에서 가장 중요한 사건 중 하나로 전 세계적으로 환영받고 있다"고 주장했다.

중국이 세계경제의 핵심 주체가 된 것은 중국의 생산 모델이 투자, 생산, 시장의 선순환 구조를 만들어 세계경제의 성장을 자극했기 때문이며, 이는 세계 규모에 영향을 미쳤다. 1990년대 초, 중남미, 특히 남미의 주요 무역 파트너 및 재정 및 외국인 직접투자의 원천은 동아시아 지역의 일본뿐만 아니라 미국 및

* R. Bernal-Meza (*)

아르헨티나 National University Center, 국제관계학과

칠레 Arturo Prat University, 국제관계연구소

© The Author(s) 2020

R. Bernal-Meza, Li Xing (eds.), 21세기 중국-중남미 관계, 국제정치경제시리즈

https://doi.org/10.1007/978-3-030-35614-9_10

일부 EU 국가(스페인, 프랑스, 독일)로 남아 있었다.

이 시기에, 중국은 경제적으로나 정치적으로 중남미 국가들에 중요한 역할을 하지 못했다. 예외는 1971년으로 거슬러 올라가는 칠레와의 상업적 관계와 1985년부터 강화된 유엔의 틀 안에서 브라질과의 정치적 협력 관계였다(Bernal-Meza, 2012a; Oliveira, 2012).

중남미에서 중국의 경제적 존재의 급속한 증가는 1990년대 중반 이후 가속화되었고 2000년대 초반에 널리 퍼졌다. 그것은 오비에도(Oviedo, 2012a, 2012b)가 "근대화를 위한 투쟁"이라고 부른 결과였다. 즉, 그것은 내부 시장의 수요를 충족시키기 위한 중국의 개발 모델(수출 지향)과 중남미의 근대화 모델(수입대체산업화) 사이의 대립에서 비롯되었다.

1980년과 2000년 사이에 세계 20대 경제강국의 GDP의 진화를 분석할 때, 우리는 브라질, 멕시코, 아르헨티나와 같은 국가들이 후퇴한 반면 중국(또한 인도와 한국)이 세계 순위에서 어떻게 상승했는지 알 수 있다. 권위주의적인 정치 체제하에서 중국 근대화의 성공은 중남미 지도자들이 민주정치 체제하에서 이 지역의 성공적인 경제 근대화를 촉진하는 데 실패했음을 드러냈다. 1990년 중국이 브라질을 추월하기 전까지 브라질의 경제는 항상 중국보다 컸다.

리 싱(Li Xing)이 주장했듯이, 내부적 요인(국가 시장-사회 관계)과 외부적 요인(지정학적·지경학적 관계)의 시너지 효과는 중국과 중남미 국가의 발전 전략을 서로 다른 방향으로 형성하고 그들의 발전과 경제를 글로벌시장(경쟁, 생산사슬, 가치사슬)에 연결시켰다. 개도국의 중국에 대한 의존도를 조성하던 중국 대외무역의 역동성에 중남미 경제가 끌려가기 시작했다(Oviedo, 2014: 151). 이러한 역동성은 중국이 세계경제 역동성의 축이 되고 다른 산업화된 경제를 그 위치에서 대체하기 시작하면서 심화되었다.

세계경제의 계층 구조에서 중국의 부상은 중남미 국가들의 국제경제 삽입에 영향을 미쳤고 각각의 생산과 수출 구조에 변화를 야기시켰다. 이 프로세스는 "생산전문화(productive specialization)"로 명명될 수 있다.

알바레즈(Alvarez, 2017)에 따르면 중국과 중남미의 관계는 3단계로 발전해 왔다. 첫 번째는 냉전의 맥락에서 미국과 소련의 세계적 지배에 의해 관계가 제한되었다. 1990년대 중반부터 20세기 말까지 두 번째 단계에서 양자관계는 주로 경제적 관계에 국한되어 있었다. 세 번째 단계인 21세기 초부터, 중국은 중남미지역과 관계를 구축할 수 있고 또한 그래야 한다는 것을 인식했다. 중국은 다른 국가와 대화하고 자율적이고 직접적인 국제관계를 발전시키기에 충분한 능력과 공간을 가진 행위자로서 상대국에 정치적 담론에 진입할 기회를 주는 존재로 인식시키기 위해 노력했다.

중국이 제조업의 생산과 수출 전략을 바탕으로 한 개발 모델을 유지하는 한, 원자재에 대한 수요는 지속될 것이며 중장기적인 추세가 될 것이다. 이 제도에서 제조업의 수출과 1차 산품의 수입을 기반으로 한 중국과 남미 국가 간의 이해관계의 조화로 인한 상업적 상호 보완성은 두 부문 간의 핵심적인 연결고리를 구성하는데, 이는 중국의 원자재 수요가 지역 공급과 조화를 이루기 때문이다(Oviedo, 2014).

중국의 힘은 또한 양자 및 다자간 중남미 의제의 정의에 있어 중국의 글로벌 정치적 이익의 우위를 점함으로써 이 지역의 외교정책에 영향을 미치기 시작했다(Becard, 2008; Bernal-Meza, 2012a; Oviedo, 2010; Ross, 2002). 첫 번째 단계에서, 이러한 관심은 하나의 중국 원칙에 대한 인식, 티베트 문제를 중국 내부 문제로 고려, 유엔인권위원회에 인권 침해에 대한 질문을 받지 않는 것과 관련이 있다. 이후 단계에서는 시장경제로 인정받으려는 중국의 목표가 추가되었으며, 중국의 실용주의는 동서 축 정치경제의 틀 아래서 양자 관계를 지배해 왔다.

브라질에 관한 베카르지(Becard)와 아르헨티나에 관한 베르날-메사와 자나

브리아(Bernal-Meza and Zanabria)의 장에서 지적한 바와 같이, 중국은 상업적 교환의 상호 보완성을 추구하는 동시에, 중남미의 반주변 국가들과 주변부 파트너들을 전문화하여, 더 산업화된 파트너들의 공산품 수출을 대체했다.

이러한 상황은 생산 구조의 관점에서 브라질, 멕시코, 아르헨티나와 같은 산업 발전을 통해 국제적인 경제적 삽입을 성취한 국가들, 칠레와 같이 새로운 1차 산품 및 3차 산업 수출을 선택함으로써 수입대체 산업화 전략을 포기한 국가들, 베네수엘라, 파라과이 등 1차 수출 단계를 벗어나지 않은 국가들 사이의 중남미의 구조적 이질성을 심화시켰다. 동시에, 중국과 중남미 각국의 경제 관계의 중요성이 커지고 있었다. 이러한 과정의 진화는 각 국가와 결과적으로 전체 지역에 대한 중국의 상업적·금융적·투자적 중요성의 통합과 상관관계가 있었다.

이러한 상호 의존성과 중국-중남미 간 관계의 중요성이 증가하는 이유는 중국 경제의 놀라운 성장과 과학기술 발전 수준 때문이다. 경제 성장과 과학기술 발전은 중국을 국제적인 수출국과 수입국 그리고 남미지역의 투자자로서 자리매김하게 하였다. 이러한 산업 부문의 차이 덕분에 중남미 1차 산품의 대중국 수출 증가와 중국의 중남미 공산품 및 산업 제품의 수출 증가가 맞물렸다. 30년 전, 브라질은 세계경제에서 중국보다 더 강한 경제적 존재감을 가지고 있었고 브라질의 산업 수출은 중국의 산업 수출을 크게 앞질렀다. 그러나 오늘날의 현실은 그 반대이다.

이러한 차이는 이 책에서 명확하게 증명된다. 리(Li)는 자신이 집필한 장에서 중국 산업화 전략과 수출지향모델의 성공을 중남미의 수입대체모델에 의한 산업화의 실패와 비교했다. 그의 결론은 이 책의 다양한 장에 포함된 분석에서 확인된다.

중국과 중남미로 대표되는 사회경제적 근대화 모델의 차이는 중국의 성공적인 국제경제 삽입과 중남미의 실패라는 동전의 다른 면을 보여준다. 주로 남미에서 민주주의가 회복되고 새로운 통합 프로젝트가 시작된 이후 현대화와 발전을 이루기 위한 노력이 있었다. 특히 1986년 아르헨티나와 브라질이 체결한 양자 협정은 1991년 남미공동시장(메르코수르)을 출범시켰다. 하지만 이러한 시도는 실패로 귀결되었다. 그 결과는 메르코수르와 중국 사이의 중심부-주변부 상업 구조에 반영될 것이다. 중남미 민주주의 국가들은 생산적인 구조를 전환하는 데 성공하지 못했고, 수출을 다양화하지 못했으며, 빈곤 수준을 근본적으로 감소시키기도 않았으며, 부의 분배의 심각한 불평등을 감소시키지도 않았다.

중국은 반주변부 산업 국가인 브라질, 아르헨티나와 같은 국가와 주변부 국가를 전문화하고, 세계 시장경제에 중국의 삽입 전략에서 주도적인 역할을 해온 칠레를 제외하고 제3시장에서 제조업 수출을 대체했다. 왜 중국이 국제 자유무역협정을 촉진하기 위해 칠레를 최초의 파트너로 사용했는지 묻는 것은 흥미롭다. 로스(Ross)는 그의 장에서 이 주제에 대한 몇 가지 중요한 점을 발전시켰다. 중국은 칠레와의 무역에서 칠레에 보다 이익이 생기고, 중국에 적자가 나며, 칠레의 중국에 대한 외국인 직접투자가 중국의 칠레에 대한 외국인 직접투자보다 높은 상황에서 칠레를 금융교류의 지역 내 중심지로 활용했다.

나머지 중남미 국가들과 중국의 관계는 생산적인 구조와 지역 및 하위지역 통합을 통한 경제 관계의 관점 모두에서 이 지역의 구조적 이질성을 심화시켰다. 이것은 중국이 각 중남미의 파트너와 관련하여 적용한 전략의 이질성에서 비롯되었다. 결과적으로, 중남미 국가들에는 중국이 각 나라의 경제발전에 각각의 조건들을 위해 대표하는 것이 무엇인지, 그리고 중장기적으로 중국의 경제적 존재로 대표되는 도전은 어떠한지에 대한 다양한 입장과 인식이 존재한다.

베르날-메사(Bernal-Meza, 2012a, 2012b)와 오비에도(Oviedo, 2009)가 아시아의 강대국이 지역이나 국가의 경제, 인구, 소비 차원을 구분하지 않는다는 취지로 중국에 비판적 입장을 고수했던 점은 완전히 잘못되었음이 입증되었다. 중국은 이 지역의 다른 국가들과의 관계에 대한 전략을 분명히 차별화했다.

이 책의 여러 장에서 결론짓듯, 중국-중남미 간의 양자 무역은 분명히 중심부-주변부 또는 남-북 관계의 전형이다. 이 무역은 빠르게 성장하고 두 파트너 간의 경제 관계 패턴을 통합하고 강화하는 중국 대출 및 투자를 보완한다. 이 패턴은 구조적 측면에서 중남미의 1차 산품 생산 및 수출 전문화에 의해 결정된다(Oviedo, 2016; Sevares, 2016). 이는 산업 간 및 고도로 집중화된 무역이다(Ortiz Velázquez & Dussel Peters, 2016).

사실상 모든 분야에서 중국의 존재감이 증가했다. 군사 및 과학 기술 측면은 여전히 초기 단계이다. 그러나 경제적 연계와 함께 문화적·학술적·정치적 활동도 있다(Dussel Peters, 2016). 중국의 존재는 중국을 중남미 지역에서 가장 영향력 있는 행위자로 변화시키고 있다. 이는 미국과 유럽연합과는 달리 중국은 상업적 통합의 과정과 이러한 통합 협정 내에서 상업적 파트너들 간의 관계를 변경하고 수정했기 때문이다. 뒤셀 피터스(Dussel Peters, 2016: 11)의 연구에서 입증되었듯이, 중국은 지난 15년 동안 중남미의 무역 통합을 크게 방해했다. 베르날-메사와 자나브리아(Bernal-Meza & Zanabria), 오비에도(Oviedo), 브리세뇨-루이스와 몰리나 메디나(Briceño-Ruiz & Molina Medina)의 기여는 이와 관련하여 다양한 국가적 관점에서 중요한 분석을 제공한다.

2007년부터 2008년까지, 중국은 중남미 외국인 직접투자의 두 번째로 큰 원천이 되었고 다양한 대출 메커니즘을 통해 중요한 금융 제공자가 되었다. "턴키(turnkey)" 인프라 프로젝트를 통해 중국 기업은 기술, 자금 조달, 그리고 종종 인력, 유지보수 및 사후 판매 서비스를 제공할 수 있었다. 이에 따른 가장 심각한 경제적 결과는 이러한 프로젝트가 라틴아메리카 또는 카리브해의 각 국가의 생산적·사회적 기구와 관련이 없다는 것이다(Bernal-Meza, 2012a, 2012b;

Ortiz Velázquez & Dussel Peters, 2016: 18).

중국의 투자 단계의 시작은 2008년 "중남미 백서"에 포함된 결정과 일치하며, 이는 중남미에 대한 중국의 투자 전략이 매우 정확한 정치적 결정이었다는 주장을 뒷받침한다(Oviedo, 2017; Sevares, 2016).

이러한 방식으로, 중남미가 중국 수입품과 자본 수출에 더 많이 의존할수록, 이 지역은 국제경제 및 금융 자율성에 더 전념하게 된다. 그러나 레글러, 투르지, 치리-아팡고(Legler, Turzi, and Tzili-Apango)가 이 책의 장에서 지적했듯이, 이 전략 뒤에 미국에 대한 반헤게모니 정책이 있다는 것은 분명하지 않다.

역설적으로, 중국의 해외직접투자(OFDI) 생산량의 양과 질에도 불구하고, 그리고 이 지역이 중국의 두 번째 자본 수출지임에도 불구하고, 중국과 중남미의 투자 조약은 이 지역에서 중국의 해외직접투자를 촉진하지 못하고 있다(Liss, 2018). 저자는 해외직접투자가 "중남미와 카리브해에서 석유와 광물 자원을 확보하려는 중국 국영기업의 의도를 보여준다"고 결론지은 린(Lin, 2015: 11)의 주장에 동의한다. 다른 분석가들은 중국 국영기업들이 라틴아메리카와 카리브해에 투자할 상업적 동기를 가지고 있지 않고 오히려 장기적인 개발 전략을 적용하려고 한다고 결론 내렸다(Liss, 2018: 9-10; Sevares, 2015). 이는 브라질, 아르헨티나, 베네수엘라와 관련하여 이 책의 세 장에서 분석된 사례에서 확실히 해당되는 듯하다.

세계정치에서의 중국과 중남미

중국은 중남미 양자 및 다자간 의제를 규정하는 데 있어 중국의 글로벌 정치적 이해관계 우위를 통해 중남미 국가들의 국제적 삽입을 수정하고 영향력을 행사했다. 예를 들어, 수정과 영향이라는 두 측면을 모두 고려할 때, 그리고 레글러, 투르지, 치리(Legler, Turzi & Tzili), 리 싱(Li Xing), 베르날-메사와 자나브리아(Bernal-Meza and Zanabria)의 각각의 장의 결론에 비추어 볼 때, 중남미 국가들의 위치는 중국에 유리한 분명한 불균형이다.

중국의 경우, 중남미와의 국제적 협력(중국의 비전에 따라 양측 간 경제 관계가 발전하는 맥락)은 "개발도상국"에 속한다는 공통된 지위에 기초한다. 중국 외교정책의 담론은 역사적으로 반주변부와 유사한 국가로서의 지위를 주장해 왔다. 이러한 수사학의 발전에 있어서 "공공외교(public diplomacy)"의 실천은 문화교류, 방문외교, 투자메커니즘, 상업적 유치 등으로 실현되어 왔다(Rodriguez, 2013; Yang, 2013). 이것은 연성권력(soft power), 경제적 관계가 중남미에 존재하는 중국 디아스포라를 통한 중국 이미지의 확산과 공자학원을 통한 문화적 확산에 매우 중요한 역할을 하는 다른 행위자들을 끌어들이고 영향을 미치는 것을 목표로 한다.

중남미가 중국의 수입품과 자본 수출에 더 많이 의존할수록, 그 지역은 국제적인 경제적·금융적 자율성에 더 많이 전념하는 반면, 남미 사회는 19세기 서유럽, 20세기 미국과의 관계와 비교하여 중국에 호의적인 입장을 취하고 있는 것으로 보인다. 중국은 이전에 미국과 영국을 점령했던 곳을 차지하고 있다. 그러나, 이 책의 저자들의 분석과 각각의 장에서 논의된 내용을 살펴보면 중국이 이전 열강들의 동일한 역사적 패턴을 따르고 있음을 분명히 보여준다.

윈-윈 레토릭: 중국 공공외교의 개념적 축

중국 외교정책의 담론은 역사적으로 중국의 개발도상국으로서의 지위를 주장해 왔으며, 중남미에 세계 강대국의 이미지를 투영하지 않으려고 노력하고 있다. 중남미에 대한 중국 정책과 전략은 서구 제국주의 열강과 주변국들 사이의 관계 측면에서 중남미의 경험과 유사하다.

중국은 "윈-윈 레토릭"을 기반으로 중남미 지역과 북-남 관계를 창출하는 유일한 세계경제 강국이 되었다(Bernal-Meza, 2012a, 2012b; Ellis, 2009; Li, 2010, 2012a; Oviedo, 2012a; Sevares, 2007, 2012). 19세기의 영국도, 20세기의 미국도 그런 수사를 사용한 적이 없다.

중국은 중남미 지역을 공리주의적인 시각에서 바라보고 있다. 중국의 공공외교를 설명하면서, 윤초리(Yun Tso Lee, 2013: 83)는 중국이 중남미에 공을 들이고 있는 이유를 "평화적인 부상을 지속적으로 뒷받침해 줄 수 있으며, 세계의 중심 국가로서의 왕좌를 회복하기 위해 주로 탄화수소를 포함한 자원과 원자재를 얻는 데 달려 있다"고 지적한다. 분명히, 이것들은 국제적인 수준에서 중남미의 목표가 아니다. 따라서 중남미와 중국의 이해관계는 국제경제 관계의 진화의 맥락에서 일치하지 않는다.

이 책을 통해 알 수 있듯이, 중국-중남미 경제 관계의 구조가 지역의 발전에 미치는 영향과 중국이 미래의 국제질서에 미칠 영향에도 불구하고, 중남미 국가들은 중국이 세계 강대국으로 부상하고 경제관계의 구조가 공고해짐에 따라 제기되는 도전에 직면할 공통된 전략이 없다. 앞서 지적했듯이 이와 관련해 중국이 추구하는 다양한 전략은 결정적인 요인이다. 그러나 동시에 다양한 관계에는 분명히 동질적인 요소가 있다.

이 책의 아르헨티나와 중국의 관계에 대한 장에서 주장한 바와 같이, 중국과 아르헨티나의 관계는 중국과 다른 남미 국가들 간의 관계에서 재현되는 두 가지 특징을 가지고 있다. 그중 첫 번째는 베이징과 중남미 국가들 사이에 발전된 경제관계의 구조가 중국 발전의 축이라는 것이다. 즉, 그들은 중국의 산업 및 금융 발전에서 특별한 역할을 수행하며, 글로벌 자본주의 경제 내에서 그들의 역량을 선호하고 확장한다. 두 번째 공통적인 특징은 이러한 기능이 각 당사자가 상대방에게 상업적·재정적으로 필요한 것을 제공하는 "이해관계의 조화" 관계의 맥락에서 전개된다는 것이다(Oviedo, 2014). 이해관계의 조화는 남미 국가들이 생산하는 원자재, 상품, 기초제품 등을 수출하고 산업재, 장비, 자본을 수입하며 대출 및 통화스와프와 투자를 받을 수 있도록 한다. 하지만, 그것은 상호 보완적이지만 불평등한 관계이다. 그러나 이는 상호 보완적인 관계이면서 동시에 불평등한 관계이다. 통화스와프는 현재 아르헨티나에서만 시행되고 있지만, 멕시코, 칠레, 브라질과도 이미 합의한 바 있다. 통화스와프는 중국이 국제적으로 자국 통화를 강제하는 데 도움이 된다.

상품에 대한 글로벌 수요 사이클의 끝 또는 1차 수출 호황이 중국의 자금 조달, 대출 및 투자에 대한 필요성을 심화시킨 것이라면, 그것은 중남미의 생산 구조가 수요 증가 사이클이 창출한 일시적인 상대적 이점을 활용하지 않았기 때문이다. 게다가, 2000-2008년 주기 동안 남미가 수출한 상품의 국제 가격은 현재보다 더 큰 부가가치를 가진 전문화로 이어질 수 있었다. 적절한 정책의 부족, 포퓰리즘 정부의 존재, 중남미 생산의 취약성과 경쟁력 부족은 중국 자본과 그에 상응하는 부채에 대한 의존도를 증가시켰다(De Gori, Gomez, & Ester, 2017; Sevares, 2016).

그러나 이 지역에 대한 국제적 전망을 분석한 결과, 현재로서는 중남미의 국제경제에서 중국의 역할을 대체할 수 있는 세계적인 강국이 없다.

전문화의 정도는 중국과의 상업적 관계가 1차 산품 수출국에 유리했던 새로운 세기가 시작될 때 가속화되고 더욱 커졌다. 따라서 역설적으로 진보정권하 중남미 경제의 1차 산품 집중화(primarization) 및 재집중화(re-primarization)는 새로운 외부 의존성으로 수렴되었지만, 이번에는 중국 경제에 집중되었다.

이러한 상황 덕분에 중국은 중남미와 함께 세 가지 요소가 지탱해 온 중심부-주변부 구조를 발전시킬 수 있었다. 이 중 첫 번째는 중남미 수출과 중국으로부터의 수입(제조업, 자본재, 장비, 외국인 투자, 대출) 간의 이익 조화와 관련이 있다. 각 당사자는 상대방이 생산하고 요구하는 것을 수출할 수 있었다. 두 번째 요인은 중국과 라틴아메리카 간의 경제적 보완성(상업, 투자, 금융)이 경제적·상업적·비대칭적인 권력의 상호 의존성에 기초하고 있다는 것이다.

마지막으로, 세 번째 요인은 남미가 중국의 경제적·사회적·정치적 발전의 기능으로서 작동하였다는 점이다.

마지막 요소의 이유는 양국의 무역 관계가 중국의 산업 발전을 강화하고 남미의 산업 발전을 약화시키기 때문이다. 따라서 중국은 남미의 국제경제로의 진입과 경제 성장, 그리고 점점 더 중앙아메리카의 발전에 필수적인 국가가 되었다.

서론에서 지적했듯이, 페란도(Ferrando)는 자유무역협정이 중국과 중남미 사이의 관계 진화의 세 번째 단계에 해당한다고 주장한다. 투자와 자금 조달의 역할은 이 책의 여러 장에서 지적했듯이, 중남미 국가들이 중국과의 관계에서 충족시키려고 하는 이익의 일부이기도 하다. 2005년 이후, 중국 은행들은 이 지역의 국가와 국영기업에 미화 1억 4,100만 달러 이상의 대출을 허가했는데, 이는 세계은행과 미주개발은행의 대출을 합친 것을 초과하는 수치다(Liss, 2018: 11). 그러나 이 지역에 대한 중국인 외국인 직접투자의 실제 금액은 평가하기 어렵고, 그 수치가 카리브해 조세피난처에서 일부 유통되고 있을 뿐만 아니라 여러 중남미 국가들이 관련 정보를 제시하지 않기 때문에 현실에 부합하는지 여부를 판단하기가 어렵다(Sevares, 2016: 252).

브라질과 베네수엘라가 중국 해외직접투자 유출액의 약 절반(49%)을 차지하지만 중국과 투자협정을 맺지 않았다는 사실은 중남미에 대한 중국 투자 행태 연구에 적용된 분석 모델 중 어떤 것도 우리가 서로 관계가 있다고 주장할 수 없다는 것을 보여준다. 반면에, 중국 은행들에 의해 부과되는 이자율은 어떤 경우에는 더 높고 다른 경우에는 국제 금융 기관들에 의해 부과되는 이자율보다 상대적으로 더 낮지만, 요구 조건은 더 낮으며 이것은 그들을 더 쉽게 접근할 수 있게 한다. 이러한 요구 조건은 크지 않지만 대출이 위안화로 실행되기 때문에 중국 상품 구매에만 사용할 수 있다. 아르헨티나의 사례는 이것의 명확한 예이다.

중국-중남미 파트너십: 남남협력인가 혹은 그저 비즈니스에 불과한가?

이 책은 브라질과 칠레와 같은 국가들이 상당히 유리한 무역수지를 유지하고 있음에도 불구하고 양국 관계의 추세가 중국에 동일하게 유리하다고 결론 짓는다.

이 책을 통해 우리가 양자 관계의 성격에 대해 몇 가지 결론을 도출할 수 있는 일곱 가지 주장을 전개하였다.

첫째, 정치적으로 미국에 대한 정치적 · 경제적 자율성을 확보하기 위한 대안으로서 중국이 남미를 대표하고, 일반적으로 중남미를 대표한다고 말할 수 없다는 사실이다.

둘째, 중국과 중남미의 정치적 관계는 실용주의의 패턴을 따르고 중국의 경제적 이익에 따라 진행된다.

셋째, 무역과 중국 투자 모두 식량 안보, 전략적 통신, 교통 접근을 제공한다는 점에서 중국의 국익에 부합한다.

넷째, 중남미는 생산의 전문화와 산업 간 무역을 통해 중국의 글로벌 자본주의 전략에서 역할을 수행한다.

다섯째, 중국은 무역 흐름을 대체하고 전문화를 촉진함으로써 중남미 통합 프로세스, 특히 메르코수르에 부정적인 영향을 미친다. 이러한 현상은 남미 국가들이 국제 경제 관계를 세분화하고 상호 간의 거리를 두는데, 이는 상호 보완성의 부재와 생산적 경쟁의 증가로 인한 것이다. 페루와 칠레는 구리를 수출하고, 아르헨티나, 브라질, 파라과이는 대두를 수출하며, 베네수엘라와 아르헨티나는 석유를 공급한다.

여섯째, 중국과 중남미 국가들 사이에 발전된 무역적 측면에서의 상호 보완성과 교류의 조화는 해당 지역 국가들의 생산적이고 산업적인 근대화 발전에 기여하지 못하고 있다. 이는 둘 다 생산적 전문성을 강화하는 지역 외부의 행위자와 관련하여 생산되기 때문이다.

마지막으로, 무역, 투자, 대출을 통해, 남미의 가장 산업화된 두 경제국의 사례에서 지적되었듯이, 일부 중남미 국가들의 정부가 중국으로부터 압력을 받을 위험이 있다. 브라질의 경우 산업과 서비스에 대한 중요성을 고려할 때 전략적 전력 부문에 대한 중국의 투자가 우려를 낳고 있다. 아르헨티나의 경우 크로스 디폴트를 통한 합의 협상을 통해 압박이 가해졌다.

중국-중남미 경제관계의 구조가 특히 남미 지역의 발전에 미치는 영향, 그리고 중국이 미래의 국제경제 질서에 미치는 영향이 더 크고 예측 가능함에도 불구하고, 중남미 국가들에는 중국이 세계 강대국으로 부상함에 따른 도전에 직면하고 국제경제 관계의 구조를 공고히 하기 위한 공통 전략이 부재하다 (Bernal-Meza, 2015).

중국에 대한 입장 및 인식의 다양성, 그리고 중국이 나타내는 도전은 단기적 · 중기적으로 중남미에서 정치적 융합의 이유가 되지 않는다. 레글러, 투르지, 치리-아팡고(Legler, Turzi & Tzili-Apango)의 장은 이 주장을 더 잘 이해하는 데 도움이 된다. 저자들은 중국이 중남미에 있는 파트너들의 관점에서 이념적 또는 정치적 선호를 가지고 있지 않은 것으로 보인다고 지적한다. 중국은 보다 다자적으로, 미주 및 중남미 기구 및 단체들과 관계를 유지하고 있다. 양자적으로, 중국은 전략적 파트너 중에서 자유주의 정부뿐만 아니라 반자유주의 정부도 포함하고 있다. 따라서 중국이 지역 정치적 자율성 확보를 위한 노력을 적극적으로 지지한다는 증거는 거의 없는 것으로 보인다. 중남미와 관련된 중국 다자주의의 이러한 특징은 중국이 다른 세계에서 하는 일과 일치하며, 많은 새로운 이니셔티브에 참여하고 라틴아메리카 · 카리브 국가 공동체(CELAC)와 같은 새로 만들어진 조직과의 연계를 촉진한다.

CELAC-중국 포럼은 중남미 국제정치 경제의 현실이며, 이 기구는 중국과 중남미에서 정상회담을 개최했다. 레예스 마타(Reyes Matta, 2017)는 지금까지 중국-중남미 대화의 진척이 유지된 것은 중남미에서보다 베이징에서 이루어진 노력에 의한 것이라 단언한다. 공식적이고 외교적인 형식을 넘어, 관계를 진전시키기 위한 제안과 전략을 개발한 것은 중국이었다. 하지만 2018년 9월 24일 마이클 웨슬리(Michael Wesley)가 제기했듯이 세계 여러 지역에서 중국의 이니셔티브가 정말 모두에게 이익이 되는지에 대한 일부 우려가 나오고 있다. 세자린(Cesarín, 2016)이 지적했듯이, 중국과 중남미의 관계는 다른 징후에서 세계가 중국을 강대국으로 볼 수 있도록 한다. 이러한 관계 덕분에 중남미는 신흥 경제 강국의 반주변부이자 주변부로서 세계정치의 무대에 발을 내딛고 있다. 미국이 인도-태평양 공간에서 중국을 압박하고 있는 것과 반대로 중국은 중남미를 미국에 대한 새로운 억제 전략의 도구로 사용한다.

가장 산업화된 두 경제에서 브라질 국가산업연맹과 아르헨티나 산업연합이 양국의 비즈니스 이익 옹호에 관한 협정에 서명했기 때문에 비소세로와 라히오(Bizzozero & Raggio)가 그들의 장에서 지적했듯 남미 내 융합의 희망이 분명히 존재한다. 브라질-아르헨티나 비즈니스 협의회라고 불리는 이 새로운 이니셔티브는 중국과의 관계에서 중요한 비즈니스 행위자들의 역할과 참여를 강조하는 양국 대통령과의 대화 채널을 제공한다. 그러나 이를 달성할 수 있는 수준에 있는 중남미 국가(브라질, 아르헨티나, 칠레 등)에서 성공적인 근대화로 가는 길은 산업 전문화를 포기하고 기술 현대화와 산업 생산 다변화를 선택하는 것을 의미할 것이다. 이 과정은 필연적으로 중국과 중남미 사이의 현재 경제적·상업적 상호 보완성의 상실과 양측 간의 긴장의 증가로 이어질 것이다.

중남미는 경제성장의 과정을 중국 경제의 확장 속도와 중국이 지배하는 상업적 패턴이 각각의 양자 무역 구조에서 만들어내는 전문화와 연결시켰다. 중국과 중남미 간의 거대한 노동생산성 격차는 증가하는 경향이 있는 기술 격차의 존재에 기초한 중남미 수출품의 경제적 1차 산품 재집중화 과정으로 귀결되었다(Moneta, 2016).

이 책을 다시 한번 살펴본다면 중남미가 중국과 비교하여 두 가지 주요 약점을 겪고 있음을 재확인할 수 있다. 우선, 중국이 축적하고 있는 과학 기술 발전과 현재 주변부를 구성하는 국가들의 그것 사이에 엄청난 차이가 있다는 점을 강조할 수 있다. 이처럼 중남미, 아프리카, ASEAN 일부 회원국, 그리고 베이징 컨센서스의 일부 회원국들은 중국을 현재의 세계경제 시스템의 중심으로 삼는 중심부-주변부 상업 구조의 주요 원인이다. 둘째, 생산성 면에서 큰 격차가 있다. 중국은 매우 높고 중남미는 낮다. 이것은 아르헨티나와 브라질의 경우처럼 1930년대 이후로 산업화된 국가들에서 더 분명하다. 마찬가지로 중국은 중남미 경제 구조의 근대화와 산업 인프라를 통한 국제경제 구조에의 진입의 실패와 민주주의를 통한 사회경제적 현대화의 실패를 만들었다. 대부분의 국가의 부의 분배 불평등 수준은 증가했으며, 그들의 민주주의는 부패 정도가 높은 취약한 것으로 간주된다. 또한, 2000년에서 2008년 사이에 칠레와 볼리비아를 제외한 원자재 호황기에 집권한 정부는 수출 전문화의 이점을 활용하지 못하고 포퓰리즘 정책으로 자원을 배분했다. 이는 그들의 경제적이고 생산적인 구조의 개혁에 투자할 기회를 낭비하는 것이었다. 포퓰리즘 정권과 좌파 정부는 21세기 초 신자유주의에 대한 도전이나 대응을 제공했지만, 그들의 국제적인 정치적 추진력을 반세계화 행위자로 식별하지는 않았다. 반대로, 그들은 원자재 천연자원의 세계적인 가격의 이점을 받아들였고, 그들의 경제 방향성과 국가 권력의 확장에서, 규제 역할을 통해 석유, 광업 및 곡물의 개발로 인한 이점 중 일부를 포착하려고 했다(De Gori et al., 2017: 18). 그러나 어떠한 국가도 국제경제 구조에의 진입을 위한 생산적 구조의 변화를 향한 길을 따라가지 않았고, 1차 상품의 수출에 점점 더 전문화되었다. 1차 상품 수출의 전문화는 여전히 진행되고 있는 추세이다. 그들은 멕시코 남부의 경제를 특징짓는 주요 전문화를 채택하여 중심부-주변부 관계의 새로운 순환을 이끌었다. 이러한 측면에서 이 책은 베르날-메사(Bernal-Meza, 2012a, 2012b, 2016, 2017), 파스트라나 및 게링(Pastrana & Gehring, 2017), 오르티즈 벨라스케스 및 뒤셀 피터스(Ortiz Velázquez & Dussel Peters, 2016), 세바레스(Sevares, 2015), 유엔 라틴아메리카 카리브 경제 위원회(CEPAL, 2015), 오비에도(Oviedo, 2012a, 2012b, 2014), 구엘라(Guelar, 2013), 엘리스(Ellis, 2009) 등의 연구를 통해 이를 주장하였다.

월러스틴의 세계체제론은 국제 정치경제 분석의 틀 안에서 세계경제와 남미 지역이 차지하는 위치로 대표되는 체계적인 구조의 구성 요소들의 기능을 설명하고 이해할 수 있게 해 준다. 리 싱(Li Xing)이 그의 장에서 지적했듯이, "월러스틴에 의해 개발된 세계체제론(1974, 1979, 1997, 2004)은 현대 자본주의 세계체제의 부상과 관련된 역사적 진화와 변화를 이해할 수 있게 해 주는 광범위한 이론적 관점을 제공한다. 이러한 세계체제는 긴 역사적 스펙트럼에 걸쳐 확장되었고, 세계의 다른 지역들을 노동 분업으로 끌어들였고, 경제적 핵심인 중심부–반주변부–주변부 관계의 영구적인 조건으로 이어졌다." 중남미 지역은 산업구조의 변화, 경제통합, 정치적 조정 측면에서 현재의 한계를 시급히 극복해야 한다.

오늘날 중국은 반주변부보다는 중심부에 더 가깝다. 중국의 미래는 중남미에 도전과 기회를 제공한다. 이러한 과정에 대한 충분한 지식은 중남미 정부가 더 나은 중국–중남미 협력의 미래를 구축하는 데 도움이 될 수 있다. 위치의 계층은 잠재적인 충돌의 원인이다(Li, 2012a, 2012b). 중국이 중남미 지역 경제 발전의 필수적인 파트너이자 투자자가 됨에 따라 이 지역의 국가들의 과제는 중심부–주변부 구조의 의존 관계를 산업, 과학 및 기술 발전의 원동력으로 전환하는 것이다. 중국이 지금까지 추진해 온 남남 협력에 다른 의미를 부여하면서 이러한 길을 따라 전진한다면 남미 지역 국가들을 서반구의 전략적 동맹국으로 변모시킬 수 있다. 반대의 길은 필연적으로 중국 정책에 대한 의문과 갈등의 출현으로 이어질 것이다. 후자의 경우, 중국은 지난 2세기 동안 산업 강국과 세계의 나머지 국가들 사이의 관계를 특징짓는 신식민지주의라는 역사적 꼬리표에서 벗어날 수 없을 것이다.

중국의 부상과 중국–중남미 관계: 지역을 위한 교훈[1]

중국이 1970년대 말에 개혁개방정책을 시작했을 때, 중국은 세계에서 가장 가난한 나라 중 하나였다. 세계체제론에 따르면 중국은 주변부에 속하는 국가였다. 40년이 지난 지금, 중국은 세계적인 정치적 · 경제적 · 군사적 초강대국이 되는 길을 걷고 있다. 중국과 중남미 관계가 우리가 언급했듯이 역사적 식민주의와 제국주의의 많은 특징들을 반복하고 있음에도 불구하고, 중국의 성공 사례는 정책, 전략, 일관성, 혁신, 교육, 안정성, 국가-시장 관계 그리고 다른 것들에 대한 가치 있는 교훈들을 포함하고 있다(Li, 2016; McNally, 2014).

이 연구에서 강조하고자 하는 것은 지난 40년간 중국의 축적된 힘이 라틴아메리카와 같은 다른 나라들에는 "의도하지 않은 결과"로 귀결되었다는 점이다. 맥넬리(McNally, 2014)는 또한 중국 자본주의와 일반적인 브릭스(BRICS)와 같은 다른 신흥국이 국제체제에 미칠 수 있는 일반적인 영향에 대해 경고했다. 중남미를 주변부로 변화시키는 것이 중국의 "원래의 계획"(또는 의도적인 전략 또는 계획)은 아닐 수 있지만, 자본주의의 가치 법칙과 경제 논리에 의해 움직이는 다른 나라들에 의도하지 않은 결과를 만든 것은 선택된 "의도적 산업전략"이다. 식민지 계획 과정에 일부 역사적 특성이 반복되고 있음에도 불구하고 중국과 중남미 사이에 식민지 계획 과정은 없는 것으로 보인다.

중국 경제 호황의 근간이 되는 일부 강점 요인도 이 지역 국가들의 약점을 표현한 것이라는 점을 강조해야 한다. 중남미가 중국과의 관계에서 초점을 맞추는 것은 단순히 투자, 무역 및 기술이 아니라 중국의 부상으로 인해 발생하는 "정치경제"여야 한다.

중국은 현재의 모습이 되기 위해 40년 동안 지켜온 계획을 가지고 있었다. 우리는 어떤 중남미 국가에서도 비슷한 계획을 볼 수 없다. 따라서 중국과 중남미 관계의 본질은 이 실패의 결과로 간주되어야 한다.

주

1 이 부분은 리 싱(Li Xing)이 저자에게 제공한 내용을 기반으로 한다.

참고문헌

Álvarez, R. (2017). *La Estrategia Comunicacional de China Hacia América del Sur*. Santiago: Finis Terrae.

Becard, D. (2008). *O Brasil e a República Popular da China. Política Externa Comparada e Relações Bilaterais (1974–2004)*. Brasília: Fundação Alexandre de Gusmão.

Bernal-Meza, R. (2012a). China-MERCOSUR and Chile relations. In X. Li & S. F. Christensen (Eds.), *The rise of China. The impact on semi-periphery and periphery countries*. Aalborg: Aalborg University Press.

Bernal-Meza, R. (2012b). China y la configuración del nuevo orden internacional: las relaciones China-MERCOSUR y Chile. In R. Bernal-Meza & S. Quintanar (Eds.), *Regionalismo y Orden Mundial: Suramérica, Europa, China*. Buenos Aires: Nuevohacer and Universidad Nacional del Centro de la Provincia de Buenos Aires.

Bernal-Meza, R. (2015). La heterogeneidad de la imagen de China en la política exterior latinoamericana. Perspectivas para la concertación de políticas. *Comentario Internacional*, 14(2014), 113 – 134.

Bernal-Meza, R. (2016). China and Latin America relations: The win-win rhetoric. *Journal of China and International Relations*, 2016(Special), 27 – 43.

Bernal-Meza, R. (2017). China en América Latina. Política exterior, discurso y fundamentos: diplomacia pública y percepciones en la región. In E. P. Buelvas & H. Gehring (Eds.), *La proyección de China en América Latina y el Caribe*. Bogotá: Editorial Pontificia Universidad Javeriana y Konrad Adenauer Stiftung.

CEPAL. (2015). *América Latina y el Caribe y China. Hacia una nueva era de cooperación económica*. Santiago: Naciones Unidas, LC/L.4010, mayo.

Cesarín, S. (2016). China, miradas desde el Sur. In C. Moneta & S. Cesarín (Eds.), *La tentación pragmática. China-Argentina/América Latina: Lo actual, lo próximo y lo distante*. Sáenz Peña: Universidad Nacional de Tres de Febrero.

De Gori, E., Gómez, A., & Ester, B. (2017). Gobiernos progresistas en América Latina: cambios y permanencias tras un período de estabilidad. In J. Á. Sotillo & B. Ayllón (Coords.), *Las transformaciones de América Latina*. Madrid: Los Libros de la Catarata and Instituto Universitario de Desarrollo y Cooperación.

Dussel Peters, E. (2016). *La nueva relación comercial de América Latina y el Caribe con China. ¿Integración o desintegración regional?* Mexico City: Red Académica de América Latina y el Caribe sobre China, Universidad Nacional Autónoma de México, Unión de Universidades de América Latina y Caribe y Centro de Estudios China-México.

Eichengreen, B., Park, D., & Shin, K. (2011, March). *When fast growing economies slow down: Interna-*

tional evidence and implications for China. NBER Working Paper Series. Working Paper 16919. 20 May 2012. Retrieved from http://www.nber.org/papers/w16919

Ellis, R. (2009). *China in Latin America. The whats & wherefores*. Boulder, CO; London: Lynne Rienner Publishers.

Guelar, D. (2013). *La invasión silenciosa. El desembarco chino en América del Sur*. Buenos Aires: Debate.

Kristof, N. (1993). The rise of China. *Foreign Affairs*, 72(5), 59 – 74.

Li, X. (Ed.). (2010). *The rise of China and the capitalist world order*. Surrey: Ashgate.

Li, X. (2012a). Introduction: The unanticipated fall and rise of China and the capitalist world system. In X. Li & S. F. Christensen (Eds.), *The rise of China. The impact on semi-periphery and periphery countries*. Aalborg: Aalborg University Press.

Li, X. (2012b). China y el orden mundial capitalista el nexo de la transformación interna de China y su impacto externo. In R. Bernal-Meza & S. Quintanar (Eds.), *Regionalismo y Orden Mundial: Suramérica, Europa, China*. Buenos Aires: Nuevohacer and Universidad Nacional del Centro de la Provincia de Buenos Aires.

Li, X. (2016). Understanding China's economic success: "Embeddedness" with Chinese characteristics. *Asian Culture and History*, 8(2), 18 – 31. https://doi.org/10.5539/ach.v8n2p18

Li, X., & Shaw, T. (2013). Introduction. From 'politics in command' to 'economics in command': China-Africa relations in an era of great transformations. In X. Li & A. O. Farah (Eds.), *China-Africa relations in an era of great transformations*. Surrey: Ashgate.

Lin, Y. (2015). Firm heterogeneity and location choice of Chinese firms in Latin America and the Caribbean: Corporate ownership, strategic motives and host country institutions. *China Economic Review*, 34, 274 – 292.

Liss, J. (2018). *Tratados de inversión entre China y América Latina y la salida de inversión extranjera directa de China en la región: un análisis interdisciplinario*. Mexico City: Centro de Estudios México-China, Universidad Nacional Autónoma de México.

McNally, C. (2014). The evolution and contemporary manifestations of Sino-capitalism. In U. Becker (Ed.), *The BRICs and emerging economies in comparative perspective*. London; New York: Routledge.

Moneta, C. (2016). Lectura para Latinoamericanos. El desarrollo e inserción geo-económica internacional china, 2010 – 2030/2040. In C. Moneta & S. Cesarín (Eds.), *La tentación pragmática. China-Argentina/América Latina: Lo actual, lo próximo y lo distante*. Sáenz Peña: Universidad Nacional de Tres de Febrero.

Oliveira, H. (2012). *Brasil e China. Cooperação Sul-Sul e parceria estratégica*. Belo Horizonte: Fino Traço.

Ortiz Velázquez, S., & Dussel Peters, E. (2016). La nueva relación comercial entre América Latina y el Caribe y China: ¿promueve la integración o desintegración comercial? In E. Dussel Peters (Coord.), *La nueva relación comercial de América Latina y el Caribe con China. ¿Integración o desintegración regional?* Mexico City: Red Académica de América Latina y el Caribe sobre China, Universidad Nacional Autónoma de México, Unión de Universidades de América Latina y Caribe y Centro de Estudios China-México.

Oviedo, E. (2009). *China, América Latina y la crisis global.* Observatorio de la Política China, Vigo, Spain. Retrieved from https://www.google.com/search?ei=qqrvXZy4C6DG5OUP Z26iAc&q=China%2C+Am%C3%A9rica+Latina+y+la+crisis+global+Oviedo&oq=Chi na%2C+Am%C3%A9rica+Latina+y+la+crisis+global+Oviedo&gs_l=psyab.3..33i22i29i3 0l2.18889.20647..21609...0.2..0.1023.1023.7-1.....0....1.gwswiz......0i71.00Gcb20KX6M&ved =0ahUKEwictY2vpKvmAhUgI7kGHfmODnEQ4dUDCAs&uact=5.

Oviedo, E. (2010). *Historia de las Relaciones Internacionales entre Argentina y China, 1945–2010.* Buenos Aires: Editorial Dunken.

Oviedo, E. (2012a). Puja de modernizaciones y relaciones económicas chino-latinoamericanas en un mundo en crisis. In R. Bernal-Meza & S. Quintanar (Eds.), *Regionalismo y Orden Mundial: Suramérica, Europa, China.* Buenos Aires: Nuevohacer y Universidad Nacional del Centro de la Provincia de Buenos Aires.

Oviedo, E. (2012b). The struggle for modernization and Sino-Latin American economic relations. In X. Li & S. F. Christensen (Eds.), *The rise of China. the impact on semi-periphery and periphery countries.* Aalborg: Aalborg University Press.

Oviedo, E. (2014). Principales variables para el estudio de las relaciones entre Brasil y China. In R. Bernal-Meza & L. Bizzozero (Eds.), *La política internacional de Brasil: de la región al mundo.* Montevideo: Ediciones Cruz del Sur and Universidad de la República.

Oviedo, E. (2016). Défict comercial, desequilibrio financiero e inicio de la dependencia argentina del capital chino. In C. Moneta & S. Cesarín (Eds.), *La tentación pragmática. China-Argentina/ América Latina: Lo actual, lo próximo y lo distante* (pp. 273-298). Sáenz Peña: Universidad Nacional de Tres de Febrero.

Oviedo E. (2017). Alternancia política y capitales chinos en Argentina. In E. D. Oviedo (Ed.), *Inversiones de China, Corea y Japón en Argentina: análisis general y estudio de casos.* Rosario: UNR Editora.

Pastrana, E., & Gehring, H. (Eds.). (2017). *La proyección de China en América Latina y el Caribe.* Bogotá: Editorial Javeriana.

Reyes Matta, F. (2017). *China. Innovación y Tradición.* Santiago: RIL Editores.

Rodríguez, I. (2013). La diplomacia pública en las relaciones internacionales: el aporte de China. In

I. Rodríguez & S. Yang (Eds.), *La diplomacia pública de China en América Latina*. Santiago de Chile: RIL Editores.

Ross, O. C. (2002). Relaciones entre Chile y China: treinta años de relaciones atípicas, 1979 – 2000. *Si Somos Americanos*, 3(2), 33 – 48.

Sevares, J. (2007). ¿Cooperación Sur-Sur o dependencia a la vieja usanza? América Latina en el comercio internacional. *Nueva Sociedad*, 207, 11 – 22.

Sevares, J. (2012). El ascenso de China y las oportunidades y desafíos para América Latina. In R. Bernal-Meza & S. Quintanar (Eds.), *Regionalismo y Orden Mundial: Suramérica, Europa, China*. Buenos Aires: Nuevohacer and Universidad Nacional del Centro de la Provincia de Buenos Aires.

Sevares, J. (2015). *China. Un socio imperial para Argentina y América Latina*. Buenos Aires: Edhasa.

Sevares, J. (2016). Préstamos e inversiones de China en América Latina. In C. Moneta & S. Cesarín (Eds.), *La tentación pragmática. China-Argentina/América Latina: Lo actual, lo próximo y lo distante*. Sáenz Peña: Universidad Nacional de Tres de Febrero.

Wallerstein, I. (1974). The rise and future demise of the of the world-capitalist system: Concepts for comparative analysis. *Comparative Studies in Society and History*, 16, 387 – 415.

Wallerstein, I. (1979). *The capitalist world-economy*. New York: Cambridge University Press.

Wallerstein, I. (1997). The rise of East Asia, or the world-system in the twenty-first century. Retrieved from http://www.binghamton.edu/fbc/archive/iwrise.htm

Wallerstein, I. (2004). *World-systems analysis: An introduction*. Durham: Duke University Press.

Yang, S. (2013). Las nuevas tendencias en la relación China-América Latina y la importancia de la diplomacia pública. In I. Rodríguez & S. Yang (Eds.), *La diplomacia pública de China en América Latina*. Santiago: RIL Editores.

Yun, T. L. (2013). La diplomacia pública y el soft power de China en América Latina. In I. Rodríguez & S. Yang (Eds.), *La diplomacia pública de China en América Latina*. Santiago: RIL Editores.

First published in English under the title

China – Latin America Relations in the 21st Century: The Dual Complexities of Opportunities and Challenges

edited by Raul Bernal-Meza and Li Xing, edition: 1

Copyright © Raul Bernal-Meza and Li Xing, under exclusive license to Springer Nature Switzerland AG, 2020

This edition has been translated and published under licence from Springer Nature Switzerland AG.

Springer Nature Switzerland AG takes no responsibility and shall not be made liable for the accuracy of the translation.

21세기 중국-중남미 관계: 기회와 도전

초판인쇄 2024년 2월 28일
초판발행 2024년 2월 28일

지은이 라울 베르날-메사, 리 싱
옮긴이 정호윤, 노용석, 서지현, 오인혜, 현민, 김은환, 김소현
펴낸이 채종준
펴낸곳 한국학술정보(주)
주 소 경기도 파주시 회동길 230(문발동)
전 화 031-908-3181(대표)
팩 스 031-908-3189
홈페이지 http://ebook.kstudy.com
E-mail 출판사업부 publish@kstudy.com
등 록 제일산-115호(2000. 6. 19)

ISBN 979-11-7217-174-2 93340